個人融資渉外の実務

経済法令研究会 編

経済法令研究会

はしがき

　個人の価値観はますます多様性に富み、個人向けの融資において、通り一遍のライフプランによるセールスでは、もはや対応できない状況にあります。

　この価値観の多様性への対応は、何も新しいことを求められているよりも、顧客が「何を求めているか」を「よく聞き」そして「感じ取り」、そして、金融機関の行職員は、適時・的確に「何を提案できるか」といった基本的なやりとりをより追求していくことにほかなりません。

　それはたやすいことではありませんが、顧客側に立って考える金融機関の行職員であるからこそのアドバイスは、「着実な知識と経験」が重要なポイントとなります。

　個人向け融資は、ともすると、担当者の属性に依拠するところが大きい分野であったかもしれません。体系化して俯瞰してみると、「新しい発見」や「顧客への提案方法」が見えてくることでしょう。

　本書は、ますます多様化する顧客の様々な情報収集やニーズの発掘に始まり、各種商品の特性とその注意点、管理・回収までを体系化してまとめたものです。その対象は、個人から個人事業主まで幅広く捉えています。さらに、顧客からの様々な要望に応えられるよう、「変化」に対してどのように考え、行動に移していくかがよくわかります。

　また本書は、銀行業務検定試験「個人融資渉外3級」の試験範囲をカバーしていますので、同試験の受験参考書としてご活用いただけます。

　個人融資渉外の実務を学ばれる方々にとって、本書が少なからず、その一助となれば幸いです。

2016年3月

経済法令研究会

CONTENTS

はしがき

第1章　ライフプランと個人向け融資に関わる関連情報等

第1節　ライフプラン …………………………………………… 2
1　個人を取り巻く金融環境　2
2　ライフプランの多様化　4
3　年代別ライフイベント　7
4　個人ローンの推進とメイン化　14

第2節　情報収集の方法とその活用 ……………………………… 17
1　マーケティング　17
2　顧客別情報収集　20
3　個人信用情報センターの登録情報　22
4　CIFの活用および対象顧客の抽出　23
5　顧客行動とセールス手法　26

第3節　不動産関連情報の見方 …………………………………… 31
1　都市計画法　31
2　建築基準法　34
3　登記事項証明書　41
4　土地の種類　46
5　土地の価格　47
6　建物の種類　52
7　建物の価格　53
8　不動産の広告に関する規制　56

第4節　個人ローンに関する法務関連の基礎知識 …………… 58

1　取引の相手方　58

2　融資契約に関する基礎知識　60

3　担　　保　66

4　保　　証　74

第5節　相続と税務 ……………………………………………… 80

1　贈与税と相続税　80

2　相続税が課税される財産　82

3　相続税の課税方法　84

4　相続時精算課税制度　90

5　財産評価　91

第6節　融資推進とコンプライアンス ………………………… 97

1　銀行法と融資基本5原則　97

2　融資推進時におけるコンプライアンス　98

3　商品説明時におけるコンプライアンス　101

4　融資契約締結時におけるコンプライアンス　103

5　管理・回収時におけるコンプライアンス　104

6　守秘義務および個人情報保護　106

7　反社会的勢力　109

8　融資渉外活動と各種業法との関係　111

9　金融ADR　113

第2章　資金ニーズと融資推進

第1節　融資の基本知識 ……………………………………… 120

1　証書貸付、手形貸付等　120

2　固定金利と変動金利等　122

3　元金均等返済と元利均等返済等　126

        4　融資比率と返済比率　128

        5　各種保険商品　131

　第2節　受付から審査・実行までの流れと留意事項 ……………… 135

        1　受付から審査・実行までの流れ　135

        2　必要書類と必要費用　137

        3　受付時の留意事項　139

        4　審査時の留意事項　141

        5　実行時の留意事項　144

　第3節　住宅ローン ………………………………………………… 145

        1　住宅取得ニーズ　145

        2　住宅ローンの金利・諸費用等　146

        3　住宅ローンの商品内容　149

        4　住宅金融支援機構の住宅ローン　153

        5　住宅メーカーと提携ローン　155

        6　個人事業主の住宅ローン　157

        7　借換えの推進と防衛　160

        8　キャッシュフローの検証　166

        9　住宅取得時に関係する主な税金　170

        10　住宅ローン推進上の留意点　174

        11　つなぎ融資　179

        12　競売物件　180

　第4節　アパートローン・土地の有効活用等 …………………… 182

        1　アパート建設・土地の有効活用ニーズ　182

        2　アパートローンの商品内容　186

        3　キャッシュフローの検証と財務分析　188

        4　アパート建設・土地の有効活用に関係する税金　193

        5　アパートローン推進上の推進上の留意点　198

  6　既存アパートローンの防衛　204

  7　競売物件　206

第5節　リフォームローン ……………………………………………… 208

  1　リフォームローンのニーズ　208

  2　リフォームローンの商品内容　212

  3　キャッシュフローの検証　215

  4　リフォームローン利用時に関係する主な税金　219

  5　リフォームローン推進上の留意点　224

第6節　消費性ローン ………………………………………………… 226

  1　消費性ローンのニーズ　226

  2　教育ローン　230

  3　マイカーローン　236

  4　カードローン　246

  5　貸金業法　250

  6　出資法と利息制限法　252

第3章　個人事業主への融資

第1節　個人事業主の資金ニーズの概要 ……………………………… 256

  1　個人事業のライフサイクル　256

  2　創　業　期　256

  3　安　定　期　257

  4　拡　大　期　257

第2節　資金使途別ニーズ ……………………………………………… 259

  1　運転資金　259

  2　設備資金　263

  3　肩代わり融資　265

第3節　財務分析による検証 …… 266

1　企業の見方　266

2　収益性の見方　266

3　安全性の見方　269

4　成長性の見方　272

5　損益分岐点と信用判断　273

第4節　個人事業主に関係する主な税金 …… 281

1　所得税の基本　281

2　10種類の所得　281

3　個人所得税体系　285

4　事業所得　288

第5節　法人成り …… 295

1　法人成りの目的　295

2　法人成りのメリット　295

3　法人成りのデメリット　296

4　法人成り後の所得金額等　297

第6節　信用保証協会による保証と代位弁済 …… 298

1　制度概要　298

2　保証の種類（東京都の例）　299

3　免責事項　300

4　信用保証協会の創業向け融資制度およびその取扱い　301

第7節　事例を使った融資妥当性の検証 …… 305

1　事例1（ゴルフ用品店の運転資金・青色申告ほか）　305

2　事例2（自動車整備業の運転資金の変動ほか）　309

第4章　管理・回収・法的整理

第1節　債権の管理 ………………………………………………… 314
1　融資先（個人）の変動（融資先の死亡）　314
2　融資先（個人）の変動（個人事業主の法人成り）　323
3　融資先（個人）の変動（個人事業主の意思無能力）　325
4　融資先（個人）の変動（個人事業主の失踪・行方不明）　326
5　条件変更への対応　329
6　延滞発生時の対応　330

第2節　債権の回収 ………………………………………………… 337
1　期限の利益の喪失　337
2　法的整理までの回収方法　341
3　保証人からの回収　344

第3節　法的整理 …………………………………………………… 349
1　破　　産　349
2　民事再生　351

第1章

ライフプランと個人向け融資に関わる関連情報等

第1節　ライフプラン
第2節　情報収集の方法とその活用
第3節　不動産関連情報の見方
第4節　個人ローンに関する法務関連の
　　　　基礎知識
第5節　相続と税務
第6節　融資推進とコンプライアンス

第1節 ライフプラン

◼ 1 個人を取り巻く金融環境 ◼

1．個人の貯蓄および借入金の動向

　総務省統計局の家計調査によると、勤労者世帯の世帯主貯蓄残高（2013年）は、平均で1,233万円となっている。内訳は、働き盛りの40歳〜49歳では988万円、人生最大の貯め時を迎えてセカンドライフが気になり始める50歳〜59歳では1,609万円で、さらに定年を迎えて退職金を手にしたリタイヤメント世代の60歳〜69歳では2,168万円となり、70歳以上で2,232万円などとなっている。

　一方で、借入金のある世帯の借入金残高を見ると、40歳代で1,823万円、50歳代で1,300万円、60歳代で981万円、70歳以上で1,334万円となっている。その多くは、住宅ローン残高なので、現役世代は住宅ローンを返済しながら、老後資金などの準備を並行して行っていることがわかる。また、リタイヤメント世代でも、住宅ローンの残債が多い現実も見えてくる。金融資産の部で、およそ60歳代で退職金を手にしている人も多いにもかかわらず、50歳〜59歳と60歳〜69歳の差が559万円しかないのは、退職金で住宅ローンの残債を完済する個人が多いからであると思われる。事実、住宅ローンの残債は、50歳代の1,192万円が、60歳代では742万円に450万円減少している。しかし、退職金で住宅ローンを完済せず、返済を続けているリタイヤメント世代が少なくないことも、データは語っている。ちなみに、住宅ローンを含む借入金のある世帯が、60歳〜69歳で27.6％、70歳以上で16.7％にのぼっている。以上から、「日本人は平均で1,223万円の金融資産を持ち、リタイアメント層に至っては2,000万円超となっている」からといって、必ずしも「豊かで、安心」とはいえない。

2．お客様が抱える心配ごと（1つめ：長生きリスク）

では、リタイアメント層のお客様は、何を心配しているのだろうか。答えは3つある。1つは、「長生きリスク」である。自分が「何歳まで、生きるか」は誰にも分からない。

総務省の家計調査年表によると、リタイヤメント世代の月当たりの実収入は207,347円、支出は268,907円となっている。毎月、6万円が不足するとして、30年だと、2,160万円の蓄えが必要である。「豊かな老後を送る」ためには、35.4万円（生命保険文化センター「生活保障に関する調査」2015年）必要というデータもある。仮にこの「豊かな老後を送る」のであれば、約月14.7万円が不足するので、退職時点では、5,292万円用意しなければならない。実際には、昭和24年4月2日～昭和36年4月1日までの男性の場合、60歳代前半においては、報酬比例部分のみの支給であることを加味していない（報酬比例部分は65歳以降に受給する「老齢厚生年金」と「老齢基礎年金」のうち、「老齢厚生年金」に相当する）ので、用意しなければならない金額はさらに大きくなる。

また、昭和36年4月2日以後に産まれた男性および昭和41年4月2日以後に産まれた女性は、65歳にならないと公的年金はもらえないので、仮に60歳で退職すると、60～65歳までの期間に働かなければ、給与所得も年金所得もない「無収入」の期間を作ってしまう。この「無収入」の期間に必要な資金は、生活費を仮に月268,907円としても、5年間では約1,613万円にもなる。したがって、「長生きリスク」などという言葉を、いたるところで耳にするようになる。

3．お客様が抱える心配ごと（2つめ：社会保険制度・経済環境等への不安）

2つ目は、公的年金の先行きやインフレなど、国の制度や経済環境に対する不安である。2015年1月1日に1億2,616万人だった日本の人口は、このままの出生率（2014年・1.42）であれば、2060年には8,674万人に減少する。これに対し、政府は、出生率を1.8～2.07にすることなどによって、2060年でも人口1億人を維持することを、「国家目標」としている。このことは、「地方創生」で

も、大きなテーマとして、取り上げられている。

　これらのニュースは、実はリタイアメント世代に不安感を与えている。それは一般的に「今のお年寄りは、将来世代に比べて、優遇されている」といった論調もあるため、「将来にわたって、今の公的年金の水準が維持されないのではないか」という心理が働くからである。また、2015年には、マクロスライド制が実施されたこともあって、すでに公的年金をもらっている世代にも、年金削減の動きが広がるのではないかという懸念をもっている。

　また、経済環境面でいうと、リタイヤメント世代はデフレによる恩恵を受けやすく、インフレに対する警戒感も強い。これは、1973年の第一次石油ショックで１年で23％も消費者物価が上がった時代を体験しており、「インフレになれば、お金の価値が下がる」ことをよく知っている世代であるからである。

４．お客様が抱える心配ごと（３つめ：健康寿命の保持への不安）

　３点目は、自分の健康に対する不安である。寿命や余命とは別に、「健康寿命」がある。これは、介護などの世話にならずに健康状態で生活する年齢のことで、2013年では、男性が71.19歳、女性が74.21歳であった。たとえば、「生涯現役で働くから、そんなに多くの金融資産は必要ない」と考えたとしても、健康でなかったらまさに「絵に描いた餅」となる。健康寿命と平均寿命の差は、健康に対して一定の負担がかかって生活する期間といえる。その期間は、男性の平均寿命が80.50歳なので約９年３ヵ月、女性は86.83歳（2014年）なので約12年６ヵ月に相当する。寿命の問題と同様、自分がいつまで健康でいられるか、これもまただれにも分からないから、問題を複雑怪奇にしている。

２　ライフプランの多様化

１．ライフプランの実現をお手伝いする「アドバイザー」

　個人渉外の仕事は、「住宅ローン・消費者ローンなどの販売」などのほか、預かり資産を販売している側面もある。この販売においては、お客様の「前に

座って」商品を売り付ける「セールスマン」ではなく、お客様の「隣に座って」悩みを聞いたりして共有し、それを解決するために商品を提案する「アドバイザー」であることが求められている。

金融機関の行職員はお金を扱うので、「お金の相談」に乗る人と思うだろう。しかし、お客様にとって大切なのは、「ライフプラン」である。こういう人生を送りたいという理想の人生像があり、「何歳で結婚して、子どもが産まれて、何歳で家を建てて、子どもは大学まで行かせてあげて」といったライフプランを描いていることも多く、お金はその実現の手段に過ぎない。

2．ライフプランの実現と「必要な資金」

このライフプランを実現するには、お金がかかる。たとえば、結婚式は、72名を招待したとして333.7万円（全国平均（2014年）、ゼクシィ調べ）かかるし、子どもの教育資金は、幼稚園3歳から高校卒業まで、すべて私立の場合は約1,677万円、公立の場合は約500万円（文部科学省「子どもの学習費調査」2012年）、これに大学4年間の約500万円が加算される。ここには、1人暮らしの場合のアパート家賃等は含んでいない。マイホームについても、注文住宅（土地から購入した世帯）は4,227万円、注文住宅（建替え世帯）は3,245万円、分譲戸建てが3,684万円、分譲マンションが3,636万円（国土交通省「平成26年度住宅市場動向調査について」）となっている。

3．ライフプランの実現と「マネープラン」

理想の人生を送るためのライフプランを実現するには、それに相応したお金がいる。そこで必要となるのが、マネープランである。金融機関の行職員は、お客様のライフプランをお聞きして必要な資金をお伝えし、その資金を、いつまでにいくら用意するかというマネープランをお客様と一緒に考える。

たとえば、今25歳の人が35歳でマイホームを建てたいとする。3,000万円程度のマンションが希望なので、頭金は2割の600万円を用意して返済計画を楽にしたいとお客様はいう。この実現のためには、10年間で600万円を用意する

必要があるので、積立て定期預金の金利がゼロの場合には、毎月5万円を積み立てる必要がある。金利を加味した例として、「図表1－1」を参照してほしい。

積立て定期預金の金利がゼロという状況下において、住宅ローンの頭金を用意するための金利としては、「図表1－1」の金利よりももう少しリスクを小さくすべきであるという考え方もあるだろう。これら数字ともたらされるリスクとリターンについて、お客様に詳述な説明と「もっとリスクを取れる」とか「ボーナスも積み立てるとしたら、どうなるのか」といったヒアリングを行い、修正していくことが必要であり、これがマネープランである。

図表1－1　住宅ローンの頭金の運用（10年で600万円を用意）

年3％の利回りで運用　→　毎月の積立額：42,936円
年5％の利回りで運用　→　毎月の積立額：38,639円

⬇ 行職員のアドバイス

25,000円を金利ゼロで運用し　→　毎月の積立額：44,320円
19,320円を金利5％で運用

4．日本の経済環境の変化と「価値観の多様化」

(1)　インフレとデフレの経験

1973年、1979年の2度のオイルショック、1985年のプラザ合意後の円高不況を経て、団塊の世代が40歳を迎えた1989年に、後にバブル経済と呼ばれる好景気を経験する。しかし、景気過熱感をクールダウンしようとした大蔵省の総量規制、日銀の金融引締め政策などにより、その後バブル経済は崩壊する。それからは「失われた20年」といわれる「デフレ」を経験することになる。

今、定年退職を迎える人たちは、30歳代前半でバブル経済を経験し、30歳代後半からは、景気低迷に直面している。収入面では、「デフレ」により、給与が高くなるはずの30歳代後半から給料は上がらず、ポストの数も限られたため、

出世もままならなかった。よって、バブル入社といわれ、空前の売り手市場だった1991年新卒を最後に、景気のよい時を知らない世代となる。

(2) 価値観の変化

昔は、男性は「いい大学を出ていい会社に入れば、人生は安泰」で、一生懸命頑張ればそれなりに出世できたし、年功序列によって給料も自然に上がっていった。女性は、1970年の大学進学率6.5％、1980年でも12.3％という数字でわかるとおり、高校を出て就職し、結婚していわゆる寿退社するということがよくあった。ちなみに、2014年の大学進学率は男性が55.9％、女性が47％だが、1970年には、男性でも27.2％（女性は前述のとおり6.5％）、1980年には39.3％（同12.3％）となっていた（内閣府調べ）。

男女雇用機会均等法が施行されたのは1986年で、以降、女性の社会進出は加速していく。女性の総合職一期生が誕生したのも、その年からである。今、アベノミクスは、女性の活躍を推進施策の中心に据えているが、このような歴史を振り返ると、同法の施行は、非常に大きな意味のあることに思われる。

上記のとおり、「いい大学」を出て「いい会社」に入ることが、必ずしも成功につながらないことは、バブル経済崩壊後の「銀行」「証券会社」「航空会社」などの経営破綻が証明してしまった。「結婚適齢期」という言葉は死語となり、「早く結婚しなければ」というプレッシャーは少なくなった。誰もが目指す成功の方程式のようなライフプランはなくなったし、多様化した価値観を認める空気も社会に出てきた。

3 年代別ライフイベント

それでは、年代別に、ライフイベントを見てみよう。多様化した価値観においては、以下は世代の傾向をつかむことに主題をおくものであって、絶対的な分析ではないことをお断りしておきたい。

1．20歳代

(1) 高い離職率

　大学を出て、就職するのが22歳である。人生のほとんどの時間を「園児・児童・学生等」として過ごしてきた彼らが、60歳を定年としても38年間、65歳まで働くとすれば43年間、今度は「働きお金を稼ぐ」側に回ることになる。その転換がうまくいかないと、早期の離職につながってしまう。

　就職後3年間の離職率（就職時を100％として）は、平成23年入社で32.4％、22年入社で31.0％、平成21年で28.8％（厚生労働省調べ）となっている。ちなみに就職後1年目の離職率は、平成25年入社で12.7％、24年で10.2％、23年で10.1％、2年目離職率は平成24年入社で23.3％、23年で23.5％、22年で22.5％となっている。まさに「1年1割、2年2割、3年3割」が、せっかく入社した会社を、早期に退職してしまう。

　もし、これらの人が何らかの形でその親の援助を得ることとなると、子どもが社会人として独立して教育費の負担から解放されたと思ったのに、40歳代後半から50歳代前半になって、また「扶養家族が元に戻った」ことになる。これは、親世代のライフイベントにも、大きな影響を及ぼすこととなる。

(2) ライフプランの構築

　ライフプランの構築には、「理想を思い描く」ことが必要になる。ここで思い描いたことが将来に影響した例を、職業等を通じて見ていきたい。大学の教授は子どもの時に「賢くなりたい」と思った可能性が高く、ボクシングの選手は「強くなりたい」と思った可能性が高い。また、豪華客船で世界一周している船客は「お金持ちになりたい」と思った可能性が高い。つまり、「なりたい」と思ったことが、将来の職業に影響していることがある。

　同様に自分自身が理想のするライフプランを思い描く。すでに子どもの頃から思い描いていたものもあろうが、再度20歳代でのリストラクチャリングも重要である。「27歳までには結婚したい」であるとか、「子どもは3人欲しい」「子どもが小学生になる35歳くらいの時に、マイホームを買いたい」といった

(3) 20歳代の2大ライフイベント

　20歳代の2大ライフイベントは、「就職」「結婚」である。かつてのように、「就職したら、マイカーが欲しい」といった「物を買うイベント」は聞かれなくなっているが、稼いだお金で趣味や旅行等に費やす機会も増えよう。もう1つ、大きなライフイベントとして「結婚」があるが、初婚年齢の平均が男性は30.9歳、女性が29.3歳なので、今や30歳代で取り上げるテーマになりつつある。しかし、学生時代から付き合っていた人との結婚は、入社3～5年目でされることが多いので、結婚の1回目のピークは25～27歳でくる。

2．30歳代

(1) 結婚とその費用

　こうして年代別にセグメントすると、「昔だったら20歳代のライフイベント」だったことが30歳代に後ろ倒しになっていることに気づく。その代表例が結婚で、その平均年齢は男性30.9歳、女性29.3歳、これは30年前に比べて4歳上昇している。挙式、披露宴には、72名招待として333.7万円（全国平均、2014年ゼクシィ調べ）がかかる。新婚旅行や婚約時の費用などを入れると444.2万円となる。さらに、2人の住む新居の「敷金」「礼金」「引越費用」「家具」などが150万円以上とされているので、600万円はみておく必要がある。しかし、祝儀が226.6万円、親からの援助が182.8万円、合計409.4万円の「収入」があるので、「30歳で結婚するまでに600万円貯めなければならない」というわけではないが、同じゼクシィの調査では、2人で298.4万円を支出しているので、150万円ずつは、このために貯蓄をしてきたことがわかる。

(2) 出産・子育てとその費用

　第1子出産年齢は、女性で30.4歳となっている。初婚の平均が29.3歳であるので、単純に男性の年齢にも1.1歳を加えると、男性は32歳となる。これを元に計算すると、子どもが大学に進学する時は、夫50歳、妻48歳となる。第2子が2歳違いで誕生したとすると、第2子の大学進学は夫52歳、妻50歳である。

第1子が大学を卒業するのは、夫54歳、妻52歳、第2子では夫56歳、妻54歳である。子どもが大学生の間は、教育資金の負担が大きいので、家計は赤字になりやすい。それまでに蓄えた貯蓄を取り崩したり、ボーナスで毎月の不足分を補てんしたりするのが、一般的である。つまり、「50歳代は、子どもの教育資金が終わるので、人生最大の貯め時です」という今までの「常識」が、あてはまらない世帯が増えている、ないしは将来的に増えるということである。

　さて、費用面では、幼稚園の年少は子どもが4歳になる年からなので、妻30.4歳、夫32歳で誕生したとすれば、30歳代は、幼稚園から小学校低学年の時期となる。幼稚園の2年間は私立で平均約92万円、国公立で約42万円、小学校6年間は私立で約828万円、国公立で約156万円（文部科学省「子どもの学習費調査」2012年）なので、その支出は、家計の中に組み込んでいく必要がある。幼稚園は私立、小学校は国公立というパターンが多いが、「子どもにどういう教育を受けさせたいか」によって、その判断は異なる。また、人によっては第1子誕生、小学校入学のタイミングでマイホームを考えるケースもある。

3．40歳代

(1) 教育費の増加

　40歳代は、夫32歳で第1子という平均値に当てはめるならば、子どもが小学校3年生から高校3年生の時期となる。これに第2子、第3子がいれば、続くことになる。中学校は、私立で約387万円、国公立で約123万円、高校は私立で約291万円、国公立で約117万円（文部科学省「子どもの学習費調査」2012年）かかる。よく、「子どもが小学生の間が、貯め時」などともいわれるが、中学、高校と進むにつれて、教育費負担は重くなる。さらに、この時期は、「大学進学」の資金も、合わせて貯める必要がある。

(2) マイホームの購入

　マイホームを実現するのも、40歳代が多い。先にも紹介したが、取得費は、注文住宅（土地から購入した世帯）が4,227万円、注文住宅（建替え世帯）が3,245万円、分譲戸建てが3,684万円、分譲マンションが3,636万円（国土交通省

「平成26年度住宅市場動向調査について」）となっている。土地から購入した場合の注文住宅を建てた人の平均年齢は44.9歳なので、まさにこの年代となる。いわゆる頭金は約38.25％で1,617万円となる。ここまでは無理でも、マイホームを実現するには、頭金を意識して、貯めておくことが必要となる。

　この頭金の用意について、借りる側（債務者）の意識は、「頭金なしでも銀行は貸してくれる」「家賃と変わらないから、返済は大丈夫とハウスメーカーもいっているから、なんとかなるだろう」といった安易な意識をもっていることも少なくない。40歳代でマイホームを実現したいというライフプランを描くのであれば、そのための頭金作りも、しっかりと考えてもらう必要がある。

(3) 昇進・昇格と収入の目算

　サラリーマンにとって、40歳代は、将来どこまで昇格できるかが決まる年代である。「役員を目指す」「部長になる」「せめて課長にはなりたい」「特に偉くなりたくない」など、いろいろな考えがあるだろう。しかし、それによって、収入が変わってくる。そのことも、しっかりとあわせて考えておきたい。

4．50歳代

　50歳代は、人生の三大資金である「教育資金」「マイホーム取得（返済）資金」「老後資金」の3つに直面する年代であり、大学生の子どもを持っていたら、「家計は収支で見て赤字」となりやすい年代である。

(1) 大学進学と教育費の増加

　平均値で考えるならば、夫50歳で第1子は大学進学となる。大学の4年間、下宿の1人暮らしだとすると、私立で約780万円、国公立で約694万の教育費がかかる。「首都圏の大学に行くと、1,000万円」といういわれ方をすることも多いので、エリアにもよるがこの数字以上の負担感がある。この時期は、かつては末子が大学を卒業さえすれば「人生最大の貯め時」といわれたが、現状においても、50歳で子どもが就職し、独立しているとは限らないケースが増加している。さらに、子どもがニートであったり、就職した会社を早期に辞めてしまったりということも少なくない。

(2) デフレ経済の住宅ローン残高に与える影響と介護費用の発生

　今、定年になる人は、バブル経済期ないしは今よりもはるかに土地の値段の高い時に住宅を取得し、住宅ローンを組んでいることがある。したがって、退職金だけでは完済できないケースが増えている。こうした負担が大きいなかで、そろそろ自分自身の老後の資金についても、考えなければならない。さらに、50歳代の両親は70歳代、80歳代になるので、「介護」が必要になる場合もある。また、出世競争の行方が見え、「役員」になる人もいれば、「出向」する人もいる。55歳で、給与体系が変わる会社もある。

5．60歳代

(1) 定年退職と退職金

　なんといっても、38年間勤めた会社を定年退職することが、感慨深いライフイベントとなる。それにともない、「人生で最も大きなお金」である「退職金」を手にする。そんなお客様を訪問すると「もっと早くから、お金のことを勉強しておけばよかった」という感想が多く聞かれる。「退職金をもらって、60歳にして、投資家デビュー」というのでは、心もとないことは確かである。

　現状では60歳・定年退職制をとっている企業が多いが、その場合、希望すれば、65歳までは継続雇用が認められる。そこで、60歳以降の働き方について、考えていくことになる。「いつまで、どんな形で働くか」によって、老後の資金計画が変わってくる。もちろん、「働かずに悠々自適で過ごす」「夫婦で、海外旅行をする」「温泉巡りをする」という人もいるだろう。

(2) 公的年金と退職時期の検討

　公的年金は、「図表1－2」のとおり、段階的に65歳に引き上げられており、「公的年金が出るまでは、働く」ということが予想される。公的年金で足りない生活費は、これまでに蓄えた貯蓄を取り崩して補てんすることになる。そこで「お金にも働かせること（資産運用）」も選択肢となる。

(3) 健康面の準備

　50歳代の項目で触れたが、親の介護なども、リスクとして考えておく必要が

第1節　ライフプラン

図表1-2　特別支給の老齢厚生年金の支給開始年齢の引上げ

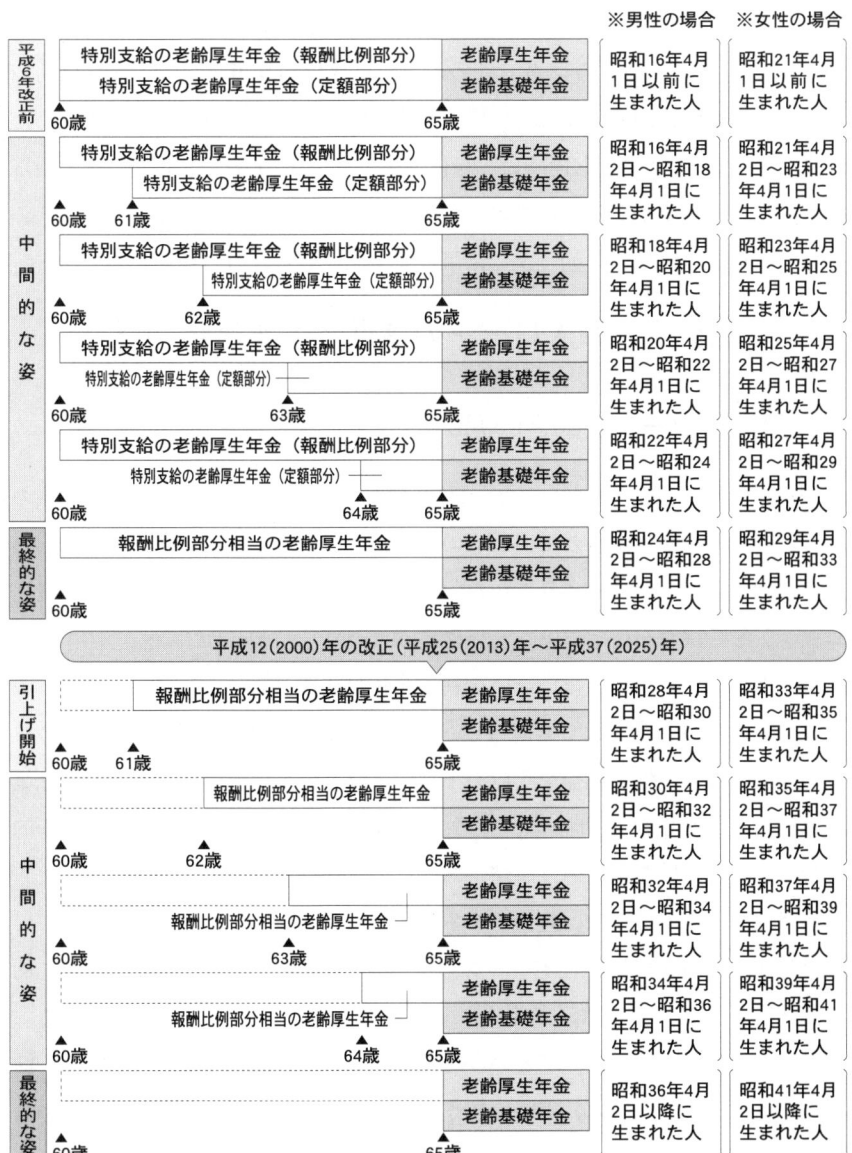

（出典）厚生労働省

ある。ただし、60歳代では、自分自身の健康面の心配も、切実なものとなる。「健康で長生き」は誰もが望むところであるが、健康年齢は男性71.19歳、女性74.21歳であり、平均寿命に当てはめると、男性は約9年3ヵ月、女性は約12年6ヵ月、健康に制限を受けた状態で長生きすることになる。そうならないためにも、「お金のケア」と同時に「身体のケア」「心のケア」も、若いうちから準備しておく必要がある。前述のとおり、ライフイベントは多種多様であり、それを実現するには、一朝一夕では用意できないくらいのお金が必要となる。

◼ 4　個人ローンの推進とメイン化 ◼

１．無担保ローンと顧客の囲い込み

　無担保ローンは、「マイカーローン」「教育ローン」「リフォームローン」のように資金使途が特定されているものと、「カードローン」「フリーローン」のように、資金使途が特定されていないものがある。これらのローンは「消費性ローン」と呼ばれ、住宅ローンとは、違うカテゴリーとされている。

　消費性ローンについては、高い金利がとれ収益性が高いことから、近年、多くの金融機関が力を入れて推進している。背景には、貸金業者が、改正貸金業法の施行（個人の借入総額を年収の１／３までとする総量規制など）や過払金の返還請求（29.2％のグレーゾーン金利の撤廃）などによって、貸金を積極的に増やせる状態にないという事情がある。

　消費性ローンの推進は、対面チャネルと非対面チャネルによって行われている。対面チャネルでは、住宅ローンの申込者に、「万一の時のための保険」的な意味合いで、カードローンをセットしてもらうといった方法がとられる。セットさえしておけば、いざという時に安心であるし、飲み会が続いたり、結婚式が重なったりすれば、実際に使うケースも出てくるだろう。逆に、若い会社員等が口座開設する際にカードローンをセットしてもらえば、ブライダルローンやトラベルローンの利用にもつながり、やがては教育ローン、住宅ローンの申込みとなることが期待される。

非対面チャネルとしては、インターネットバンキングで、借り審査の申込みをしてもらう方法やメールオーダーで申込みをしてもらう方法が一般的である。

近年は、共働き世帯のほうが専業主婦世帯よりも多く、日中、会えるお客様は減っている。そうしたなかで、カードローンは、非対面チャネルで接点を持ち、ニーズを取り込もうとしている。法人融資や住宅ローンが、低金利で利ざやが縮小しているのに対し、消費性ローンは高い金利のとれる高収益分野である。対象となる個人の分母も大きいので、金融機関間の競争が、ますます激化していくものと思われる。

2．住宅ローンの推進

住宅ローンについては、新築ないしは中古の物件を購入するケースと、他行の住宅ローンを借り換えるケースの2つのパターンがある。

前者の場合、ハウスメーカー等の業者経由で案件が持ち込まれるものが全体の8割程度を占めている。そのため、金融機関はローンセンターを充実させるなど、業者の担当者が土日・祝日でも相談しやすい体制を整えている。法人融資がリレーションシップバンキングといわれるのに対し、住宅ローンはトランザクションバンキングといわれることがある。営業コストをかけない代わりに、住宅ローンの商品性や優遇金利で勝負するという戦略である。

一方、他行の借換えについては、支店の店周ローラーなどにより、返済中の住宅ローンの金利等、借入条件を聞き、メリットが出るようなら、借換え提案を行っている。近時は1％を切る低い金利水準となっているため、お客様にとってメリットの出せる住宅ローンが増えている。また、この低金利の環境においては、他行において変動金利で借りたお客様が、将来的な金利上昇を見越して、長期の固定金利タイプに切り替えるといった動きも見られる。

一方で、住宅ローンの採算性については、金利競争の激化により疑問の声も上がっている。そこで、金融機関は、住宅ローンを獲得することで給料振込、公共料金の自動振替などの様々な取引を取り込んでいるが、ローンの引落口座をメイン口座とし、確実にお客様の囲い込みを図ることが求められる。このメ

イン化によって、投資信託の販売や教育ローンの利用など、ライフステージで発生するニーズを取り込もうというわけである。

第2節 情報収集の方法とその活用

◼ 1 マーケティング ◼

1. データベースマーケティングの視点

(1) データベースマーケティングの考え方

　個人の家計メイン化は個人部門の重点施策であり、そのための最も強力な手段はローンの推進である。しかし、個人顧客は法人顧客に比べて数のうえで膨大なものになるため、渉外担当者が、これらの顧客に関する情報をすべて把握したり、個別に訪問して対応したりすることは、物理的にもコスト的にも不可能なことである。さらに担当者の交代などにより顧客情報の蓄積が失われてしまうことも考えられる。

　そこで、顧客情報や取引明細などの情報、さらには渉外担当者が足で収集してきた個人情報などをすべてコンピュータに記憶させ、特定顧客ごとに適切な商品や販売方法、販売時期などを割り出し、効率的な営業を行うというのがデータベースマーケティングの考え方である。

(2) データベースマーケティングの必要性

　金融自由化以前の規制金利の時代は、どの金融機関も提供する商品やサービスは横並び的であったため、セールスの方法は、商品やサービスについて差別化を図ることよりも多くの渉外行員を動員してパワーセールスを行うという、営業力に依存したものが中心となっていた。また、顧客情報についての整備は進んでいたものの、それをマーケティングに活用するという視点は欠けていた。しかし、金融の自由化と顧客ニーズの多様化が進展するなか、それぞれの金融機関が提供する商品やサービスは、顧客側によって選別されるという時代に

なってきている。

　金融機関側では、不良債権処理を終えた大手行や上位の地域金融機関などが高収益を背景に商品やサービスの差別化に取り組み始めており、営業戦略におけるマーケティングの視点が求められている。そこで顧客情報などのデータベースを活用することにより、効率的かつ効果的な営業体制を構築していくという「データベースマーケティング」が注目されている。それは、この営業手法により利益率の高い「優良顧客」を特定し、その顧客のニーズに合致した商品を適切なタイミングで提供するなどして、優良顧客の囲い込みを図ることができるからである。

2．顧客セグメントの手法

(1) 個人データベースの活用

　個人データベースの活用の最も基本的な手法は、伝統的なCIF（Customers' Information Files）の情報である。性別、年齢、職業、家族構成などの属性情報に基づき、細分化することである。ライフステージ別等から導き出される一般的な銀行取引ニーズについて、想定して対象顧客を絞り込み、DMの発送や電話セールスを実施するものである。

　たとえば、新社会人になる22歳前後の人や年金受給を控えた60歳前後の年齢層をCIFで抽出すれば、セールスのターゲットを絞り込むことができる。この手法は「ターゲットマーケティング」といわれ、単発の営業キャンペーンには有効であるが、一次的に新規顧客が増加してマーケットシェアが拡大するものの、ほかの金融機関が新商品を発売すると、すぐにそちらに顧客が流れてしまう傾向があると指摘されている。多様化している個人のニーズに対応する一定程度の効果はあるものの、金融機関による商品中心の画一的なマスマーケティング手法の1つに過ぎないといわれている。

(2) コンピュータの活用

　異業種も交えた激しい競争下では、コスト面での制約があるなかで、スピードと緻密さのある精度の高い営業が求められている。たとえば、特定の商品を

購入する確率の高い顧客層にねらいを絞り込んでセールスプロモーションを実施したり、個々の顧客のプロフィールを分析してニーズを予測したりするなど、効率的かつ効果的な営業推進が必要である。

そこで、コンピュータを活用し、金融機関が膨大な数の顧客データをきめ細かく収集し緻密に分析することにより、旧来型のマーケティングでは難しかった多様化する顧客ニーズを把握することが可能となる。個々の顧客が欲している商品を適切なタイミングでその顧客に適した方法で提供するというのが「データベースマーケティング」の手法である。

この手法により優良顧客を差別化することが可能となり、収益貢献度の高い優良顧客の満足度を高めることによる長期安定的な取引の推進が図れることとなる。

大量の個人情報を有する金融機関のマーケティング手法としては、コストとパフォーマンスを考え、まずは、取引の希薄な一般大衆に対してはマスマーケティングやターゲットマーケティングで対応し、優良顧客に対してはデータベースマーケティングできめ細かなニーズに対応することが効果的な営業につながる。

3．顧客セグメントの切り口

(1) 家族名寄せの重要性

金融機関が顧客データベースを構築する場合に、なぜ家計ごとに名寄せをする必要があるかというと、金融取引は個人の事情というよりも家族の事情に基づき行われる傾向が強く、各世帯のライフステージにより求められる金融商品が異なってくるからである。

たとえば、子どもの誕生から大学卒業までは「教育資金」、子どもが小学校に入学するまでには「住宅資金」、定年間近には「老後資金」と人生の各ステージや家族構成によって必要となる金融商品が異なっている。

そのため、顧客データも世帯主に関する情報だけでなく、家族構成や家族の年齢なども重要になってくる。実際にDMを発送するケースを考えてみると、

家族1人ひとりに別々のDMを発送するよりも世帯ごとに発送したほうが、30〜40％のコスト削減効果があるといわれており効果的である。また、顧客側でも同一の金融機関から同じ内容のDMや電話が何本もくるようではマイナスの印象を持ちかねない。セグメント営業の基本は、家計ごとの名寄せ作業にあるといえる。

(2) データベースの構築例

顧客情報を名寄せし、商品の購買履歴やセールスプロモーションに対する反応、電話勧誘や窓口対応で得られた情報をもとに構築されたデータベースをどのような切り口でセグメントするかが、効率的なマーケティングの鍵となる。米国の銀行で実際に行われている手法は、以下のステップで進められている。

① 勘定系の顧客属性（CIF）のデータを名寄せし、マーケティング顧客情報ファイル（MCIF：Marketing Customers' Information Files）を構築

② MCIFを補強するため、個人信用センターなどが保有している信用情報などの外部データを結合

③ 構築したMCIFをマーケティング部門内のデータベースマーケティングシステムに取込み

④ マーケティング部門ではデータベースマーケティングシステムを活用して、データ分析や顧客セグメントを行い、そのセグメントを満たす商品開発や営業企画の構築

⑤ 実際にダイレクトメールや電話等で販売

⑥ その結果を統計的手法を用いて追跡・検証し、再度MCIFに取り込むことを繰り返し、MCIFの強化やセグメンテーションの精度改善に反映

2 顧客別情報収集

個人取引を推進する場合に留意すべきことは、「まったくの未取引先へアプローチするよりも、何らかの関係性がすでにある個人から先にアプローチする方が効率がよい」ということである。1軒ずつ何の接点もない個人宅を訪問するよりは、すでに口座があり一定の情報が入手できている人に、さらに個人取

引を推進していくほうが効率的なのは、容易に理解できるであろう。よって、すでに関係性のある個人からアプローチする手法を、優先的に進めるべきである。

以下にいくつかの切り口に基づいて推進手法を述べる。

1．職域先

　中小企業・個人事業に所属する従業員については、本体と何らかの取引がある金融機関にはあまり抵抗感がなく、実権者の承諾が得られれば、様々な取引の推進が可能になる。理想的には、法人が各自従業員に対して行う給与振込を自金融機関で採用してもらい、各自従業員の給与受取口座も自金融機関に限定してもらえればベストである。

　給与受取口座は、メイン口座であることから入出金が集中し、そのほかの取引も当然利用されやすくなる。自然とローンや、ほかの商品・サービスの情報も入手しやすくなる。もし給与受取口座でなくても、本体と取引のある金融機関なら、福利厚生の一環として財形預金や社内融資制度等を提供することにより、従業員取引の取込みを比較的抵抗感なく図ることができる。

　また、実権者や各自従業員に顔つなぎすることにより、結婚、退職などのほか、様々なライフイベント情報も入手することができれば、そのほかの商品・サービスの成約にもつながるはずである。

　企業に属する従業員取引を推進することは、効率的に個人取引を獲得することにつながる。

2．商店街情報

　金融機関の営業店は、商店街の一角を占めている場合が多いことから、地元商店街の活動に積極的に参加するべきである。まずは、商店街の活性化につながる助言をしていく。本部機能やその関連の経営コンサルタント、中小企業診断士等の派遣を得て、活性化を提案することもできる。アーケードや街路樹の設置、大売出し・抽選会等のイベント企画などを提案することで、導入に必要

な資金（都道府県の「商店街活性化資金」等公的融資）を実施する道が開けてくる。

そのほか期待できるのは、商店街に属する各個人の事業性資金情報の入手である。商店街活動に参加することにより、各商店の設備資金、運転資金等の情報がいち早く入手できるようになってくる。間接的に紹介といった形でも、融資情報を入手することができるはずである。ほかにも、各事業主個人の家計取引も期待できる。特に消費性ローンについては、各家計のライフイベント情報に留意し、タイミングを逃さないローンセールスが必要になってくる。

3．地元専門職者等

経済のサービス化とともに、生産・販売以外の「サービス業」分野のシェアが拡大している。その中核は地元専門業者である。このため、「弁護士」「公認会計士」「税理士」「不動産鑑定士」「測量士」「司法書士」「行政書士」「公証人」「中小企業診断士」「社会保険労務士」「医師」など専門職者の会員名簿があると、何かにつけて関連取引、関連取引先の情報が入手できる。

とかく「訴訟」「納税」「相続」「診療」等の各分野ではかなりの金額が必要となるので、資金調達ニーズが発生し、セールスのチャンスとなる。

◼ 3　個人信用情報センターの登録情報 ◼

民間金融機関（銀行〜労金、農漁協）は、消費者・生活者の借り過ぎの防止や、金融推進のため個人の健全な取引状況（ホワイト情報）、延滞等の事故情報（ブラック情報）、個人（個人事業主）の手形交換所の取引停止処分情報について、相互に利用するために、それら情報を登録する機関として全員参加による個人情報センターを設置している（個人信用情報保護の観点から当然のこと、融資申込み時に登録個人情報を利用すること、融資実行の際には当該情報をセンターに登録することの事前了解を得ている）。

全国銀行個人情報センターは、全国銀行協会が設置運営する民間金融機関の個人情報センターで、住宅ローン・消費者ローンなどの「実行情報」、延滞等

の「事故情報」を登録して会員にオンラインで提供するほか、個人自身にも登録情報の開示を行っている。

そのほかの個人情報機関としては、信販会社と家電・流通系クレジット会社が参加している㈱シー・アイ・シーや、全国の信用情報センターの連合会である㈱日本信用情報機構がある。全国銀行個人情報センターを含むこれら3つの情報機関は、提携により、延滞等の「事故情報」の相互交流を実施している。延滞等の事故情報は、事故発生日から5年間、登録されることになっている。個人からの各種ローンの審査時に、顧客の信用度を判断する1つとして、情報センター登録情報が有益である。延滞等の事故情報は、注意を要する先として審査に慎重を求めるものになり、健全な取引は、他行庫での取引履歴がわかり、追加融資の返済余力を判断することができる。

4　CIFの活用および対象顧客の抽出

1．CIF

(1) CIFとは

CIFとは個人情報ファイル（customer's information file）のことである。CIFは業種・業態を問わず、セールス展開上の戦略の要である。CIFの「形式」「規格」「様式」は、各金融機関においていろいろあるが、ここでは1つのモデルを紹介する。CIFはセールス前の武器であると同時に、セールス後の武器ともなる。詳細をすべて完備するのは大変な努力を要するが、一度完備してしまえば、それは情報の宝庫となる。

(2) CIFの活用

CIFは、すでにどの金融機関でも導入済みとはいうものの、情報の収集をどの頻度で行うかによって活用度を左右する。情報は多ければ多いほど、内容も濃いほどよいといえるが、CIFは、あくまで顧客対応推進の手段であって、目的ではない。完璧なものをつくろうとして時間がかかり、すでに収集している情報が陳腐化していては意味がない。よって、金融機関の組織対応として、営

業店のCIFの構築は、質量、緩急の基準が必要となってくる。

顧客情報は利用したいときに速やかに必要なデータが検索できることが求められる。このため、以下の情報がタイムリーに抽出できなければ意味がない。

①ローラー戦術実施の際には店周の地域ごとの情報
②節税対策としての「資産活性ローン」をセールスする際の路線価・固定資産税評価の高い資産保有顧客情報
③教育ローンをセールスする際の大学等進学予定者を抱える保護者の情報
など

CIFは常に営業の現場で活用し、そのつど得た新たな情報について、「追加・訂正＝更新」していく努力が不可欠である。すでに取引が終了し、再度の取引可能性のない顧客情報は、処分することも求められるであろう。有益な情報のみに集約することも効率化につながるからである。

(3) CIF管理の重要性

CIFはその組織にとって極秘とされるものである。しかし、派遣社員やパート行員が簡単に情報検索できる管理体制では、時としてCIF情報が外部に漏洩するという事件が発生している。CIFの利用に際して、外部への漏洩防止に万全の配慮を講じる必要がある。

この情報漏洩は、当該顧客の名誉を著しく毀損するケースもある。個人情報保護法の制定以前は、金融機関における個人情報の守秘は法令により義務付けされておらず、慣習や就業規則等に基づくものであった。しかし、個人情報保護法の制定により、個人情報の保護は金融機関の義務とされ、漏洩事件に対する風評・報道も厳しくなっている。重要な個人情報等へは取引先係、あるいは役席者でなければ検索や情報の訂正・更新などのアクセスできないよう、法律等や金融庁ガイドライン等の指針にしたがった管理体制の構築が求められる。

2．対象顧客の抽出

CIFを活用した対象顧客の抽出の基本は、まずはライフサイクルに応じたアプローチになる。おおまかに区分すると、以下のとおりとなる。

①住宅ローンを中心とした消費性ローン商品
②収益物件を保有する資産家へのアパートローンや、アパートローンで対応できない場合のプロパーの貸出し
③個人事業主への事業性融資

(1) ライフサイクル別ニーズの発掘

一般的な会社員のライフスイクルは、以下のとおりとなる。
①20歳代前半（独身期：消費性支出が多いが、蓄財も開始する時期）
②20歳代後半（家族形成期：結婚や新居、新生活にともなう消費が発生）
③30歳代（家族形成期：住宅購入に向けた資金づくりに専念）
④40歳代（家族形成期：住宅購入）
⑤50歳代（家族成熟期：住宅ローン負担に加えて教育費負担増）
⑥60歳代（引退期前半：退職金でローンは完済）
⑦70歳代（引退期後半：相続検討）

まずは年齢に応じて想定されるローン商品を、それぞれ抽出するべきである。①の時期には、消費性支出にともなうカードローンやフリーローン等が適切であり、②もマイカーローンなども消費性支出にともなうニーズが想定される。③の時期は住宅購入に向けた蓄財とともに、④には住宅購入も発生する可能性があり、常に住宅ローンを中心とした案内が欠かせない。⑤の時期になれば、教育ローンのニーズが生じ、また、他行ローン肩代わりといった視点も必要であろう。⑥・⑦の時期にかけては、資金ニーズは縮小していく。

(2) 顧客へのアプローチとCIFの適時更新

前述のとおり、この基本ライフプランに応じたアプローチを行い、店頭や渉外活動を通じて顧客と接触した情報をさらにCIFに付け加えていきながら、より精度の高いCIFに日々更新していく体制が求められる。

たとえば、「収益物件保有先」「他行ローン有無」「詳細な家族構成」「他行運用状況」「相続ニーズ」などである。このうち「収益物件保有先」であれば、アパートローンの対象先となる。また、個人事業主は、一般的なローンニーズに加え、事業性融資の対象先になることを忘れてはならない。

一般的なライフプランから想定される対象先を抽出してアプローチを開始し、接触するたびに入手される個別の情報を書き加え、顧客ごとの具体的な資金ニーズのタイミングを逃さず、セールスすることが最も重要である。

■ 5　顧客行動とセールス手法 ■

1．住宅ローン・リフォームローン

(1)　子どもの出産

　住宅購入の動機の1つに「子どもが増えたからもっと広い住まいへ移りたい」ということがある。特にアパート住まいで2人目、3人目の出産は潜在ニーズがいつ顕在化してもおかしくない状況といえる。面談のなかでは、近隣の宅地やマンション分譲などを話題にし、一般にローンを利用した場合の月々の返済をシュミレーションして提供するなど、具体的な提案が効果的である。

(2)　子どもの成長

　最近では小学校高学年から中学生になると、個室の子ども部屋が当然のようになってきている。子どもの成長も住宅購入・増改築の大きな要因であり、顧客の家族構成には常に注意を払っておくことが大切である。ヒアリングのつど、CIFに書き加えるなど、地道な活動が求められる。

(3)　親との同居、建物の老朽化

　これまで、別々に住んでいた親との同居を機会に、老朽化した建物を新築・増改築するケースもよく見受けられる。お互いのプライバシーに配慮した二世帯住宅も一般的になってきており、二世帯住宅ローンの案内などを何気なく手渡すなど、ニーズを顕在化させるツールを有効に利用することも必要となる。

(4)　家賃と住宅ローン返済額の比較

　借家住まいの顧客にとっては、賃貸のまま家賃を払い続けるほうが得か、家を買ってローンを払うほうが得か、常に悩む問題である。特に地価が下がって住宅価格に値ごろ感があり、金利も低水準にあると、住宅購入の思いはいっそう強まるものである。想定されるローンの月々の約定と家賃の比較をシュミ

レーションして提供すると喜ばれる。

(5) 世帯主の退職

バリアフリーという言葉が一般的になってきたように、退職を機会に高齢化に対処した「住みやすさ」「安全性」を求めるリフォームニーズは潜在的に高い。最近では、リフォーム専門の業者（工務店との提携）のリフォーム事例紹介が新聞の折込みチラシに入っているので、改築費用などの概算を頭に入れておくと、具体的な提案につなげることが可能になる。

(6) 建築業者等への工作

住宅ローンの推進には、日々の顧客単位でのニーズ発掘とセールスが欠かせないが、それ以上に建築業者等に対するアプローチは重要な戦略になる。特に、ベットタウンのような住宅開発の著しい地域においては、デベロッパーやハウスメーカーなどを押さえることによって、数十件単位で住宅ローンや住宅金融支援機構の利用者を獲得できる可能性がある。

a．担当者との信頼強化

一般的に情報は、親密度合いに比例して流れるものである。日頃から営業所に出入りして、担当者と親密な関係を築いておくことが不可欠となる。そのためには、事前に業者の業歴や評判を確認しておくこと、自行庫の取組みスタンスを明確に示しておくことが重要なポイントになる。

b．正確・迅速な事務処理

金融機関に対する建築業者等の最も大きなニーズは、事務手続きの速さと正確さである。特に建築業者等にとって、大切な見込み客のローン付けが不調に終われば、業者自身の信頼を失うばかりでなく、資金繰りにも影響を与えることにもなる。業者にとって、融資の可否の速やかな回答と実行性、正確・迅速な事務処理が、金融機関選択の決め手となっている。

c．土地情報の提供

デベロッパーやハウスメーカーが住宅新築を行って分譲するには、当然ながら土地が必要になる。したがって、建築業者等が必要とする土地を見つけて情報提供を行った金融機関に対して、建築業者等は、提携住宅ローン等の

設定をスムーズにする可能性が高まる。

(7) 他行肩代わりの推進

住宅ローンを推進するうえで最も安全で確実に積み上げられる策としては、他行肩代わりがある。住宅新築時に他行の審査をクリアし、かつ実行後の返済実績もあるため、新規よりも安全な貸出先を選別でき、肩代わりしても延滞する確率は非常に低いからである。

個別の推進で最も効果的なことは、顧客のメリットを具体的な数値で示し、肩代わりの優位性を提案することである。提案のポイントは金利負担の軽減と返済期間の変更である。特に借換えによって月々の返済額がどの程度軽減されるのかが最も関心の高いので、現在の条件と借換え後の条件を比較できるようシミュレーションし、提案書を作成して説明すると効果的である。

2．教育ローン

(1) ターゲットとセールス活動

教育ローンは、ターゲットを受験生を持つ親にほぼ限定できるので、ほかのローンに比べて推進しやすい面がある。具体的なセールス活動も、毎年入学・受験シーズンの11～4月に集中しており、ターゲットを絞り込んだDM作戦、受験料や入学金の払込みに来店したお客様に対して、パンフレットを手渡しするひと声運動をするなど、積極的な短期集中セールスが効果的である。

(2) セールスポイント

セールスポイントは、以下のとおりである。

　a．使途が広い

　教育ローンの対象には、「入学金」「寄付金」「授業料」など、入学時に必要な資金のすべてが含まれる。金融機関によっては、家賃代等の生活費を含むところがある。

　b．金利が低い

　マイカーローンやカードローンと異なり、一般に個人の資金使途として優先順位が高い子どもの教育資金ということで、低い金利が設定されている。

c．在学中の据え置き期間がある

　子どもの在学中は、学費のほかに家賃や生活費の仕送り負担が多いため、元金返済を据え置き、金利のみ支払う方法を選択できる。また、当座貸越方式であれば、一定の極度内で反復してローンの利用が可能となる。

(3) **CIFの活用**

　ターゲットを選定するため、世帯の名寄せした家族情報から対象者を確認する方法である。

　高校の学費自動振替や子どもの生年月日等から対象者が選定できるので、このリストによる活動推進は、即契約に繋がる確率が高い。最近では推薦入学も増えており、需要期は11月頃から始まっているので、11月には店頭ポスターを提示し、DM発送するよう心掛けたい。

(4) **大学や専門化との提携**

　取引のある大学や専門学校などに対して、学校案内と一緒に教育ローンのチラシを配布してもらったり、提携教育ローンを設定したりしてPRする方法がある。ただし、進学予定者であっても収入条件などでローン基準に合致しない場合もあるので、セールスには非効率な面もある。

3．マイカーローン

　20代の免許取得可能者の90％が取得者あるいは希望者という状況である。しかし、このマーケットには金融機関のほか、クレジット会社、ディーラー系ファイナンス会社などが参入し、競争は激化している。購入資金の調達方法は、若年層ほど自己資金が少なくローン依存度が高いのが特徴であり、ローン推進には同時にリスクも抱えていることに留意する必要がある。推進方法としては、CIF情報を活用して取引先のなかから免許取得可能な対象者を抽出し、DM・電話・渉外などでのアプローチする方法となる。

　ただし、勤続年数や収入基準で対象外となるケースも多く、非効率な面もある。審査基準を考えると、優良取引先社員に対する職域へのセールスやディーラー保証による提携ローンなどが効果的である。

4．カードローン

　カードローンは緊急性と利便性がセールスポイントである。対象先の選定にあたっては、「独身層」「会社員層」「VIP層」など、幅広い層があげられるが、使途が自由なだけに慎重な選定が望まれる。選定基準としては、以下の方法が有効である。

(1)　職域工作の展開

　企業の経理課や人事課とのタイアップによる職域工作が、最も安全かつ効果的である。事前に経理担当者などの「キーマン」の協力を得て、あらかじめ「工作日」「時間帯」「場所」の打合せを行い、集中的にセールスするのがポイントである。公務員や優良企業であれば、新入社員の給与振込口座獲得時にセットすることも重要である。

(2)　CIF情報の活用

　CIF情報から世帯属性に合わせた推進を図る方法である。たとえば、就学児童のいる家庭に対しては「教育費の予備資金」、ミドル層に対しては「交際費」「医療費」「臨時の冠婚葬祭費」の調達手段としてセールスが可能となる。DM発送、メールオーダーによる申込みも効果的となる。

5．フリーローン

　フリーローンは、資金使途自由な無担保ローンである。基本的な商品性はマイカーローンと同じであるが、健全な生活設計資金全般および消費財の購入資金など、顧客の様々なライフステージに対応できる商品となっている。

　金融機関によっては、ノンバンク等他業態からの借入金の借換えも可能とするところもあるが、多重債務に陥っているケースもあり、申込者の属性などの信用調査を入念に行うことが必要となってくる。資金使途自由なローン商品としては、カードローンのほうが顧客や金融機関にとっても手続きが簡単であり、フリーローンの取組みスタンスは、金融機関により差がある。

第3節 不動産関連情報の見方

1 都市計画法

1．都市計画法の概要

　都市計画法は、第1条で「この法律は、都市計画の内容及びその決定手続、都市計画制限、都市計画事業その他都市計画に関し必要な事項を定めることにより、都市の健全な発展と秩序ある整備を図り、もつて国土の均衡ある発展と公共の福祉の増進に寄与することを目的とする」と定めている。分かりやすくいうと、「計画的に住みよい街づくり」をするということである。

　まずは、街づくりをする場所を「都市計画区域」として、原則、都道府県が指定する。2つ以上の都府県にまたがる場合は、国土交通大臣が指定する。この段階で、街づくりを行う「都市計画区域」とそれ以外の「都市計画区域外」が色分けされる。都市計画法は、原則、「都市計画区域」について適用されるので、「都市計画区域外」には適用されない。しかし、「都市計画区域外」であっても、放置すれば将来における一体の都市としての「整備」「開発」「保全」に支障があると認められる地域については、都道府県が「準都市計画区域」として指定し、都市計画法に準じたルールを適用することができる。

2．都市計画区域

　都市計画区域については、市街化を優先的に進めようという市街化区域と抑制しようという市街化調整区域に分けられる。この区分を区域区分といい、区域区分を行うことを「線引き」と呼んでいる。都市計画区域でも、この「線引き」に該当しない区域があるが、それは「非線引き都市計画区域」という。

図表1-3　都市計画区域と都市計画区域外

●都市計画区域 ─┬─ 区域区分 ─┬─ 市街化区域 ── 用途地域
　　　　　　　　│　　　　　　└─ 市街化調整区域
　　　　　　　　└─ 非線引き都市計画区域

●都市計画区域外（準都市計画区域あり）

図表1-4　都市計画区域の内訳

市街化区域	すでに市街地を形成している区域およびおおむね10年以内に優先的かつ計画的に市街化を図るべき区域
市街化調整区域	市街化を抑制すべき区域
非線引き都市計画区域	区域区分が定められていない都市計画区域

「街づくり」を優先的に行う区域として市街化区域が定められると、次は「どんな街にしたいか」プランニングが必要となる。それが「地域地区」で、地域地区は「用途地域」と「補助的地域地区」に分けられる。用途地域は、文字どおり、「この区域は、こういう用途で利用しよう」という目的を定めたもので、「住居系」「商業系」「工業系」の3系統に、「第一種低層住居専用地域」「商業地域」「工業専用地域」など12種類の用途地域が示されている（「図表1-5」参照）。また、補助的地域地区としては、用途地域内に「特別用途地域」「高度地区」「高度利用地区」「高層住居誘導地区」が定められている。それ以外では、「特定街区」「防火・準防火地区」「景観地域」「風致地区」「特定用途制限地域」がある。

目的に合った土地利用が求められるので、第一種低層地域には高層マンションや工場は建てることができないなどの規制や制限が定められている。たとえば、「容積率」「建ぺい率」「敷地面積」「建築物の高さ」「防火地域・準防火地域の建築物の規制」などである。この点については、建築基準法の項目で見ていく。都市で人間が生きて行くためには、「道路」「公園」「下水道」「学校」「図書館」「病院」などが必要となるが、これらの施設を「都市施設」と呼ぶ。

図表1-5 用途地域

住居系	第一種低層住居専用地域	低層住宅に係る良好な住居の環境を保護するため定める地域
	第二種低層住居専用地域	主として低層住宅に係る良好な住居の環境を保護するため定める地域
	第一種中高層住居専用地域	中高層住宅に係る良好な住居の環境を保護するため定める地域
	第二種中高層住居専用地域	主として中高層住宅に係る良好な住居の環境を保護するため定める地域
	第一種住居地域	住居の環境を保護するため定める地域
	第二種住居地域	主として住居の環境を保護するため定める地域
	準住居地域	道路の沿道としての地域の特性にふさわしい業務の利便の増進を図りつつ、これと調和した住居の環境を保護するため定める地域
商業系	近隣商業地域	近隣の住宅地の住民に対する日用品の供給を行うことを主たる内容とする商業その他の業務の利便を増進するため定める地域
	商業地域	主として商業その他の業務の利便を増進するため定める地域
工業系	準工業地域	主として環境の悪化をもたらすおそれのない工業の利便を増進するため定める地域
	工業地域	主として工業の利便を増進するため定める地域
	工業専用地域	工業の利便を増進するため定める地域

※ 定義は都市計画法9条による。

このうち、「道路」「公園」「下水道」は、市街化区域および非線引き都市計画区域内には必ず定めなければならない。また、せっかく計画的な街づくりをしようとしているのに、それを妨げるような土地の利用をされては困るので、市街化区域では1,000㎡以上、市街化調整区域ではすべて、非線引き都市計画区域と準都市計画区域では3,000㎡以上、それ以外は1,000㎡以上の規模の開発行為には、許可が必要となっている。

なお、開発行為とは、主として建築物の建築、特定工作物の建設の用に供する目的で行う土地の区画形質の変更（造成工事）をいう。

2　建築基準法

1．建築基準法の概要

建築基準法は、国民の生命・健康・財産の保護のため、「建築物の敷地」「設備」「構造」「用途」について、その最低基準を定めている。目的は、大きく分けて、「安全性の確保」と「計画的な街作り」の２つである。日本全国、どこでも適用される単体規定と、原則として都市計画区域と準都市計画区域で適用される集団規定がある。

全国どこでも、共通して、「最低限、これくらいは守ってください」という基準が単体規定として適用される。一方、集団規定は、原則として、「都市計画区域」「準都市計画区域」で、用途地域にマッチしない建物の建築を制限するというものである。たとえば、「高校」「大学」「病院」は、静かな環境が好ましいので、工業地域や準工業地域には、建てることができない。

2．単体規定

(1) 構造耐力

建築物は、「自重」「積載荷重」「積雪荷重」「地震」等に対して安全な構造にしなければならない。

また、高さが60mを超える建築物、高さが60m以下の建築物のうち、主要構

造部（床、屋根および階段を除く）が「石造」「れんが造」「コンクリートブロック造」「無筋コンクリート造」等の建築物で高さが13mまたは軒の高さが9mを超える建築物については、政令で定める基準にしたがった構造計算で、国土交通大臣の認定を受けたプログラムによるものによって、確かめられる安全性を有しなければならない。

(2) 大規模建築物の主要構造部

高さが13mまたは軒の高さが9mを超える建築物でその主要構造部（床、屋根および階段を除く）の政令で定める部分の全部または一部に木材、プラスチックその他の可燃材料を用いたものは、耐火建築物の基準に適合するものとしなければならない。

(3) 防　火

延べ面積が1,000㎡を超える建築物は、防火上有効な構造の防火壁によって有効に区画し、かつ各区画の床面積の合計を、それぞれ1,000㎡としなければならない。ただし、耐火建築物または準耐火建築物などの場合は、例外とする。

(4) 居室の採光および換気

「住宅」「学校」「病院」「寄宿舎」「下宿」「その他これらに類する建築物」で政令で定めるものの居室には、採光のための窓その他開口部を設け、その採光に有効な部分の面積は、その居室の床面積に対して住宅にあっては１／７以上、その他の建築物にあっては１／５から１／10までの間において政令で定める割合以上としなければならない。

(5) 地階における住宅等の居室

住宅の居室、学校の教室、病院の病室または寄宿舎の寝室で地階に設けるものは、壁および床の防湿の措置について衛生上必要な政令で定める技術的基準に適合するものとしなければならない。

(6) 長屋または共同住宅の各戸の界壁

長屋または共同住宅の各戸の界壁は、小屋根または天井裏に達するものとするほか、その構造を遮音性能に関して政令で定めた技術的基準に適合するもので、国土交通大臣が定めた構造方法を用いるものまたは国土交通大臣の認定を

受けたものとしなければならない。

3．集団規定

集団規定については、「図表1-6」のとおりである。

なお、建築物の敷地が、異なる用途地域にまたがっている場合は、敷地の大きい（過半の属する）用途地域の規定が適用される。

4．建築協定

前述の「2．単体規定」「3．集団規定」は「必ず守らなければならない」ルールであるが、建築基準法では認められている建物を、地域の住民が協定を結ぶことによって、建てられなくすることがある。これが「建築協定」で、その地域の土地所有者や借地権者全員の合意により、建築基準法よりも、さらに厳しい規制を定めることができる。なお、建築協定の変更には全員の合意、廃止には過半数の合意が必要となる。

5．建築確認

建物を建築するにあたっては、建築基準法等に適合しているか否かを事前に審査することが必要となる。具体的には、建築主が建築確認※の申請をし、建築主事が確認した後、確認済証を交付する。その交付を受けてから、工事が着手される。しかし、すべての建築物に建築確認が必要なわけではなく、以下の建築物を建築する際に必要となる。

①一定の特殊建築物については、用途に供する床面積の合計100㎡を超えるもの

②大規模建築物のうち、木造は、階数3階以上（地下含む）、延べ面積500㎡超、高さ13メートル超、軒高9メートル超のいずれかに該当するもの

③大規模建築物のうち、木造以外は、階数2階以上（地下含む）、延べ面積200㎡超のいずれかに該当するもの

④都市計画区域、準都市計画区域等の一般建築物は、規模を問わず必要

第3節 不動産関連情報の見方

図表1-6 集団規定

用途地域内の建築物の用途制限
- ■ 建てられる用途
- □ 建てられない用途
- ▲ には床面積等の制限がある。

列見出し: 一低 / 二低 / 一中高 / 二中高 / 一住 / 二住 / 準住 / 近商 / 商 / 準工 / 工 / 工専

用途	一低	二低	一中高	二中高	一住	二住	準住	近商	商	準工	工	工専
住宅、共同住宅、寄宿舎、下宿	○	○	○	○	○	○	○	○	○	○	○	
兼用住宅で、非住宅部分の床面積が、50m²以下かつ建築物の延べ面積の2分の1未満のもの	○	○	○	○	○	○	○	○	○	○	○	
店舗等の床面積が 150m²以下のもの		▲	▲	▲	▲	○	○	○	○	○	○	▲
店舗等の床面積が 150m²を超え、500m²以下のもの			▲	▲	▲	○	○	○	○	○	○	▲
店舗等の床面積が 500m²を超え、1,500m²以下のもの				▲	▲	○	○	○	○	○	○	▲
店舗等の床面積が 1,500m²を超え、3,000m²以下のもの					▲	○	○	○	○	○	○	▲
店舗等の床面積が 3,000m²を超え、10,000m²以下のもの							○	○	○	○	○	
店舗等の床面積が10,000m²を超えるもの								○	○	○		
事務所の床面積が 150m²以下のもの				▲	▲	○	○	○	○	○	○	○
事務所の床面積が 150m²を超え、500m²以下のもの				▲	▲	○	○	○	○	○	○	○
事務所の床面積が 500m²を超え、1,500m²以下のもの				▲	▲	○	○	○	○	○	○	○
事務所の床面積が 1,500m²を超え、3,000m²以下のもの					▲	○	○	○	○	○	○	○
事務所3,000m²を超えるもの						○	○	○	○	○	○	○
ホテル、旅館					▲	○	○	○	○	○		
ボーリング場、スケート場、水泳場、ゴルフ練習場、バッティング練習場等					▲	○	○	○	○	○	○	
カラオケボックス等							▲	○	○	○	▲	▲
麻雀屋、ぱちんこ屋、射的場、馬券・車券発売所等							▲	○	○	○	▲	
劇場、映画館、演芸場、観覧場							▲	○	○	○		
キャバレー、ダンスホール等									○	▲		
幼稚園、小学校、中学校、高等学校	○	○	○	○	○	○	○	○	○	○		
大学、高等専門学校、専修学校等			○	○	○	○	○	○	○	○		
図書館等	○	○	○	○	○	○	○	○	○	○	○	
巡査派出所、一定規模以下の郵便局等	○	○	○	○	○	○	○	○	○	○	○	○
神社、寺院、教会等	○	○	○	○	○	○	○	○	○	○	○	○
病院			○	○	○	○	○	○	○	○		
公衆浴場、診療所、保育所等	○	○	○	○	○	○	○	○	○	○	○	○
老人ホーム、身体障害者福祉ホーム等	○	○	○	○	○	○	○	○	○	○	○	
老人福祉センター、児童厚生施設等	▲	▲	○	○	○	○	○	○	○	○	○	○
自動車教習所					▲	○	○	○	○	○	○	○
単独車庫(附属車庫を除く)			▲	▲	▲	▲	○	○	○	○	○	○
建築物附属自動車車庫	▲	▲	▲	▲	▲	▲	○	○	○	○	○	○
倉庫業倉庫								○	○	○	○	○
畜舎(15m²を超えるもの)						▲	○	○	○	○	○	○
パン屋、米屋、豆腐屋、菓子屋、洋服店、畳屋												
建具屋、自転車店等で作業場の床面積50m²以下	▲	▲	▲	▲	○	○	○	○	○	○	○	
危険性や環境を悪化させるおそれが非常に少ない工場						▲	▲	▲	○	○	○	○
危険性や環境を悪化させるおそれが少ない工場								▲	▲	○	○	○
危険性や環境を悪化させるおそれがやや多い工場										○	○	○
危険性が大きい又は著しく環境を悪化させるおそれがある工場											○	○
自動車修理工場						▲	▲	▲	▲	○	○	○
火薬、石油類、ガスなどの危険物の貯蔵・処理の量 量が非常に少ない施設					▲	▲	○	○	○	○	○	○
量が少ない施設								○	○	○	○	○
量がやや多い施設										○	○	○
量が多い施設											○	○
卸売市場、火葬場、と畜場、汚物処理場、ごみ焼却場等	都市計画区域内においては原則都市計画決定が必要											

※ 本表は、建築基準法別表第二の概要であり、すべての制限について掲載したものではない。

(出典) 東京都の資料をもとに作成

※ 防火地域、準防火地域以外において建築物を増築し、改築し、または移転しようとする場合で、その増築、改築または移転に係る部分の床面積の合計が10㎡以内であれば、建築確認は不要。

6．道　路

建築基準法上、道路として認められるには原則として、幅員が４ｍ以上あることが必要であるが、実際にはそれに満たないものも、道路として存在している。そのような道路は、いわゆる「２項道路」と呼ばれ、原則としてその道路の中心線から水平距離２ｍ後退した位置が、道路と敷地の境界線とされる。この後退距離のことを「セットバック」という。建築基準法では、道路は、道路幅４ｍは欲しいと謳っているものの、現実には狭い道路もあるので、２ｍセットバックすることで、道路の幅員を４ｍとみなしているということになる。よって、セットバック部分は、後で紹介する建ぺい率、容積率の計算上、敷地面積には算入せず、道路の幅員４ｍとして容積率は計算される。

7．接道義務

都市計画区域で建物を建てる時は、原則として、４ｍ以上の幅員の道路に、２ｍ以上接していなければならない。このことを接道義務という。

8．建ぺい率

建ぺい率とは、建築物の建築面積の敷地面積に対する割合のことで、建築面積の最高限度は、以下の計算式で算出する。

> 建ぺい率＝敷地面積×都市計画等で指定された建ぺい率

たとえば、面積200㎡の敷地で、建ぺい率が80％であれば、160㎡となる。商業地域ではデパート等の売り場面積が広げられるよう建ぺい率は80％、低層住居専用地域およ中高層住居専用地域は、「防火」「採光」「日照」「風通し」など居住環境に配慮して、「30％」「40％」「50％」「60％」のうちで都市計画が定め

る割合などとなっている。

　なお、防火地域内で耐火建築物を建築する場合と、特定行政庁が指定する角地等に該当する場合の両方に該当する場合は建ぺい率に20％、いずれかに該当する場合は10％を加えることができる。さらに、建ぺい率が80％の用途地域で、かつ防火地域内で耐火建築物を建築する場合、建ぺい率100％が認められる。

　では、建築物の敷地が、異なる用途地域にまたがっている場合はどうするかというと、加重平均で算出する。たとえば、建ぺい率80％の敷地面積が200㎡、建ぺい率60％の敷地面積が100㎡だとすれば、以下のとおりとなる。

> 80％×200／(200+100)＋60％×100／(200+100)＝73.3％
> （建築面積の最高限度は、300㎡×73.3％＝219.9㎡）

9．容積率

　容積率とは、建築物の延べ面積の敷地面積に対する割合のことで、以下の計算式で算出される。

> 容積率＝建築物の延べ面積／敷地面積

　敷地面積が200㎡で容積率が300％であれば延べ面積600㎡の建物を建てることができる。ただし、前面道路が12m未満の時は、以下の計算式で算出される。

> 「前面道路の幅員×法定乗数」および「都市計画で指定された容積率」
> いずれか小さい数値が適用

　たとえば、建築可能な最大延べ床面積は、「図表1－7」のとおりに算出される。

　なお、敷地がまたがった場合は建ぺい率と同じように、加重平均で算出する。また、防火地域と準防火地域にまたがる場合は、厳しい規制のほうである防火地域の制限を受ける。

図表１－７　建築可能な最大延べ床面積の算出

●条　　件
　・敷地面積：200㎡　　・容 積 率：300％
　・前面道路の幅員：６ｍ　・法定乗数：４／10
●建築可能な最大延べ床面積の算出
　・容 積 率：６ｍ×４／10の240％
　・建築可能な延べ床面積：200㎡×300％の600㎡（都市計画で指定された容積率）
　　　　　　　　　　　　　200㎡×240％の480㎡（前面道路の幅員×法定乗数）
　　→厳しいほうが適用されるので、建築可能な最大延べ床面積は、「480㎡」となる。

10.建築物の高さの制限

　建物に斜線を引き、道路が暗くならないように日照を確保するというのが「道路斜線制限」で、全用途地域および用途地域の指定のない区域（つまりは全地域）に適用される。隣の敷地に日陰ができるのは、好ましくないので、隣の敷地との関係において、建築物の高さを制限しようというのが「隣地斜線制限」で、第１種・第２種低層住居専用地域を除く地域に適用される。もっとも、第１種・第２種低層住居専用地域では、10ｍまたは12ｍのいずれかのうち、都市計画で定められた数値に高さが制限されているので、隣地斜線制限の範囲内となる。この制限によらなくても、適用されるのと同じ効果がもともとあるというわけである。

　これらに対し、北側の敷地の日照を確保する目的で定められているのが「北側斜線制限」で、「第１種低層住居専用地域」「第２種低層住居専用地域」「第１種中高層住居専用地域」「第２種中高層住居専用地域」の４つの地域に適用される。これらの地域は、住居専用なので、日当たりの確保された住環境が用意される必要がある。

　一方で、その他の地域では日照が確保されなくていいというわけではないので、それを補完する意味で「日陰規制」というものがある。

3 登記事項証明書

1．不動産登記制度とは

(1) 不動産登記制度の概要

　土地を購入したり、家を新築したりしてその所有権を得た場合は、1ヵ月以内に表示に関する登記をしなければならない。登記をしない場合、国が固定資産税を捕捉できない可能性もあることなどから、表示に関する登記は、登記官が職権で行うことができるとされている。しかし、原則、登記は申請主義である。その例外が、不動産の権利を取得した際の表示登記ということになる。AさんがBさんに不動産を売却したとすると、不動産の所有者はAさんからBさんに移る。この場合、登記をすることによって、不利益を受けるAさんを登記義務者といい、利益を受けるBさんを登記権利者という。そして、登記は、AさんとBさんが共同で申請することになる（共同申請の原則）。

　このようにして、登記の申請がなされると、登記官は、不動産登記簿に登記事項を記録する。これを登記記録という。登記記録は、表題部と権利部からなっている。権利部は、さらに甲区と乙区に分けられる。よって、「表題部」「権利部甲区」「権利部乙区」の3つをチェックする必要がある。

(2) 表題部

　まず、表題部は、表示に関する登記事項が記載される。「どんな土地や建物で、所有者は誰か」を見ることができる。土地に関しては、「不動産番号」「地図番号」「所在」「地番」「地目」「地積」「原因」およびその日付（登記の日付）が、建物については、「不動産番号」「所在図番号」「所在」「家屋番号」「種類」「構造」「床面積」「原因」および「その日付（登記の日付）」が記載される。そのうえで、所有者の住所と氏名が記される。表題部に出てくる用語については、「図表1-8」を参照されたい。

図表1-8　表題部に記載される用語

所　　　在	「×市×町×丁目」といった形で、その土地がどこにあるのかを表記
地　　　番	もともとひと筆ごとに土地に付けられていた番号
地　　　目	「宅地」「田」「畑」「山林」などその土地の利用目的を表記
地　　　積	土地の面積
家屋番号	土地の「地番」と同じく建物を特定するための番号。同じ土地に複数の建物がある場合は、「××番の1」「××番の2」といった形で表記
種　　　類	「居宅」「共同住宅」「店舗」「寄宿舎」など建物の利用目的を表記
構　　　造	「木造」「鉄骨造」などの建物の構造、「陸屋根」「3階建」などの屋根の種類・階数などを表記
床　面　積	建物の面積で、「1階30㎡」「2階30㎡」といった形で階数ごとの面積も表記
原因およびその日付	「×年×月×日新築」といった形で表記

(3) 権利部

　続いて、甲区と乙区についてみていく。甲区は所有権、乙区は所有権以外の権利が記録される。甲区をみれば、今現在の所有者がわかるが、それだけでなく、過去の所有者も知ることができる。甲区には、「権利番号」「登記の目的」「受付年月日・受付番号」「権利者その他の事項」が記載される。甲区の読み取り方は、「図表1-9」を参照されたい。

　乙区は、所有権以外の権利に関する事項が記載される。具体的には、売買をする際に住宅ローンを利用した場合の銀行の抵当権などである。

　表題部、権利部の記載された書面は、かつては「登記簿謄本」といわれていたが、現在では、不動産登記法の改正によるオンライン申請の導入にともない、「登記事項証明書」と呼ぶようになっている。たとえば、金融機関の行職員が、「あの土地・建物の所有者は誰で、どんな権利関係が付いているのか」を知りたいと思った場合、法務局の証明サポートセンターに出向いて窓口で交付請求

図表1－9　権利部（甲区）の記載事例

●権利部（甲区）の記載事例1　（甲野太郎さんが所有権を保持）
　①登記の目的　　　　　：所有権保存
　②受付年月日・受付番号：×年×月×日第××××号
　③権利者その他の事項　：×市×町×番×号　甲野太郎

> ×月×日に甲野太郎さんが所有権を得て、そのままずっと所有権を有していることが判明

●権利部（甲区）の記載事例2　（甲野太郎さんから乙野花子さんに所有権を移転）
　①登記の目的　　　　　：所有権移転（平成15年に甲野太郎さんの所有権保存登記があった）
　②受付年月日・受付番号：平成25年×月×日・第××××号
　③権利者その他の事項　：原因　平成25年×月×日相続　所有者　×市×町×番×号　乙野花子

> 甲野さんが亡くなって、その不動産を、乙野さんが相続したことが判明

をする方法もあるが、郵送による交付請求や、インターネットを利用したオンラインによる交付請求をすることもできる。

「図表1－9」の例では、甲野太郎さんが不動産を取得し、そのまま保有している場合、ないしは相続で乙野花子さんに所有権が移転した場合であったが、もし、不動産の売却であれば、借入れを行うことも想定され、権利部の甲区だけでなく、乙区にも変更が見られるはずである。

ここでは登記事項証明書を中心に話を進めたが、登記記録に記載されている事項の概略を記載した「登記事項要約書」というものもあるので、用途によっては、使い分けも可能である。

図表1－10　権利部（乙区）の記載事例

●権利部（乙区）の記載事例1（甲野太郎さん所有不動産に抵当権を設定）
　①登記の目的　　　　　：抵当権設定
　②受付年月日・受付番号：×年×月×日・第××××号（住宅ローンが実行された日）
　③権利者その他の事項　：・原因　金銭消費貸借同日設定
　　　　　　　　　　　　　・債権額　3,000万円
　　　　　　　　　　　　　・損害金　14％
　　　　　　　　　　　　　・債務者　×市×町×番×号　甲野太郎
　　　　　　　　　　　　　・抵当権者　×市×町×番×号　A銀行（取扱店B支店）
　　　　　　　　　　　　　・共同担保目録　××××号

⬇

A銀行から3,000万円の借入人（住宅ローン）をしてこの不動産を取得したことが判明

●権利部（乙区）の記載事例2（A銀行、B銀行のそれぞれが甲野太郎さんが所有不動産に抵当権を設定）
　①担保権者：A銀行（第一順位）、B銀行（第二順位）
　②残　　債：A銀行（1,000万円）、B銀行（300万円）

甲野さんが死亡し不動産を売却

⬇

●売却額が1,500万円の場合
　A銀行は1,000万円の配当
　B銀行は300万円の配当

⇩

A銀行・B銀行ともに全額回収

●売却額が1,100万円の場合
　A銀行は1,000万円の配当
　B銀行は100万円の配当

⇩

A銀行は全額回収、B銀行は、本件担保では200万円の回収不足

図表1－11　権利部（甲区および乙区）の記載事例

①登記の目的　（甲区）　：所有権移転
　　　　　　　（乙区）　：抵当権設定
②受付年月日・受付番号：
　　　　　　　（甲区）：×年×月×日・第××××号
　　　　　　　（乙区）：×年×月×日・第×××○号
③権利者その他の事項　：
　　　　　　　（甲区）：原因　売買
　　　　　　　（乙区）[※]：・原因　金銭消費貸借同日設定
　　　　　　　　　　　　　・債権額　2,000万円
　　　　　　　　　　　　　・損害金　14％
　　　　　　　　　　　　　・債務者　×市×町×番×号　乙野花子
　　　　　　　　　　　　　・抵当権者　×市×町×番×号　B銀行（×支店）

※　甲野さんの抵当権は抹消され、代わりに乙野さんの抵当権が設定（乙野さんは借入金で不動産を購入したことが判明）

2．第三者対抗要件

　第三者対抗要件について、事例を使ってみてみよう。AさんがBさんに不動産を売却した。しかし、同時にCさんにも売却したとする。BさんとCさんは、「われこそが、この不動産の権利者である」と主張している。この場合で、Bさんは、先に売買契約をしたが、物権変動の登記はしなかった。CさんがBさんより先にこの登記をしていたとすれば、Cさんは、第三者に対し、「この不動産は私のものである」と主張し、対抗することができる。

　では、AさんがBさんに不動産を売却した後に売買契約を破棄したが、BさんはCさんに不動産を売却したというケースではどうであろうか。この場合も、Cさんが先に登記をしていれば、Aさんに対抗することができる。ここで注意すべきは、売買契約自体は、不動産登記がなくても有効に成立するということである。しかし、それだけでは、第三者に対して権利を主張することができない。以上から、登記は「第三者への対抗要件」といわれる。

4 土地の種類

1．固定資産税上の土地の種類

　固定資産税は、土地、家屋、償却資産について課税されるが、その土地については、地方税法341条2項に「土地とは、田、畑、宅地、塩田、鉱泉地、山林、牧場、原野その他の土地をいう」という記載がある。
　また、固定資産評価基準には、「土地の評価の基本」として、「土地の評価は、次に掲げる土地の地目の別に、それぞれ以下に定める評価の方法によって行うものとされている。この場合における土地の地目の認定に当たっては、当該土地の現況および利用目的に重点を置き、部分的に僅少の差異の存するときであっても、土地全体としての状況を観察して認定する」としたうえで、「田、畑、宅地、鉱泉地、池沼、山林、牧場、原野、雑種地」と列記している。

2．不動産鑑定評価上の土地の種類

　不動産鑑定評価では、土地は「宅地、農地、林地、見込地、移行地等」に分類され、それぞれ次のように定義されている。
　①宅地とは、宅地地域のうちにある土地をいい、住宅地、商業地、工業地等に細分される。この場合において、住宅地とは住宅地域のうちにある土地をいい、商業地とは商業地域のうちにある土地をいい、工業地とは工業地域のうちにある土地をいう
　②農地とは、農業地域のうちにある土地をいう
　③林地とは、林地地域のうちにある土地（立木竹を除く）をいう
　④見込地とは、宅地地域、農地地域、林地地域等の相互間において、ある種別の地域から他の種別の地域へと転換しつつある地域のうちにある土地をいい、宅地見込地、農地見込地等に分けられる
　⑤移行地とは、宅地地域、農地地域等のうちにあって、細分されたある種別の地域から他の種別の地域へと移行しつつある地域のうちにある土地をい

う

先に見た「登記事項証明書」では「地目」という欄があり、「宅地」「田」「畑」などと記載されることを学んだ。その根拠となる法律が不動産登記法で、そこには、23種類の地目が上げられている。

5　土地の価格

1．1物5価

土地の価格は1物5価といわれ、1つの同じものであるのに以下の5とおりある。
　①実勢価格
　②公示地価
　③路線価
　④固定資産評価額
　⑤基準地価

公示地価を100％とすると、路線価は80％、固定資産税評価額は70％といわれる。また、実勢価格を100％とすると、公示地価と基準地価が90％、路線価が70～80％、固定資産評価額が60～70％というイメージになる。では、それぞれについて、見ていきたい。

(1)　実勢価格

文字どおり、実際に売買されている取引価格をいう。取引価格は、売り手と買い手の折り合いのつく所で決まる。売る側は高く売りたいし、買う側は安く買いたいが、近隣の土地が、高く売れれば、売る側が強くなる。売り手の希望よりも、安い価格で近隣の売買が成立すれば、買い手が強くなる。つまり、近隣の売買事例によって影響を受ける。ただし、売り手が、「相続税を支払うために、早く売りたい」といった事情がある場合、その事例が、全体の価格を引き下げてしまう可能性もある。よって、「このあたりの土地なら、これくらいの価格が妥当」という「時価」とは、違ったものになる場合もある。

(2) 公示地価

　国土交通省が地価公示法に基づいて、1月1日現在の1㎡当たりの価格を3月に発表しているもので、土地取引にあたっては、この価格を指標とすることが求められている。

　まずは、都市およびその周辺の地域などで、地価公示の対象となる標準地を選定し、2人以上の不動産鑑定士が、鑑定評価を行う。方法としては、「近傍類地の取引価格から算出される推定の価格、近傍類地の地代などから算定される推定の価格、および同等の効用を有する土地の造成などに要する推定の費用の額」を勘案して行うとされる。これは、まさに「原価法」「取引事例比較法」「収益還元法」の手法である。そのデータを元に、国土交通大臣が任命した土地鑑定委員で構成される土地鑑定委員会が、1月1日現在の価格を判定する。土地取引をする場合、公示地価は、指標として意識される。

(3) 路線価

　国税庁が、贈与税、相続税の算定のための基準として、毎年7月に、1月1日現在の主要道路に面した宅地の1㎡当たりの価格を公表しているものである。公示地価を100％とすると80％を目安としている。道路に面した土地の1㎡当たりの評価額なので、その路線価が40万円、奥行価格補正率が1.00、面積が200㎡とした場合、40万円×1.00×200㎡で、評価額は8,000万円となる。

(4) 固定資産評価額

　各市町村（東京23区については都）が地方税法に基づいて基準年度（3年ごと）の前年の1月1日現在の価格を、3年ごとの4月1日に発表しているもので、「固定資産税」「都市計画税」「不動産取得税」「登録免許税」を賦課する際の基準として使われる。その評価額は、所轄の市町村役場（東京23区は都税事務所）で、本人またはその関係者に限り閲覧することができる。

　公示地価を100％とすると、70％の水準が意識されているが、見直しが3年に1度なので、バブル経済崩壊後の不動産価格下落局面では、割高感が見られた時期もあった。

(5) 基準地価

　国土利用計画法に基づき、各都道府県が7月1日を基準日とし、毎年9月下旬に発表しているもので、公示地価を補完する役割を果たしている。売買の目安として定められている点など、公示地価と同じだが、都市計画区域内を主な対象とする公示地価に対し、基準地価は、「都市計画区域外の住宅地」「商業地」「工業地」「宅地でない林地」なども対象としている点では違いがある。公示地価の発表が3月で、基準地価の発表が9月であるため、半年間の地価の状況を見ることができる（時点修正）ともいわれる。

　このように土地には、5つの価格がある。実勢価格と、その目安となる公示地価、基準地価は評価が高いほうがありがたい場合が多く、相続税、贈与税の算定基礎となる路線価と固定資産税等の算定基礎となる固定資産評価額は、低いほうがありがたい場合が多いといえるかもしれない。

2．不動産鑑定評価基準

　公示地価の所で、不動産鑑定士が鑑定評価を行うという説明をした。不動産鑑定評価とは、「なぜその価格なのか」、誰もが納得するように論理的に説明することである。具体的には、「図表1－12」のような流れとなる。

　鑑定評価で求めるべきは、「正常価格」である。これは、市場性を有する不動産において、現実の社会経済情勢の下で合理的と考えられる条件を満たす市場で形成されるであろう市場価値について表示する適正な価格のことをいう。簡単にいえば、普通にやっていれば、成立するはずの適正価格となる。それに対し、「隣地が売りに出たので買う」とか、借地権者がその土地を取得するといったケースは、「正常価格」とは違う価値判断が働く。これを「限定価格」という。これに対し、会社が破綻し、その土地が売りに出たといったケースでも、「正常価格」とは異なる価格形成が予想される。これを「特定価格」という。一方、国宝や重要文化財は、そもそも、一般的に市場性を有しない。したがって、市場での取引を前提しない価格となるので「特殊価格」という。

図表1-12　不動産鑑定評価の流れ

①鑑定評価の依頼
↓
②対象不動産の確認
　・対象不動産の確定
　・価格時点
　・価格の種類の確定
↓
③価格形成要因の分類
　・一般的要因
　・地域要因
　・個別的要因
↓
④最有効使用の判定
↓
⑤鑑定評価方式の適用
　・原価法
　・取引事例比較法
　・収益還元法
↓
⑥試算価格の算定
　・積算価格
　・比準価格
　・収益価格
↓
⑦鑑定評価額の決定

3．価格形成要因での分類

　土地の価格が「1物5価」によって決められるかについて説明した。不動産鑑定評価にあたって、判定の材料となる不動産の価格形成要因についても、触れておきたい。

　価格形成要因とは、「不動産の効用」および「総体的希少性」ならびに「不動産に対する有効需要」に影響を与える要因で、「一般的要因」「地域要因」「個別的要因」に分けられる。以下、国土交通省の定義にのっとって紹介する。

(1) 一般的要因

　一般的要因とは、一般経済社会における不動産のあり方およびその価格の水準に影響を与える要因をいう。それは、「地質、地盤等の状態」「気象の状態」などの「自然的要因」、「人口の状態」や「都市形成および公共施設の整備の状態」「教育および社会福祉の状態」などの「社会的要因」、「貯蓄、消費、投資および国際収支の状態」や「税負担の状態」などの「経済的要因」、「土地利用に関する計画および規制の状態」や「宅地および住宅に関する施策の状態」な

どの「行政的要因」に大別される。

(2) 地域要因

地域要因とは、一般的要因の相関結合によって「規模」「構成の内容」「機能」等にわたる各地域の特性を形成し、その地域に属する不動産の価格の形成に全般的な影響を与える要因をいう。ここでは、「宅地地域」「商業地域」「工業地域」「農地地域」「林地地域」に分類し、それぞれの地域に特有の要因（地域要因）を考慮する。

① **宅地地域**：「日照、温度、湿度、風向等の気象の状態」「都心との距離および交通施設の状態」「上下水道、ガス等の供給・処理施設の状態」　など
② **商業施設**：「商業施設または業務施設の種類、規模、集積度等の状態」「商業背後地および顧客の質と量」「顧客および従業員の交通手段の状態」　など
③ **工業地域**：「幹線道路、鉄道、港湾、空港等の輸送施設の整備の状況」「労働力確保の難易」　など
④ **農地地域**：「土壌および土層の状態」「水利および水質の状態」　など
⑤ **林　　地**：「標高、地勢等の状態」「林道等の整備の状態」　など

(3) 個別的要因

個別的要因とは、不動産に個別性を生じさせ、その価格を個別的に形成する要因をいう。具体的には、「間口、奥行、地積、形状等」「高低、角地その他の接面道路との関係」などがあげられる。

このように、いろいろな要因が考慮されて、土地の価格は決められている。この項目を理解することは、「自分の見方を持つ」という意味でも、「これで仕事をしている業者から、不動産にくわしい担当者として信頼を得る」という意味でも、大きなアドバンテージ（優位性）になる。

6 建物の種類

1．建物の一般的な認識

　日常会話で考えると、1人暮らしの学生は、「アパート」「下宿」「学生寮」など、独身の会社員は「ワンルームマンション」「アパート」「社宅・社員寮」「借上げ社宅」などと、「自分の住んでいる家」について表現することが多いと思われる。そして、これらは「賃貸」のイメージとなる。やがて、家族を持ち、マイホームを実現する人も多くなるなかでは、「一戸建て」か「マンション」といった分け方が多くなる。「どうやって建てたか」「いくらかかったか」といった話になった時は、「注文住宅」「建売・分譲住宅」といった説明がされる。マンションでは「中古」「新築」といった分け方が話題になる。さらには、「3階に住んで、1、2階は貸す賃貸併用住宅にした」とか、「親の敷地に、二世帯住宅を建てた」といった話にもなる。建物の種類といった時、私たちの頭に浮かぶのは、今見たような「分け方」である。

2．民法等の建物の概念

　あるお客様が「一戸建ての注文住宅」を新築したとすると、1ヵ月以内に表示登記を行う。その際、「建物の所在」「家屋番号」「建物の種類」「構造」「床面積」が登記事項として定められる。建物の種類は土地における地目に該当するが、そこには「居宅」と表示される。これが「分譲住宅」であっても「マンション」であっても「居宅」である。なぜなら、不動産登記上の「建物の種類」はその建物を何の目的で使用するかという「用途」で判別し、認定しているからである。マンションの場合は、「専有部分の建物の表示」以外に「一棟の建物の表示」があり、そこには「1階×㎡、2階…10階×㎡」などと記載されるので、マンションであることはわかる仕組みとなっている。

　まず、「建物」について、考えてみたい。民法86条1項には不動産について「土地およびその定着物は、これを不動産とす」という規定がある。土地の定

着物について、最高裁の判例では「継続的に土地に固着し、しかも固着して使用されることがその物の取引上の性質として認められるものをいう」としている。建物は、まさに「土地の定着物」である。さらに、不動産登記事務取扱手続準則136条1項には「建物とは、屋根および周壁またはこれに類するものを有し、土地に定着した建造物であって、その目的とする用途に供し得る状態にあるものをいう」とある。つまりは、屋根や壁で「外部と遮断された」空間であること、土地に定着していること、目的とする用途にかなったものであることが「建物」の認定基準ということになる。

3．不動産登記規則上の建物の種類等

そのなかの「用途」に着目したのが、不動産登記法等の「建物の種類」である。不動産登記規則113条には、12種類が記載されている。

「住んでいる家を、事務所としても使用している」といった場合は、どうなるかというと、「居宅・事務所」という表記をすることが認められている。これは、不動産登記規則113条のなかに、建物の主な用途が2以上の場合は、当該2以上の用途により建物の種類を定めるものとして、併記することが認められているからである。

また、不動産登記法上の建物の種類の区分に該当しない建物については、これに準じて、不動産登記事務取扱手続準則80条で25区分が定められている。これで建物の種類はほぼ網羅される。

■ 7　建物の価格 ■

1．建物の価格の考え方

建物の価格については、「買いたい人」が物件を見て分譲住宅やマンションを買うか、ハウスメーカーを選んで注文住宅の提案をしてもらい依頼するといった形で、決定されることが多い。第1章第1節■2■「2．ライフプランの実現と「必要な資金」」の項目で見たとおり、その取得費は、注文住宅（土

地から購入した世帯）が4,227万円、注文住宅（建替え世帯）が3,245万円、分譲戸建てが3,684万円、分譲マンションが3,636万円（国土交通省「平成26年度住宅市場動向調査について」）となっている。

　しかし、家を建てる人にとって、「全国平均」は、マネープランを立てるうえでは１つの目安となるが、買う時には、あまり意味を持たない。その地域によって、土地の価格が大きく異なるからである。建物の価格はハウスメーカーの「坪単価」で比較することができるが、「安いからいい」わけではないし、「高いから悪い」わけでもない。坪単価は高くても、住宅の性能がよく、修理代がかからないのであれば、結果として、「安かった」ということになる。また、リセールバリューが「安さを売り物にするパワービルダー」に比べて高いことも期待できる。よって、坪単価での単純比較はできない。ただし、「これくらいあれば、家が建てられるんだな」という目安にはなるので、個人融資渉外の担当者としては、新聞折り込みの不動産広告などに目を通し、親しんでおくことが大切である。また、親の土地に家を建てるといったケースを除けば、あくまで、土地とセットで考えないと、一戸建ての「マイホーム」は実現しない。以上のようなことを頭に入れたうえで、建物の価格を決める際の鑑定評価で使われる３つの方式について、見ていきたい。

２．原 価 法

　価格時点における再調達原価を算出し、経年分の減価修正を行って建物の試算価格を求める。わかりやすくいうと、今、その建物を建築したらいくらかかるかを算出し、新築からの年数によって価値が減少した分を差し引いて計算する方法である。

３．取引事例比較法

　多数の取引事例を収集し、適切な事例を選択して、特殊なケースなどの事情補正およびあまりに古い事例を除外するなどの時点修正を行い、かつ地域要因や個別要因の比較を行って、建物の試算価格を求める。取引事例については、

次のような留意点が定められている。

①近隣地域または同一需要圏内の類似地域もしくは必要やむをえない場合には、近隣地域の周辺の地域（同一需要圏内の類似地域等）に存する不動産や、対象不動産の最有効活用が標準時使用と異なる場合などにおける同一需要圏内に存し対象不動産と代替、競争等の関係が成立していると認められる不動産（同一需要圏内の代替競争不動産）であること
②地域要因および個別的要因の比較が可能であること
③原則として、取引事例については、正常なものと認められること（事情補正できれば可。ただし、投機的取引事例は認められない）
④原則として、新しい取引事例であること（時点修正できれば可）

一言でいえば、不動産の価格を、類似の不動産の取引事例を元に算出する方法である。

たとえば、自宅の隣の土地が売りに出た、といったケースでは、「どうしても買いたい」人は高くても買う。一般的には、その地域の同様の築年数、同じような工法、構造の建物が、この値段で取引されているという事例があれば、それが参考にされる。近隣にはないが、同様のエリアに同様の物件が、近時、この値段で取引されたというのであれば、それも参考にされる。なぜなら、買う人のニーズを「代替」し、「競争」関係が成立しているからである。

別の例でみてみると、文教地区の閑静な住宅街の家が欲しいという人にとって、希望するA町に物件がなければ、代替、競争関係の成立するB町の物件が候補になる。この場合、建物価格というより、土地の価格のウエイトが大きくなるが、建物は、土地と「どの地域に建てられているか」も含めて、価値が算出されると考える。

4．収益還元法

不動産から生み出される収益に着目し、将来生み出されると想定される純収益の現在価値の総和を求めることによって、試算価格を算出する。マンションを買う際には、「それを貸したとしたら、いくらの家賃がとれるか」を考える

とよいとよくいわれる。

たとえば、年間100万円の家賃が期待できるのであれば、30年として3,000万円などとなる。貸した場合、家賃が高くとれるエリアの建物のほうが、価値が高くなるので、「自宅だから貸す気も、売る気もない」としても、収益還元法は適用できる。

8　不動産の広告に関する規制

不動産の広告には、不当景品類および不当表示防止法が定められ、一般消費者の利益を保護するために、各種の規制や禁止行為が定められている。

まず、景品類については、「懸賞により提供する景品類」は、取引価額の20倍または10万円のいずれか低い額を超えないこと（景品類の総額が取引予定総額の100分の2以内）、「懸賞によらず提供する景品類」は、取引価額の10分の1または100万円のいずれか低い額を超えないことが求められている。

表示については、以下のものが禁止されている。

①商品の役務の品質などその他の内容について、実際のものよりも著しく優良または事実に相違してその事業者と同種の商品等を提供しているほかの事業者のものよりも著しく優良であると一般消費者に誤認される表示

②商品の役務の価格その他の取引条件について、実際のものまたはその事業者と同種の商品等を供給しているほかの事業者のものよりも取引の相手方に著しく有利であると一般消費者に誤認される表示

徒歩5分と書いてあったのに、実際に歩いてみると10分はかかるといったケースなどがこれに該当する。そこで、徒歩による所要時間は、道路距離80mにつき1分間を要するものとして算出した数値（1分未満の端数は1分として計算）を表示するという決まりが定められている。以下に、代表的なものを例示する。

①公共交通機関は、現に利用できるものを表示し、特定の時期にのみ利用できるものは、その利用できる時期を明示して表示しなければならない

②電車・バス等の交通機関の所要時間について表示する場合において、通勤

時の所要時間が平常時の所要時間を著しく超える時は、通勤時の所要時間を明示しなければならない
③自動車による所要時間は、道路距離を明示して、走行に通常要する時間を表示する
④団地（一団の宅地または建物をいう）と駅その他の施設との間の距離または所要時間は、それぞれの施設ごとにその施設から最も近い当該団地内の地点を起点または着点として算出した数値を表示しなければならない
⑤建物の面積（マンションにあっては専有面積）は、延べ面積を表示し、これに車庫、地下室等の面積を含む時は、その旨および面積を表示しなければならない
⑥宅地または建物の写真は、取引するものの写真を用いて表示しなければならない（建築工事完了前のものについては、ほかの建物である旨を写真に接する位置に明示し、他の建物の写真を用いることができる）
⑦デパート、スーパーマーケット、商店等の商業施設は、現に利用できるものを物件までの道路距離を明示して表示しなければならない
⑧住宅（マンションにあっては住戸）の価格については、一戸当たりの価格を表示しなければならない。この場合において、すべての住戸の価格を示すことが困難であるときは、新築分譲住宅および新築分譲マンションの価格においては、一戸当たりの最低価格、最高価格および最多価格帯ならびにその価格帯が属する住宅または住戸の戸数を表示する（販売戸数が10戸未満の場合は、最多価格帯の表示を省略できる）

その他、「新築」は「建築後1年未満であって、居住の用に供されたことがないもの」をいうなど、特定用語の使用基準も定められている。

これらに加え、二重価格表示やおとり広告についても、禁止されている。二重価格表示とは、実際の販売物件よりも高い比較対象価格を付すこと、おとり広告は、実際には取引することができない物件に関する表示をすることである。

このほかにも、多くの禁止事項が制定され、「高い買物」である不動産取引における一般消費者の保護が図られている。

第4節 個人ローンに関する法務関連の基礎知識

◧ 1 取引の相手方 ◧

1．制限行為能力制度について

(1) 意思能力について

ローン契約を締結するためには、相手方に意思能力があることが前提である。民法上、意思能力がない者がした行為を無効にする旨の明文の定めはないが、私的自治の観点からは当然の帰結とされており、判例上も無効としている（大判明治38・5・11 民録11輯706頁）。

しかし、意思能力の有無は、外形的・形式的に判断することはできない。

そこで、契約の安定性、判断能力の劣る個人を保護するという双方の観点から、民法上の制度として「制限行為能力」というものが定められている。

(2) 制限行為能力とは

制限行為能力の制度とは、民法上、年齢または判断力の程度を基準として、「画一的に」ある者の行為能力を制限する制度である。行為能力とは、単独で完全に有効な取引（法律行為）を為すことができる能力（資格）のことをいい、これを制限された者が制限行為能力者である。

民法は、制限行為能力者の保護のため、①制限行為能力者が為した行為については一定の範囲で取消を認め、②保護者をつけたうえで、保護者に「同意権」「代理権」「取消権」「追認権」等を与えたのである。

(3) 制限行為能力の種類

民法上、制限行為能力の種類は、「未成年者」「成年後見人」「被保佐人」「被補助人」の4種類とされている。

図表1-13　制限行為能力者の種類と概要

種類	未成年者	成年被後見人	被保佐人	被補助人
民法の条文	4条〜6条	7条〜10条	11条〜15条	16条〜18条
対象	20歳未満の者	精神上の障害により事理弁識能力を欠く常況にある者	精神上の障害により事理弁識能力が著しく不十分である者	精神上の障害により事理弁識能力が不十分である者
行為能力の範囲（制限）	特定の行為のみ単独でできる。	日用品の購入その他日常生活に関する行為のみ単独でできる。	13条1項で定められた行為は単独でできない。	同意権付与の審判がなされた行為のみが単独でできない。
保護者	法定代理人（親権者または未成年後見人）	成年後見人	保佐人	補助人
保護者の権限 同意権	ある	ない	ある	ある（原則）
保護者の権限 代理権	ある	ある	なし（原則）	なし（原則）
保護者の権限 取消権	ある	ある	ある	ある（原則）
保護者の権限 追認権	ある	ある	ある	ある（原則）

2．個人ローンと制限行為能力制度

(1) 金融機関における取引上の注意点

　個人ローンにおいて、取引の相手方が制限行為能力者であった場合には、あとから当該個人ローン取引が取消される可能性がある。したがって、取引の相手方が制限行為能力者か否かの確認を行う必要がある。

　しかし、制限行為能力者か否かということは、極めて機微（センシティブ）な情報であって、正面から「あなたは制限行為能力者ですか」と尋ねればトラブルになることが多く、確認は慎重に行う必要がある。

(2) 制限行為能力者が「自分は行為能力者である」旨を述べた場合

　民法上、「制限行為能力者が行為能力者であることを信じさせるため詐術を

用いたときは、その行為を取り消すことができない」とされている（民法21条）。したがって、制限行為能力者であるにもかかわらず、金融機関からの問いに対して、「自分は行為能力者である」と回答をして、それを金融機関が信じた場合は、制限行為能力者は取消をすることができない。もっとも、この「詐術」については、判例上「黙秘することのみでは詐術にあたらない」とされている。

(3) 制限行為能力者であることの確認方法

制限行為能力者か否かは、成年後見登記制度によって確認する。成年後見登記制度は、成年後見人などの権限や任意後見契約の内容などをコンピュータ・システムによって登記し、登記官が登記事項を証明した登記事項証明書（登記事項の証明書・登記されていないことの証明書）を発行することによって登記情報を開示する制度（法務局ホームページより）である。

金融機関としては、登記事項証明書の提出を受けて、記載事項を確認のうえ、保護者の同意を得たり、保護者を代理人として取引をしたりすることになる。

2　融資契約に関する基礎知識

1．融資契約とは

個人ローンは、金融機関と個人顧客の間の契約であるが、法的には「金銭消費貸借契約」となり、消費貸借の一種である。この「金銭消費貸借契約」であるが、民法上、「消費貸借は、当事者の一方が種類、品質及び数量の同じ物をもって返還をすることを約して相手方から金銭その他の物を受け取ることによって、その効力を生ずる」（民法587条）と定められている。

金銭消費貸借契約の主な特徴は、以下のとおりである。
①金銭を受け取ることによってその効力を生ずる要物契約であること
②相手方から受領した金銭は、いったんは家や車等の代金支払いで費消されること
③後日、約定どおりに金銭を相手方に返すこと

2．証書貸付について

　金銭消費貸借契約は、要式契約ではないため、民法上は口頭でも成立する。これに対し、保証契約は、民法446条2項に「保証契約は、書面でしなければ、その効力を生じない」とあるため、要式契約である。個人ローンは、カードローンを除くと、その多くは証書貸付の形式をとる。
　一例として、「図表1－14」のとおり、住宅ローンの「ローン契約書」の例を示す。

図表1－14　住宅ローンの「ローン契約書」の例

［見本］
［店番号］110　［取引店］東京支店
［ローン番号］　　　　　　123456
①借　入　日　平成27年12月28日

②ローン契約書

③株式会社　東西銀行　御中

④［借入人］おところ　東京都新宿区市ヶ谷本村町一丁目二番三号
　　　　　　フリガナ　ケイホウ　イチロウ
　　　　　　氏　　名　経　法　一　郎　　　　　　実印
　　　　　　生年月日　昭和46年3月14日　性別　男

⑤借入人は、株式会社東西銀行（以下、「銀行」という）から後記規定を承諾のうえ、次の借入要項のとおり金銭を借り受けた。

【借入要項】

⑥借　入　金　　金45,000,000円
⑦内　　　容　　毎月返済額分　　　：金45,000,000円
　　　　　　　　年2回増額返済分：金－円
⑧利　　　率　　当初借入利率は、年0.875％とし、以後は後記「借入利率の変更」の定めによるものとする。

⑨**最終返済期日**　平成52年12月31日
⑩**返済回数**　300回
⑪**返済方式**　元利均等返済方式
⑫**約定弁済日**　毎月月末（月末が銀行の休業日の場合は翌営業日）
⑬**初回弁済月**　平成28年1月
⑭**借入金の受領方法**　借入人名義の下記預金口座への入金
⑮**返済方法**　借入規定第○条のとおり、次の借入人名義の預金口座から自動支払の方法による

返済用預金口座　　取引種類　普通預金
　　　　　　　　　口座番号　1234567
　　　　　　　　　口座名義　経法　一郎

①**借入日で実際に住宅ローンを借りる日を記入**……たとえば、金曜日である平成27年12月25日に東西銀行東京支店でローン契約書を記入し、借入実行日が週明けの平成27年12月28日の月曜日となる場合には、平成27年12月28日と記載して、東西銀行東京支店の担当者が重要物件として預り保管することが多い。なお、契約日として平成27年12月25日と記入して、別途借入日として平成27年12月28日と記入するローン契約書もある

②**証書の題名（タイトル）**……「住宅ローン契約書」等、各金融機関で様々である

③**契約書の形式**……貸付人である「東西銀行」宛てに借入人である「経法一郎」が差し入れする形の契約書となっており、東西銀行側は署名（記名）・捺印をしない形式である

④**借入人情報**……借入人である「経法一郎」に関する情報である。氏名のところは、自署が原則であり、捺印は「実印」によるのが原則である。別途、印鑑登録証明書を添付する

⑤**借入れの意思表示**……借入れの意思表示に関する文言である

⑥**借入金額**……金銭消費貸借契約の金額（借入金額）である

⑦**返済金額**…本件では、いわゆるボーナス併用払いを選択していない
⑧**利　　率**……変動利率の場合の例である
⑨**最終返済期日**……25年ローンであり、最終の約定弁済日を示している
⑩**返済回数**……返済回数は、平成28年1月～平成53年12月までの12ヵ月×25年で300回となる。
⑪**返済方法**……元金均等返済方式、元利均等返済方式のうち、元利均等返済方式を選択している
⑫**約定返済日**……毎月の約定弁済日を月末としている
⑬**初回弁済月**……最初の約定弁済期日を平成27年12月31日ではなく、平成28年1月31日としている
⑭**受領方法**……消費貸借契約の目的物たる「45,000,000円」の交付・受領方法である。金銭の交付は、金融機関側に立証責任があるため、借入人名義の口座への入金が多い。なお、借入人名義の口座への入金に拠らない場合（住宅の販売会社が代理受領するような場合）は、その旨の書面や受領証を借入人から徴求する
⑮**返済方法**……口座からの自動引落である

3．契約書について

(1) 契約書の法的性質

　金銭消費貸借契約において、契約書は、契約の内容を証する証拠書類に過ぎず、有価証券ではない。したがって、仮に金融機関が契約書の原本を紛失したとしても、契約自体の効力には影響を及ぼさず、金融機関は別の方法（システム登録されたローン情報をプリントアウトする、契約書の控えを保証会社から取り寄せる等）で契約の内容を立証すれば、貸金返還請求訴訟は維持できる。

(2) 署名と押印の法的性質

　大きく分けて、私署証書と公正証書の2種類がある。このうち、私署証書とは、公文書以外の私文書のうち、作成者が署名または記名・押印をしたものであり、金融機関におけるローン契約書のほとんどすべては私署証書である。金

融機関は、本人の自署「かつ」実印による押印が原則の取扱いである。

(3) 実印による押印と印鑑登録証明書の意味

　金融機関のローン契約では本人の自署かつ押印が原則であり、その押印も印鑑登録をした実印によることが多いが、これはどういう意味があるのか。

　これは、民事訴訟法により、ローン契約書に借入人の署名または押印がある場合は、「ローン契約書が借入人の意思に基づいて作成された」ことが推定されるためである。

　そうすると、次に金融機関としては、ローン契約書にある借入人の署名または押印が、借入人の意思に基づく署名または押印であることを立証しなければならない。この場合、ローン契約書に借入人の実印による押印があり、印鑑登録証明書が添付されていれば、判例上、押印は本人の意思によるものと事実上推定をしている。これを「二段の推定」と呼んでいる。

図表 1 −15　ローン契約書における成立の真正

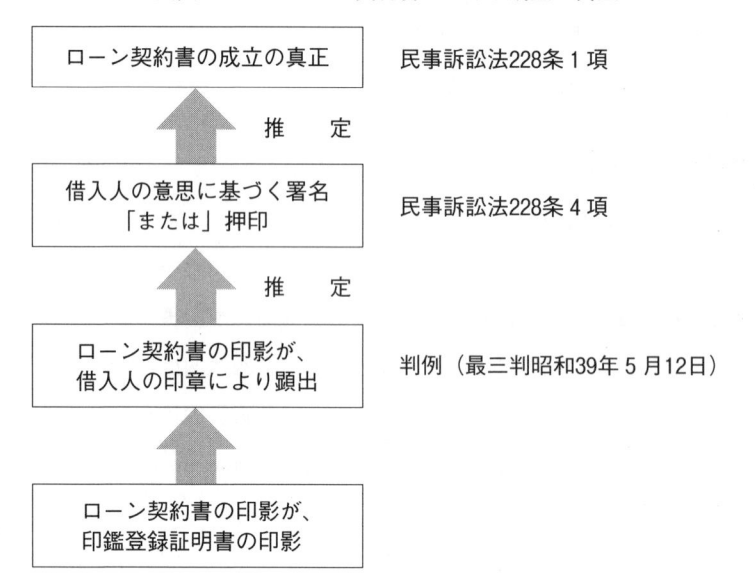

ローン契約書の成立の真正	民事訴訟法228条 1 項
↑ 推　定	
借入人の意思に基づく署名「または」押印	民事訴訟法228条 4 項
↑ 推　定	
ローン契約書の印影が、借入人の印章により顕出	判例（最三判昭和39年 5 月12日）
↑	
ローン契約書の印影が、印鑑登録証明書の印影	

4．融資契約（保証契約）における意思確認等の重要性

　金融機関がローン契約や保証契約を締結する場合は、取引の相手方となる借入人や保証人の意思確認が重要となる。契約の意思については、ローン契約書や保証書によって、上記「3．契約書について」のとおり立証すればよいが、意思能力がなければそもそも無効であるし、制限行為能力者であった場合には、後日取消される可能性がある。

　そこで、ローン契約や保証契約を締結したときは、必ず、意思確認記録書を作成して後日の紛争に備えなければならない。意思確認記録書の具体例は、「図表1－16」のとおりである。

　また、二段の推定はあくまで推定であるため、裁判において保証人の署名・押印を債務者本人が勝手にしたことが証明されれば、推定が覆えることになる。

図表1－16　保証意思確認書

［見本］

保証意思確認書

1．日　　　時	平成27年12月27日　午後1時から午後2時	
2．場　　　所	保証人の自宅1階のリビングにて	
3．出　席　者	当　　方：取引先第一課長　山田一郎および担当者　田中太郎	
	先　　方：保証人本人および保証人配偶者	
4．内　　　容	①保証人については、運転免許証の提出を受け、本人確認	
	②担当者田中よりローンの内容を説明して、保証人に保証意思を確認	
	③保証人より、保証書に面前にて自署・捺印を受けたもの	
5．場所および保証人の様子	①保証人の自宅1階の様子：○○……	
	②出席者の席次：○○……（簡単な図を書いて説明する）	
	③保証人の服装、態度等	
6．質疑応答事項	保証人より、借入人が差し入れしている担保物件の価値について質問があった。担当者田中より、借入人の同意を得たうえで、固定資産税評価額を後日回答する旨を伝えた。	
7．特記事項		

3 担　　保

1．担保の概要

　金融機関における融資取引で、主な担保としては、「不動産担保」「預金担保」「有価証券担保」「動産担保」「債権（売掛金、診療報酬債権等）担保」がある。担保とは、融資した貸金が債務者から弁済されないときに、担保の目的物から、ほかの債権者に優先して回収ができるという制度である。

　たとえば、不動産担保であれば、担保の目的物である不動産を競売して、その代金から優先的に配当を受けて回収することができる。

(1)　担保物権の通有性

　担保物権に一般的に認められる性質を通有性というが、すべての担保物権に備わっているわけではない。

①**附従性**：担保される債権（被担保債権）を前提として存在し、成立、変更、消滅において運命を共にすること

②**随伴性**：担保される債権（被担保債権）が譲渡された場合は、それにともなって担保物権も移転すること

③**不可分性**：担保権者が担保される債権（被担保債権）について満足を得るまで担保の目的物全体について担保物権を行使できること

④**物上代位性**：担保の目的物の滅失等により、設定者が受けた金銭（例：火災保険の保険金）等に対しても担保権の効力が及ぶこと

　　民法の典型担保で示すと、「図表1－17」のとおりとなる。

⑤**担保物権の効力**：担保の主な効力としては、担保の目的物の占有を担保権者が保持する「留置的効力」、担保の目的物を換価した代金から優先的に弁済を受ける「優先弁済」等の効力がある。

　　主な担保物権について効力を示すと、「図表1－18」のとおりとなる。

第4節　個人ローンに関する法務関連の基礎知識

図表 1 −17　担保物権の通有性

	留置権	先取特権	質権	抵当権
附従性	○	○	○	○※2
随伴性	○※1	○	○	○※3
不可分性	○	○	○	○
物上代位性	×	○	○	○

※1　多数説による。
※2　元本確定前の根抵当権では附従性が否定される。たとえば、被担保債権が消滅しても根抵当権は消滅しない。
※3　元本確定前の根抵当権は随伴性が否定される。たとえば、元本確定前の根抵当権の被担保債権が譲渡されても、根抵当権は移転しない。

図表 1 −18　担保物権の効力

	留置権	先取特権	質権	抵当権	譲渡担保権	所有権留保
留置的効力	○	×	○	×	×	×
優先弁済	×	○	○	○	○	○

(2)　個人ローンと担保

　各種の担保物権のうち、住宅ローンで利用される担保物権としては、圧倒的に不動産担保が多いので、以下では、不動産担保を中心に説明する。

2．不動産担保について

(1)　抵当権とは

　抵当権とは、債務者または担保提供者の所有する不動産等について、占有や使用収益権を所有者に残したまま、債務不履行の場合には、担保の目的物から優先弁済を受けることをその内容とする担保物権のことである。

　住宅ローンの場合は、金融機関は保証会社から保証を受けて、個人に住宅ローンを融資し、保証会社が個人から住宅に抵当権の設定を受けることになる。

　「住宅ローン実行時」および「住宅ローンの債務不履行時」における関係は、「図表 1 −19」および「図表 1 −20」のとおりである。「図表 1 −19」を時系列

にすると、「①および⑤（Cの申込）→③→④（保証会社の審査）→②、⑥、⑦（住宅ローンの実行と抵当権の設定）」となる。

(2) 普通抵当権

抵当権は、大きく分けて「普通抵当権」（単に「抵当権」ともいう）と「根抵当権」の２つに分けることができる。

普通抵当権とは、民法上「抵当権者は、債務者又は第三者が占有を移転しないで債務の担保に供した不動産について、他の債権者に先立って自己の債権の弁済を受ける権利を有する」（民法369条１項）とされている抵当権である。普通抵当権は、抵当権の設定時において、当該普通抵当権で担保される債権（被担保債権）が特定されており、被担保債権の弁済が進むにつれて、被担保債権の範囲が小さくなっていき、被担保債権が完済すれば、普通抵当権もまた消滅する。

たとえば、①で3,000万円の住宅ローンについて、普通抵当権設定の登記の例が「図表１－21」のとおりであったとする（登記簿では、普通抵当権は単に「抵当権」と表示される）。

この場合、住宅ローンの弁済が進んで元本が1,000万円になれば、この普通抵当権は、元本1,000万円の債権を担保していることなる（登記はそのままであり、被担保債権額がいくらかは第三者には分からない）。そして、住宅ローンが完済になれば、普通抵当権は消滅する。

登記は自動的には抹消にならないが、Bが再度、A金融機関から金銭を借りる場合でも、この普通抵当権を使うことはできず、別途普通抵当権か根抵当権を設定する必要がある。つまり、普通抵当権は、被担保債権に対して、附従性があることなる。

次に、「図表１－22」のとおり、B保証株式会社が、Cに対して有する求償債権を、D債権回収株式会社（サービサー）に売却した場合を考える。

このような場合、②の普通抵当権もB保証会社からD債権回収会社に移転する。登記は自動的に移転しないが、法的効力としては、抵当権者はD債権回収株式会社になっているのである。つまり、普通抵当権は、被担保債権に対して、

第4節　個人ローンに関する法務関連の基礎知識

図表1－19　住宅ローンの実行時における金融機関と借入人の関係

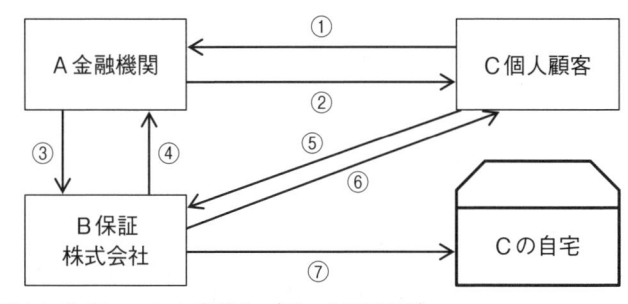

①CがAに住宅ローンの申込み（例：3,000万円）
②AがCに住宅ローンの実行（貸金3,000万円がAからCに交付）
③AがBに住宅ローンについて、保証を依頼
④BがAに住宅ローンについて、保証を承諾
⑤CがBに住宅ローンについて、保証を委託
⑥BがCに住宅ローンについて、保証を受諾（3,000万円の求償債権※）
　※　BがCに代わって保証債務を履行した場合に、その分の支払いをCに求めることができる権利。
⑦BがCに対して有する求償債権を被担保債権として、3,000万円の抵当権を設定する。

図表1－20　住宅ローンの債務不履行時における金融機関と借入人の関係

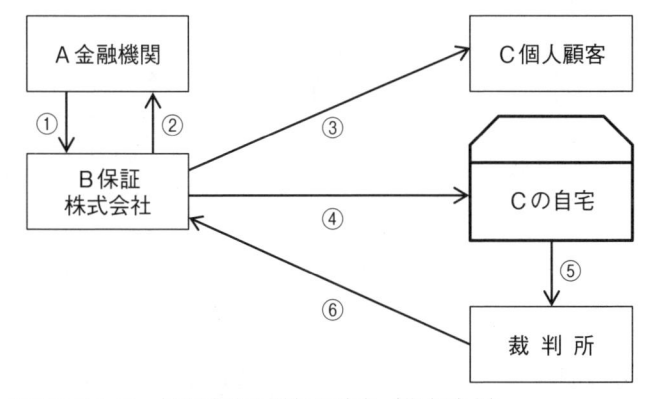

①AがBに対して、保証債務の履行を請求（代弁請求）
②BがAに対して、保証債務を履行（代位弁済）
③BがCに対して、求償債権を請求
④BがCの自宅について、担保権実行
⑤Cの自宅を執行裁判所で強制競売
⑥競売代金の中から、Bは優先的に回収（配当）

図表1−21　普通抵当権が設定された不動産登記事項証明書

権利部（乙区）　（所有権以外の権利に関する事項）			
順位番号	登記の目的	受付年月日・受付番号	権利者その他の事項
1	抵当権設定	平成27年12月28日 第54321号	原因　平成27年12月14日保証委託契約による求償債権平成27年12月28日設定 債権額　金3,000万円 損害金　年14％（年365日日割計算） 債務者　○○区・・・・・ 　　　　　　　　C 抵当権者　○○区・・・・ 　　　　　　　　B保証株式会社 共同担保　目録（み）第1234号

図表1−22　求償債権が譲渡された場合の関係

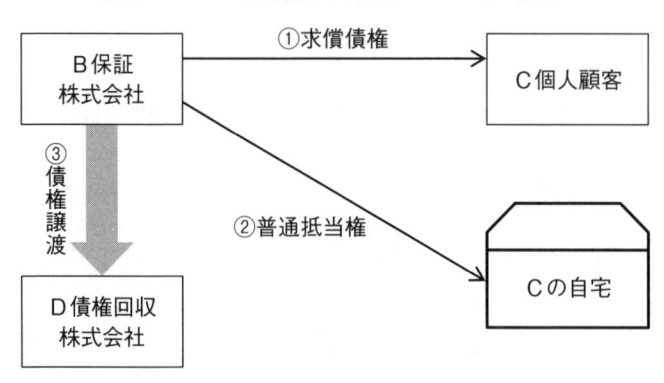

①B保証会社は、Cに対して、求償債権を持っている
②B保証会社は、上記①の求償債権を被担保債権として、Cの自宅に普通抵当権を設定している
③B保証会社は、Cに対して有する求償債権を譲渡して、Cに確定日付を付して譲渡を通知した

随伴性があることになる。

このようにしてみると、普通抵当権は、1回限りの取引である住宅ローンに向く抵当権であることがわかる。

(3) 根抵当権

根抵当権の概要については、以下のとおりである。

a．根抵当権とは

根抵当権とは、民法上「抵当権は、設定行為で定めるところにより、一定の範囲に属する不特定の債権を極度額の限度において担保するためにも設定することができる」（民法398条の2第1項）とされている抵当権である。そうすると、根抵当権は、その設定時に被担保債権が特定していないことになり、根抵当権が確定するまでには、被担保債権と結びついていないである。

たとえば、「図表1－23」は、個人顧客であるCが事業性融資として、3,000万円をA銀行から受ける場合で、Cが自宅を担保に供した場合であり、また、「図表1－24」のような根抵当権が設定されていた場合を検証する。

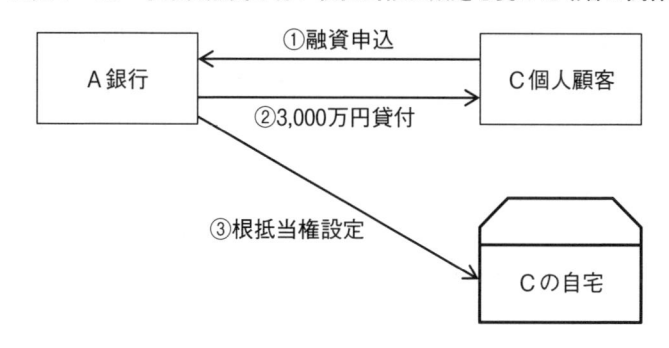

図表1－23　事業性融資を行い根抵当権の設定を受けた場合の関係

```
          ①融資申込
   ┌─────┐ ←──────── ┌─────┐
   │ A銀行 │              │C個人顧客│
   └─────┘ ────────→ └─────┘
          ②3,000万円貸付
         ＼
          ＼ ③根抵当権設定
           ＼
            ↘ ┌─────┐
              │ Cの自宅 │
              └─────┘
```

「図表1－24」の例であれば、Cは、A銀行からまず3,000万円の融資を受ければ、その貸金債権は、根抵当権で担保される。Cが、この融資を完済しても、根抵当権は消滅しない。よって、またA銀行から3,000万円の融資を受ける場合でも、根抵当権を利用することができるのである。このように、

図表1−24 「図表1−23」における不動産登記事項証明書の概要

権利部（乙区） （所有権以外の権利に関する事項）			
順位番号	登記の目的	受付年月日・受付番号	権利者その他の事項
1	根抵当権設定	平成27年12月28日 第54321号	原因　平成27年12月28日設定 極度額　金3,500万円 債権の範囲　銀行取引　手形債権 小切手債権　電子記録債権 債務者　○○区・・・・・ 　　　　　　　　　C 根抵当権者　○○区・・・・ 　　　　　　　株式会社A銀行 　　　　　　　（取扱店　○○支店） 共同担保　目録（み）第1234号

　元本確定前の根抵当権においては、附従性が否定されている。

　実例としてはあまりないが、根抵当権を確定させることなく、A銀行が、Cに対して有する3,000万円の貸金債権をD債権回収株式会社に売却（債権譲渡）した場合を考える。この場合、貸金債権だけがD債権回収株式会社に移転し、根抵当権は移転せず、根抵当権者は引き続きA銀行のままである。

　このように、元本確定前の根抵当権においては、随伴性が否定されている。

b．根抵当権の確定について

　では、Cが債務不履行に陥って、A銀行として、Cの自宅を競売にかける（根抵当権の実行という）場合はどうなるのか。そのままでは、何が被担保債権か確定しない。そこで、根抵当権の確定という制度がある。

　根抵当権が確定した場合、その時点に存在した債権元本およびその利息・損害金について、極度額を限度として担保し、それ以降の新たな債権は担保しないのである。上記の例で、A銀行が3,000万円を融資した際に、根抵当権の極度額を3,500万円で設定したのは、利息・損害金も極度枠のなかにいれるためである。

　根抵当権の確定事由としては、根抵当権者の競売申立（民法398条の20

図表１−25　根抵当権の設定とその確定

権利部（乙区）　（所有権以外の権利に関する事項）			
順位番号	登記の目的	受付年月日・受付番号	権利者その他の事項
1 付記1号	根抵当権設定	平成27年12月28日 第54321号	原因　平成27年12月28日設定 極度額　金3,500万円 債権の範囲　銀行取引　手形債権 小切手債権　電子記録債権 債務者　　○○区・・・・・ 　　　　　　C 根抵当権者　○○区・・・・ 　　　　　　株式会社Ａ銀行 　　　　　　（取扱店　○○支店） 共同担保　目録（み）第1234号
	1番根抵当権元本確定	平成28年3月1日 第4321号	原因　平成28年3月1日確定

第1項1号)、債務者の破産手続開始決定（同項4号）等がある。根抵当権が確定すれば、被担保債権について、附従性、随伴性が生じる。

「図表1−25」の状況で、Ａ銀行がＣに対し、平成28年3月15日に融資をしたとしても、その貸金は上記根抵当権では担保されない。

また、Ａ銀行が、Ｄ債権回収株式会社に対し、平成28年3月15日に、Ｃに対して有する3,000万円の貸金債権を売却（債権譲渡）した場合を考える。この場合、貸金債権にともなって根抵当権もＤ債権回収株式会社に移転する。つまり、根抵当権は、元本の確定によって附従性と随伴性を得て、普通抵当権に類似する抵当権になるのである。

3．預金担保

個人融資での預金担保の多くは自行預金担保であるので、ここでは自行預金担保を説明する。

債務者本人の預金を自行預金担保とする場合、預金担保差入証とともに、通

帳・証書の提出を受ける。例として、Bが、A銀行から、2,000万円の借入れをして、1,000万円の定期預金を担保にする場合を考える。

　預金担保権の法的性質は、質権である。そうすると、差押債権者等第三者に対する対抗要件の具備が問題となるが、通常は担保差入証に確定日付を徴求していない。なぜ徴求していないかといえば、第三者が預金債権を差押して、A銀行に払戻しを請求してきたとしても、A銀行は相殺をもって対抗できるからである。つまり、A銀行としては、質権の実行ではなく、①と②を対当額で相殺してしまえばよいのである。

　第三者名義の預金を預金担保とした場合、一見相殺はできないように思えるが、預金担保差入証に、概要「預金の元利金を限度に連帯保証します」との文言があるため、保証債務履行請求権と預金債権を対当額で相殺できる。

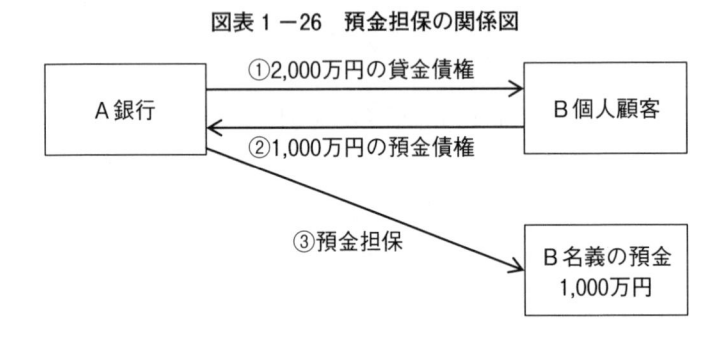

図表1－26　預金担保の関係図

```
┌─────────┐ ①2,000万円の貸金債権  ┌─────────┐
│ A銀行    │ ─────────────────→  │ B個人顧客 │
│          │ ←─────────────────  │          │
└─────────┘ ②1,000万円の預金債権  └─────────┘
      \
       \ ③預金担保
        \
         ↘  ┌──────────────┐
            │ B名義の預金   │
            │ 1,000万円     │
            └──────────────┘
```

4　保　　証

1．保証契約とは

　保証契約は、債権者と保証人の間で為される契約であり、「保証人は、主たる債務者がその債務を履行しないときに、その履行をする責任を負う」（民法446条1項）とされる。また、保証人が責任を負う範囲については、「保証債務

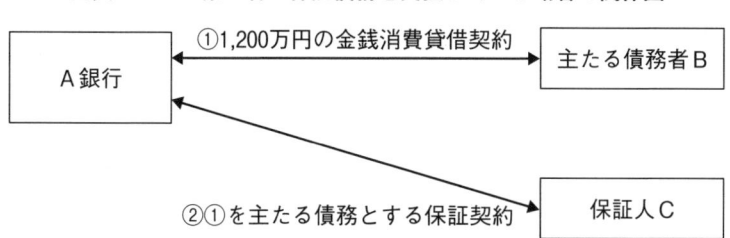

図表1－27　第三者が保証債務を負担している場合の関係図

```
┌─────────┐  ①1,200万円の金銭消費貸借契約  ┌─────────┐
│  A銀行   │ ─────────────────────────→  │主たる債務者B│
│         │                              └─────────┘
│         │
│         │ ←───────────────────────     ┌─────────┐
└─────────┘  ②①を主たる債務とする保証契約   │ 保証人C  │
                                        └─────────┘
```

は、主たる債務に関する利息、違約金、損害賠償その他その債務に従たるすべてのものを包含する」（民法447条1項）とされている。

　たとえば、A銀行が、個人顧客Bに対して融資（1,200万円）を行う際に、個人であるCが保証人となる場合を検討する。

　まずA銀行とBが金銭消費貸借契約を締結して、1,200万円を融資する。これにより、A銀行はBに対し、1,200万円の貸金債権を有することになる。

　次に、A銀行とCが保証契約を締結する。これにより、A銀行はCに対し、1,200万円の保証債務履行請求権（通常は、保証債権とは言わないので注意）を有することになる。

　以上のことから、保証契約は、A銀行と保証人Cの間の契約であって、主たる債務者であるBは契約当事者ではないことがわかる。通常は、BがCに対して、「保証人になって欲しい」といって、Cが保証人になることが多い（これを委託をうけた保証人という。民法459条参照）。

　しかし、CはBの委託を受けなくても（民法462条1項参照）、さらにはBの意思に反してでも（民法462条2項参照）、A銀行と保証契約を締結することができる。いずれの保証契約も、A銀行側からみて、保証の効力に差異はない。

　なお、保証契約は、書面または電磁記録によらねばならず（民法446条2項、3項）、口頭のみでは成立しない。

2．保証契約の締結方法

　主たる債務者が金融機関に差し入れする証書（金銭消費貸借契約書、ローン

契約書）に、「保証人として署名する方式」「手形保証する方式」「保証人から別途保証書を差し入れしてもらう方式（別札保証という）」等がある。

3．保証契約の法的性質

「図表1－27」で、A銀行が主たる債務者Bに対して有する貸金債権と、保証人Cに対して有する保証債務履行請求権は、個別の債権であるが、保証である以上、完全に独立した債権ではなく、保証には以下の性質がある。

(1) 附従性

保証債務の「発生」「変更」「消滅」は、主たる債務の「発生」「変更」「消滅」にしたがう。主たる債務が契約の無効などにより成立しない場合は、保証債務も成立しない。また、主たる債務が弁済・時効・免除などによって消滅すれば、保証債務も消滅することになる。さらに、「保証人の負担が債務の目的または態様において主たる債務より重いときは、これを主たる債務の限度に減縮する」（民法448条）とされており、主たる債務より保証債務が重くなることはない。

ただし、「保証人は、その保証債務についてのみ、違約金または損害賠償の額を約定することができる」（民法447条2項）とされている。

(2) 随伴性

保証債務は、主たる債務が譲渡された場合は、主たる債務とともに移転する。

(3) 補充性

保証人は、主たる債務者がその債務を履行しない場合に、その補充をするために保証債務を履行する（民法446条1項）以上、保証債務には原則として補充性がある。具体的には、以下の抗弁権が認められている。

a．催告の抗弁権

民法上、「債権者が保証人に債務の履行を請求したときは、保証人は、まず主たる債務者に催告をすべき旨を請求することができる」（民法452条）とされており、これを催告の抗弁権という。要するに、「まずは、借りた本人に請求せよ」という権利である。

b．検索の抗弁権

　民法上、催告後も、「保証人が主たる債務者に弁済をする資力があり、かつ、執行が容易であることを証明したときは、債権者は、まず主たる債務者の財産について執行をしなければならない」（民法453条）とされており、これを検索の抗弁権という。要するに、「このとおり、借りた本人には財産があるから、そっちから回収してくれ」という権利である。

4．連帯保証とは

　保証契約は、金融機関にとっては便利なものであるが、保証契約には補充性があるために、債権保全の観点からは問題が大きい。

　単純な保証契約の場合、保証人に自行預金があり相殺による回収が可能な場合でも、保証人から「主たる債務者には、抵当権のついていない自宅があるから、それを強制執行して回収せよ」と言われた場合（検索の抗弁権）、直ちに相殺により回収するわけにはいかなくなる。また、保証人が複数のときには、保証人には「分別の利益」が認められる。

　「図表1－28」の場合、A銀行は、C、D、Eの各保証人に対して、400万円ずつ（1,200万円÷3）しか保証債務履行請求ができない。これを「分別の利益」といい（民法456条）、A銀行からみた場合、保証の効力が極めて弱いものになってしまう。

　どうして保証の効力がきわめて弱いものになってしまうかというと、Cが非常に信用力の高い人物で、D、Eに財産がまったくないような場合を想定すればよい。A銀行としては、D、Eがいなければ、Cから1,200万円の回収が見込めるのに、D、Eがいるためにかえって400万円しか回収ができないということになるのである。そこで、金融機関における「保証契約」は、ほとんどすべてにおいて連帯保証契約が用いられている。

　連帯保証契約とは、保証人のもつ「催告の抗弁権」「検索の抗弁権」を有しない（民法454条）点に特徴があり、また、「分別の利益」もないものとされている。したがって、「図表1－28」にあてはめると、A銀行とC、D、Eの間

図表1－28　分別の利益

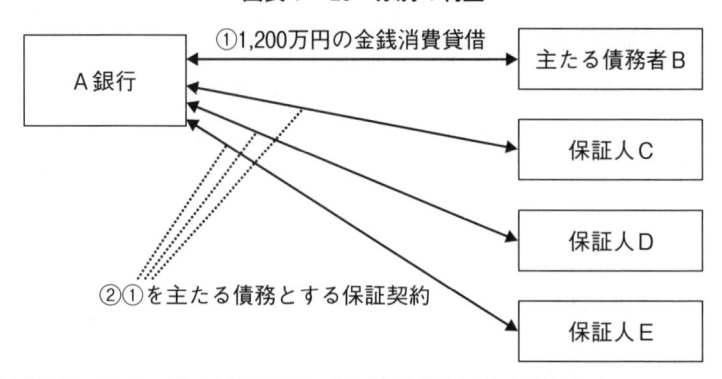

①A銀行が、Bとの間で1,200万円の金銭消費貸借契約を締結した。
②A銀行が、Cとの間で、①を主たる債務として保証契約を締結した。A銀行が、Dとの間で、①を主たる債務として保証契約を締結した。A銀行が、Eとの間で、①を主たる債務として保証契約を締結した。

の保証契約が連帯保証契約となり、Bが期限の利益を喪失した場合は、A銀行は、C、D、Eに対して、「各1,200万円を支払え」という請求が可能になる。

5．保証契約の種類

保証には、特定債務保証と根保証の2種類がある。

(1) 特定債務保証

特定債務保証とは、債権者と債務者間の特定の債務を保証するものである。1つひとつの債権を個別に保証する。

(2) 根保証

これに対し、根保証契約とは、債権者と債務者の間の継続的取引から生じる債務について、債務者が現在負っている債務および将来負う債務を保証するものであり、根保証契約を締結した時点では、保証債務が不特定であることに特徴がある。

金融機関が個人を保証人とする場合は、保証の期限や限度額を定めない包括根保証契約を締結することができず、「貸金等根保証契約」として保証の期限

や極度額を民法の定めにしたがって設けることになる。

(3) 貸金等根保証契約

2005年4月1日より、保証人が法人でない保証契約であって、保証債務に貸金等の債務が含まれる場合には、極度額の定めが必須となった（民法465条の2以下）。これを貸金等根保証契約という。

また、貸金等根保証契約には、元本確定期日という概念が導入され、原則として、5年以内に定めるべきものとされた（民法465条の3第1項）。元本確定期日の定めがない場合は、3年で元本が確定する（民法465条の3第2項）。

元本確定期日を変更することもできるが、原則5年の延長である（民法465条の3第3項）。

元本確定期日到来前でも元本が確定することがあり、債務者や保証人が破綻したときのほか、「主たる債務者又は保証人が死亡したとき」などがある（民法465条の4第3項）。

特定保証契約と貸金等根保証契約の関係は、普通抵当権と根抵当権の関係によく似ているが、違うところもある。たとえば、随伴性は、根抵当権について、元本確定前の随伴性は否定される。これに対し、貸金等根保証契約については、判例が、別段の合意がない限り、随伴性を有するとしている（最二判平成24年12月14日民集第66巻12号3559頁）。

第5節 相続と税務

◾ 1　贈与税と相続税 ◾

1．贈与税と相続税の違い

　贈与税は、生存中の個人から、「現預金」「金融資産」「不動産」「貴金属」「骨董品」などの財産をもらった「受贈者」にかかる税金である。一方、相続税は他界した個人（被相続人）から上記のような財産を取得した「相続人」にかかる税金である。

　贈与税にしても相続税にしても財産を無償で取得したときにかかる税金であるが、元々の財産所有者の生存中に取得すると贈与税、死亡を原因として取得すると相続税ということになる。

2．贈与税の税率

　贈与税は、相続税逃れがないように考え出された税金であり、そのため相続税に比して税率の累進性が高い。

　ただ、贈与税は税率の累進性が高い反面よい面もある。贈与を活用することで、自らの意思で特定の人に財産を分けることができ、将来の相続財産を減らすことで相続税の負担を軽減できる可能性もある。平成27（2015）年1月1日以降の贈与から、①親や祖父母から20歳以上の子や孫への贈与（特例贈与）と、②そうでない一般の贈与（一般贈与）で、異なる税率構造に改正された。特に特例贈与については、高齢者（直系尊属）の保有する財産を若い世代に早期に移転させるための措置であり、大幅な減税となっている（「図表1－29」参照）。

3．相続税の税率

　相続税は、「相続や遺贈で取得した財産」と「相続時精算課税の適用を受けた贈与財産」に、「債務など」を控除して、「相続開始前3年以内の贈与財産」を加算した合計額が基礎控除額を超える場合に、その超える部分に対して課税される仕組みとなっている。課税される場合は、相続税の申告および納税が必要になるが、その場合、死亡したことを知った日の翌日から10ヵ月以内に行わなければならない。

　前述の贈与税が減税の方向となった一方で、相続税は今回の改正により増税

図表1－29　贈与税の速算表

●平成26年12月31日以前の贈与

贈与額（110万円控除後）	税率	控除額
200万円以下	10%	－
200万円超 ～ 300万円以下	15%	10万円
300万円超 ～ 400万円以下	20%	25万円
400万円超 ～ 600万円以下	30%	65万円
600万円超 ～ 1,000万円以下	40%	125万円
1,000万円超	50%	225万円

●平成27年1月1日以後の贈与
①20歳以上の者への直系尊属からの贈与（特例贈与）

贈与額（110万円控除後）	税率	控除額
200万円以下	10%	－
200万円超 ～ 400万円以下	15%	10万円
400万円超 ～ 600万円以下	20%	30万円
600万円超 ～ 1,000万円以下	30%	90万円
1,000万円超 ～ 1,500万円以下	40%	190万円
1,500万円超 ～ 3,000万円以下	45%	265万円
3,000万円超 ～ 4,500万円以下	50%	415万円
4,500万円超	55%	640万円

②上記以外の贈与（一般贈与）

贈与額（110万円控除後）	税率	控除額
200万円以下	10%	－
200万円超 ～ 300万円以下	15%	10万円
300万円超 ～ 400万円以下	20%	25万円
400万円超 ～ 600万円以下	30%	65万円
600万円超 ～ 1,000万円以下	40%	125万円
1,000万円超 ～ 1,500万円以下	45%	175万円
1,500万円超 ～ 3,000万円以下	50%	250万円
3,000万円超	55%	400万円

※　課税価格（上記表中の「贈与額（110万円控除後）」）は、以下のとおり算出される。
　課税価格＝実際に贈与を受けた金額－基礎控除110万円
※　贈与税額は、以下のとおり算出される。
　贈与税額＝課税価格×税率－控除額

となった。平成27（2015）年1月1日以降の相続から基礎控除額が縮小され、税率構造の引上げ・拡大が行われたのである。その結果、相続税の課税対象者（被相続人）は、今までは、年間亡くなった人の4％程度とされていたが、今後は6～7％程度に増えると予想されている（「図表1－30」参照）。

図表1－30　相続税の速算表

●平成26年12月31日以前に相続開始の場合

法定相続分に応ずる取得金額	税率	控除額
1,000万円以下	10%	－
1,000万超 ～ 3,000万円以下	15%	50万円
3,000万超 ～ 5,000万円以下	20%	200万円
5,000万超 ～ 1億円以下	30%	700万円
1億円超 ～ 3億円以下	40%	1,700万円
3億円超	50%	4,700万円

●平成27年1月1日以前に相続開始の場合

法定相続分に応ずる取得金額	税率	控除額
1,000万円以下	10%	－
1,000万超 ～ 3,000万円以下	15%	50万円
3,000万超 ～ 5,000万円以下	20%	200万円
5,000万超 ～ 1億円以下	30%	700万円
1億円超 ～ 2億円以下	40%	1,700万円
2億円超 ～ 3億円以下	45%	2,700万円
3億円超 ～ 6億円以下	50%	4,200万円
6億円超	55%	7,200万円

※　相続税額は、以下のとおり算出される。
　相続税額＝法定相続分に応ずる取得金額×税率－控除額

2　相続税が課税される財産

1．課税財産

現預金や不動産など本来の相続財産以外にも、相続財産とみなされて課税財産となるものや、逆に相続財産から控除できるものがある。また、相続や遺贈によって取得した財産であっても非課税のものもある。くわしくは、以下のとおりである（「図表1－31」参照）。

①**本来の相続財産**……本来の相続財産は、被相続人が相続開始のときに所有していた現預金や不動産など、金銭に見積もることができる経済的価値のあるすべてのものである

②**みなし相続財産**……上記の「本来の相続財産」ではなくても、相続税法上において、実質的に相続や遺贈によって財産を取得したことと同様の経済

的効果があるものとみなして相続税の課税対象となるものを「みなし相続財産」という

③**相続税がかかる贈与財産**……相続開始前3年以内に被相続人から暦年課税に係る贈与によって取得した財産や、相続時精算課税制度に係る贈与によって取得した財産は、相続税の課税価格に加算される

④**マイナスの財産**……被相続人の借入金や葬式の費用は、マイナス財産として相続財産から差し引かれる

図表1-31　主な課税財産・マイナス財産

本来の相続財産（プラスの財産）

金融資産	・現金、預貯金 ・有価証券（株式、公社債、投資口など）
不動産	・土地、家屋、構築物、借地権など
家庭用財産	・家具、自家用車、貴金属、骨董品など
事業用財産	・自社株、機械・器具、棚卸資産など
その他	・貸付金、未収金 ・電話加入権、特許権、営業権など

みなし相続財産

生命保険金	・被相続人が保険料負担者かつ被保険者であった死亡保険金 ・被相続人が保険料負担した生命保険契約に関する権利など
死亡退職金	・勤務先から支払われる死亡退職金
その他	・信託に関する権利 ・贈与税の納税猶予の特例を受けていた農地や非上場株式等 ・その他利益の享受など

相続税がかかる贈与財産

贈与財産	・相続開始前3年以内の暦年課税による贈与財産 ・相続時精算課税制度を利用した贈与財産

マイナスの財産

債務	・金融機関などからの借入金 ・未払税金（住民税、固定資産税など） ・入院費等の未払医療費、各種未払金など
葬式費用※	・通常の通夜・葬儀に要した費用一式

※　葬式費用に該当しない主なもの
　①香典返戻費用
　②墓地・墓碑の買入費
　③法会（四十九日など）に要する費用

2．非課税財産

相続や遺贈により取得した財産であっても、相続税はかからないものがある。主な非課税財産は、以下のとおりである。

① 墓地、墓石、神棚、仏壇、仏具等
② 被相続人の死亡により受け取った生命保険金のうち「500万円×法定相続人※の数」に相当する金額
③ 被相続人の死亡により受取った死亡退職金のうち「500万円×法定相続人の数」に相当する金額
④ 公益を目的とする事業を行う一定の人が取得した財産で、公益目的に供することが確実なもの
⑤ 心身障害者扶養共済制度に基づく給付金の受給権
⑥ 相続税の申告期限までに、国等に寄附した財産

※　法定相続人……誰がどういう順位で相続人となるかは民法で規定されている。配偶者は常に相続人となり、被相続人本人からみて子が第1順位、親が第2順位、兄弟姉妹が第3順位となる。子が先に亡くなった場合は孫が、兄弟姉妹が亡くなっている場合は甥や姪が代襲相続人となる。

3　相続税の課税方法

1．計算の基となる「課税価格」

相続・遺贈により取得した財産から、非課税財産と債務等（マイナスの財産）を差し引いた額を「課税価格」という。この課税価格が相続税の対象となる遺産の額のことであり、この課税価格を基にして相続税が計算されることとなる。

2．相続税の計算の仕方

(1) 課税価格の合計額の計算　ＳＴＥＰ１

前述したとおり、まずは各相続人が相続等により取得した財産について、各

人ごとの課税価格を計算し、それを合算した「課税価格の合計額」を算出する。その場合、相続財産の価額は税法で定める評価方法により計算されるが、主な財産の評価方法については、後ほどくわしく見ていく。

(2) 相続税の総額の計算　ＳＴＥＰ２

次に、課税価格の合計額から基礎控除額を差し引いて「課税遺産総額」を算出する。なお、基礎控除額は、平成26（2014）年12月31日までは「5,000万円＋1,000万円×法定相続人の数」であったが、平成27（2015）年1月1日以後の相続等からは「3,000万円＋600万円×法定相続人の数」に縮小された。この改正が、相続税の課税対象者が増加するとされている大きな要因となっている。

課税遺産総額を算出した後、各人の実際の取得割合ではなく相続人がその法定相続分※で取得したものと仮定して、各相続人ごとの取得金額を計算する。その仮定の取得金額に、相続税の速算表を適用して各相続人の税額を求め、それを合算して「相続税の総額」を算出することになる。なお、各相続人の税額を計算する際の相続税の税率は超過累進税率であり、取得財産額が大きいほど税率が高い。ここでは法定相続分で取得したものと仮定して税額を算出するため、遺産分割をどのように行っても相続税の総額は変わらないことがポイントとなる。

※　法定相続分……各相続人の相続割合は民法で定められる。これを法定相続分というが、以下のとおりである。なお、子・親・兄弟姉妹が複数人いる場合などは、法定相続分をその人数により均分することとなっている。

続　柄	配偶者	子	親	兄弟姉妹
配偶者と子	1／2	1／2	－	－
配偶者と親（子・孫がいない）	2／3	－	1／3	－
配偶者と兄弟姉妹（子・孫・親がいない）	3／4	－	－	1／4
配偶者のみ	すべて	－	－	－
子のみ	－	すべて	－	－
親のみ	－	－	すべて	－
兄弟姉妹のみ	－	－	－	すべて

(3) 各人の納付税額の計算　ＳＴＥＰ３

相続税の総額に各人の実際の取得財産の割合（按分割合＝各人が取得した課税価格÷課税価格の合計額）を乗じて、各人の算出相続税額を計算する。最後

に、各人の算出税額から、配偶者の税額軽減額や諸控除額を差し引いて、各人の実際に納付すべき税額が算出されることとなる。なお、相続人が被相続人の配偶者や子、父母、およびその代襲相続人以外のとき（たとえば孫など）は、納付税額は2割加算となるため注意が必要である。

相続税の計算の仕組みについては、「図表1-32」を参照されたい。

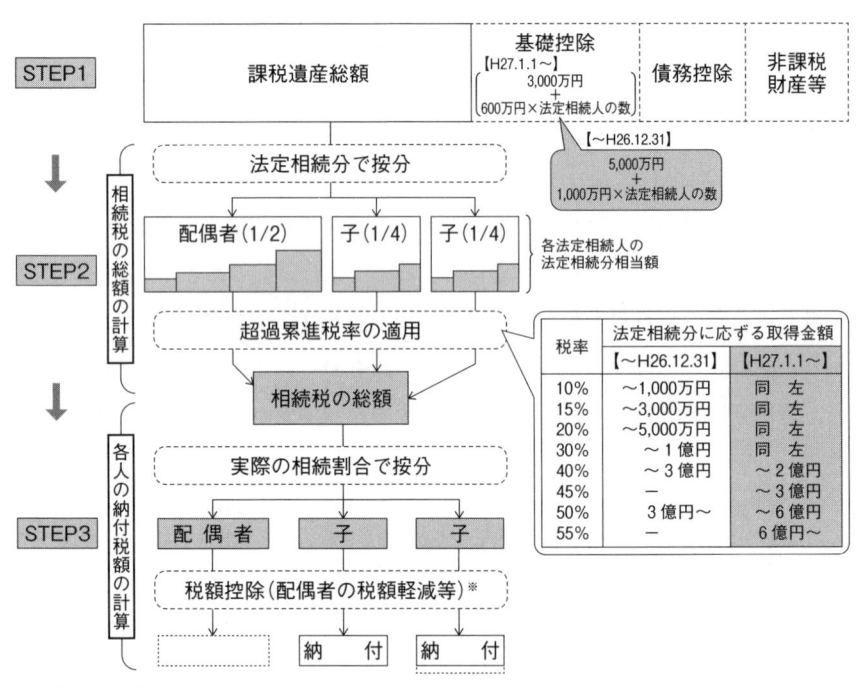

図表1-32　相続税の計算の仕組み

STEP1　課税遺産総額　基礎控除【H27.1.1～】3,000万円+600万円×法定相続人の数　債務控除　非課税財産等

【～H26.12.31】5,000万円+1,000万円×法定相続人の数

STEP2（相続税の総額の計算）
法定相続分で按分
配偶者(1/2)　子(1/4)　子(1/4)　各法定相続人の法定相続分相当額
超過累進税率の適用
相続税の総額

税率	法定相続分に応ずる取得金額	
	【～H26.12.31】	【H27.1.1～】
10%	～1,000万円	同　左
15%	～3,000万円	同　左
20%	～5,000万円	同　左
30%	～1億円	同　左
40%	～3億円	～2億円
45%	―	～3億円
50%	3億円～	～6億円
55%	―	6億円～

STEP3（各人の納付税額の計算）
実際の相続割合で按分
配偶者　子　子
税額控除（配偶者の税額軽減等）※
納　付　納　付

※　主な税額控除は、以下のとおりである。
・配偶者の税額軽減……配偶者の法定相続分または1億6千万円のいずれか大きい金額に対応する税額を控除（配偶者の「納付」が空欄であるのは、多くの場合、配偶者の税額軽減により、納付すべき税額がないため）
・未成年者控除……「20歳に達するまでの年数×【～H26.12.31】6万円
　　　　　　　　　　　　　　　　　　　　　【H27.1.1～】10万円」を控除
・障害者控除……「85歳に達するまでの年数×【～H26.12.31】6万円（特別障害者：12万円）
　　　　　　　　　　　　　　　　　　　　【H27.1.1～】10万円（特別障害者：20万円）」
　　　　　　　を控除

（出典）財務省WEBサイトを基に作成

3．配偶者の税額軽減と各種税額控除

(1) 配偶者の税額軽減

相続等により財産を取得した人が被相続人の配偶者（婚姻の届出が要件）の場合、相続税の負担が軽減される仕組みとなっている。具体的には、以下の算式で計算した額をその配偶者の算出相続税額から差し引くことができる。

> 配偶者の税額軽減額＝相続税の総額×$\dfrac{\text{以下の(ア)と(イ)のうち少ない額}}{\text{課税価格の合計額}}$
>
> (ア) 「配偶者の法定相続分」と「1億6,000万円」のうち多い額
> (イ) 配偶者の課税価格

この算式でいえることは、配偶者はどれだけ遺産を取得しても、それが法定相続分以下であれば、相続税はかからないということである。なお、この税額軽減を受けるには、相続税の申告期限までに遺産分割が完了していることなど、一定の条件を満たしていることが必要とされている。

(2) 各種税額控除

前記の配偶者の税額軽減以外にも、相続人等が未成年や障害者である場合など特定の場合には、その者の算出相続税額から一定額を差し引くことができる。控除できる額は、以下のとおりである。

> 未成年者控除＝10万円×(20歳－相続開始時の年齢)
>
> ※ 相続や遺贈により財産を取得した人が法定相続人で、満20歳未満の場合、上記算式により計算した額をその者の算出相続税から差し引くことができる。

> 障害者控除　　一般障害者……10万円×(85歳－相続開始時の年齢)
> 　　　　　　　特別障害者……20万円×(85歳－相続開始時の年齢)
>
> ※ 相続や遺贈により財産を取得した人が法定相続人で、国内に住所を有する障害者の場合、上記により計算した額をその人の相続税から差し引ける。

4．相続税の計算例

今までの解説を踏まえて、次は具体的な例を基にして相続税額を計算してみることにする。

図表1－33　甲氏の遺産相続

- 自営業の甲氏が他界。甲氏の相続人は、妻、長男、次男の3人
- 遺産分割協議の結果、現預金や不動産、事業用資産などの財産を以下のように相続
  - 妻　　＝1億2,000万円
  - 長　男＝8,000万円
  - 次　男＝5,000万円
- その他、妻は死亡保険金（甲氏が保険料負担）を2,000万円受領
- 長男は甲氏の事業および事業用の借金1,000万円も継承
- 葬式費用500万円は妻が負担

(1) 各相続人の課税価格の計算　STEP1

相続税の計算の最初のステップは、前述のとおり「課税価格の合計額の計算」である。各人の課税価格は、「図表1－34」のとおり、妻が1億2,000万円、長男が7,000万円、次男が5,000万円となり、課税価格の合計額は2億4,000万円となる。

図表1－34　甲氏の相続に係る各人の課税価格

単位：万円

	妻	長　男	次　男
本来の相続財産	12,000	8,000	5,000
みなし相続財産（死亡保険金）	2,000		
非課税財産（死亡保険金非課税額）	△1,500※		
マイナスの財産（借入金・葬式費用）	△500	△1,000	
課税価格	12,000	7,000	5,000

※　死亡保険金非課税額＝500万円×3人（法定相続人の数）＝1,500万円

(2) 相続税の総額の計算　STEP2

課税価格の合計額の計算が済んだ後は、次のステップとして「相続税の総額の計算」を行う。課税価格の合計額から基礎控除額を差し引いて課税遺産総額を求め、それを法定相続分どおり按分し各相続人ごとの取得金額を計算する。そして、各相続人ごとの取得金額に対する税額を、「図表1-30」の速算表（P82）により算出する。

①**課税遺産総額**：2億4,000万円－（3,000万円＋600万円×3人）＝1億9,200万円

②**法定相続分で按分したと仮定した場合の各相続人の取得金額**：

　　　　　　妻　……1億9,200万円×1／2＝9,600万円

　　　　　　長　男……1億9,200万円×1／4＝4,800万円

　　　　　　次　男……1億9,200万円×1／4＝4,800万円

③**上記取得金額に対する税額**（「図表1-30」参照）：

　　　　　　妻　……9,600万円×30％－700万円＝2,180万円

　　　　　　長　男……4,800万円×20％－200万円＝760万円

　　　　　　次　男……4,800万円×20％－200万円＝760万円

　　　　　　　　　　　　相続税の総額＝3,700万円

(3) 各相続人の納付税額の計算　STEP3

上記にて算出した相続税の総額について、各相続人（実際の取得者）がどれだけ負担するかを計算するのが最後のステップとなる。どのように分担するかは、法定相続分の割合ではなく、各相続人の実際の取得財産割合（按分割合）が基準になる。按分割合を基準として計算した各相続人の算出税額は、以下のとおりとなる。

①**各人の実際の取得財産割合（按分割合）**：

　　　　　　妻　……1億2,000万円÷2億4,000万円＝0.5000

　　　　　　長　男……7,000万円÷2億4,000万円≒0.2917

　　　　　　次　男……5,000万円÷2億4,000万円≒0.2083

②**各人の算出税額**[※1]：

　　　　妻　　……相続税の総額3,700万円×0.5000＝1,850万円[※2]
　　　　長　男……相続税の総額3,700万円×0.2917≒1,079万円
　　　　次　男……相続税の総額3,700万円×0.2083≒771万円

※1　その他各種の税額控除があれば上記の算出税額から差し引く
※2　妻は配偶者税額軽減の適用を受ければ納付税額はゼロ

4　相続時精算課税制度

　先に述べた「2．相続税がかかる財産」には、生前に贈与を受けても相続税の課税価格に加算される財産があると記載したが、「相続時精算課税制度に係る贈与によって取得した財産」がそのひとつにあたる。

　相続時精算課税は、生前贈与を受けたときの贈与税負担を軽減する代わりに、将来相続が発生したときにその贈与を受けた財産も相続財産に含めて相続税を課税する制度である。直系尊属から子や孫への贈与にのみ活用できる制度であり、累積2,500万円までの非課税枠（特別控除）があるため、一度にまとまった財産を贈与するときに活用されることが多い。また、非課税枠（特別控除）の2,500万円を超えた部分には、一律で20％の税率で課税される。贈与する財産は金銭だけでなく、株式や不動産などでもよく、何回かに分けて贈与することも可能である。平成27年1月1日以後の贈与の場合について、適用要件が緩和された。その内容については、「図表1－35」を参照されたい。

　この制度では、贈与したものが相続財産に加えられるため、直接的には相続財産の減少にはつながらない。ただし、相続発生の際は、贈与財産は贈与されたときの価額で評価されるため、仮に相続時にその財産が値上がりしていたとすれば、結果的に相続財産の圧縮になる。

　たとえば、この制度を使って会社の現経営者が後継者に自社株を贈与した場合、事業承継後に後継者の経営努力によってその後の株価が大きく上昇したとしても、その上昇分には相続税がかからないので、後継者にとっては税負担面で有利といえる。

図表1－35　相続時精算課税制度の主な要件

	平成26年12月31日以前の贈与	平成27年1月1日以後の贈与
贈 与 者	満65歳以上の親	満60歳以上の親、祖父母
受 贈 者	満20歳以上の子	満20歳以上の子、孫
非課税枠	累積2,500万円	同　　左
贈与税率	一律20%	同　　左
相 続 時	贈与時の価額で相続財産に合算して、相続税を計算。納付済の贈与税額を精算（還付もあり）	同　　左
制　　限	一度選択したら、その贈与者からの贈与は継続的に適用される（暦年課税に戻れない）。	同　　左

　ただし、相続時精算課税制度には注意点もある。ひとつは、いったんこの制度を選択すると、その贈与者からの贈与については、贈与税の非課税枠（基礎控除）110万円を利用した暦年贈与は受けられなくなるということである。もうひとつは、贈与した財産が相続時に値下がりしていると、贈与しなかった場合に比べて相続税の負担が大きくなるということである。したがって、本制度を活用する際には、「被相続人の財産の額や内容」「相続税額と贈与税額の比較」「贈与する財産の種類」等、様々な事項を考慮して慎重に検討することが必要である。

5　財産評価

1．財産評価のあらまし

　相続や遺贈または贈与によって財産を取得した場合は、それぞれの取得した財産の価額を課税標準として、相続税や贈与税が課税される。国税庁では、課税財産の具体的な評価方法を「財産評価基本通達」により定めている。ここからは、「財産評価基本通達」における主な財産の評価の仕方についてみていくこととする。

2．不動産の評価

(1) 宅地の評価

土地のうち宅地には「自用地」「貸宅地」「貸家建付地」などの区分（評価単位）があり、その評価方法は以下のとおりである。

a．自用地の評価

自用地とは、所有者自身が自己の居住用または事業用に使用している宅地や、未使用の宅地のことである。自用地の評価方法は、所在地によって「路線価方式」と「倍率方式」に分けられる。路線価が定められている地域は路線価方式で、定められていない地域は倍率方式で評価される。路線価が定められているかいないかは税務署で確認できるが、一般的に都市部の宅地は、路線価方式によることが多い。

路線価方式による概略の評価額は、該当宅地が面している道路の路線価に形状等による調整を加味した後、宅地面積を掛ければ求められる。一方の倍率方式は、該当宅地の固定資産税評価額に、所在地ごとに定められた倍率を乗じて評価額を計算する。

$$路線価方式＝路線価（千円／㎡）×補正率×面積$$

$$倍率方式＝固定資産税評価額×一定の倍率$$

b．貸宅地の評価

宅地の賃貸にともない、その宅地上に賃貸人の建物が建っている場合には、貸宅地として評価する。建物の所有者は、借地借家法に規定する「借地権」の権利を有しているため、貸宅地を評価する場合は、自用地評価額から借地権の評価額を控除した金額によって評価する。借地権の評価は、該当宅地の自用地評価額に、国税庁により定められた「借地権割合」を乗じて求められる。そのため貸宅地の評価は、該当宅地の自用地評価に、「１－借地権割合」

を乗じて求められることとなる。貸宅地の評価額は、以下のとおりとなる。

> 貸宅地の評価額＝自用地評価額×（１－借地権割合）

####　ｃ．貸家建付地の評価

　宅地の上に、その宅地の所有者が貸家を所有している場合、その宅地は貸家建付地として評価される。宅地所有者と建物所有者は同一であるが、宅地所有者にとっては、借家人の利用権により更地のときに比べ利用が制限されることとなる。貸家建付地の評価額は以下の計算式で計算されるが、計算式の借家権割合の多くは30％であり、賃貸割合とは、賃貸用建物の各独立部分の床面積の合計に対する賃貸稼働部分の床面積の割合である。

> 貸家建付地の評価額＝自用地評価額×（１－借地権割合×借家権割合×賃貸割合）

(2)　家屋の評価

　家屋については、自用家屋および貸家等の評価があり、その評価方法は、以下のとおりである。

####　ａ．自用家屋の評価

　自用家屋とは、自宅や自分の事業用の家屋のことであり、この自用家屋の評価額は固定資産税評価額である。なお、建築中の家屋については、費用現価の70％相当額によって評価する。

####　ｂ．貸家の評価

　貸している家屋の評価は、先に述べた借家権割合と賃貸割合を加味して、以下の算式で計算する。

> 貸家の評価額＝自用家屋評価額×（１－借家権割合×賃貸割合）

(3)　賃貸アパートの相続税評価

　前述の不動産の評価のしかたを踏まえて、更地にアパートを建築した場合の相続税評価に及ぼす効果を検証してみることとする。宅地が更地である場合は

図表1−36　賃貸アパート建築による相続財産評価の引下げ効果

①更地所有
- ●相続税評価額2億円の宅地
  - ・宅地＝自用地評価2億円
  - ・借地権割合＝50％

　　　　　　　　　　宅地（更地）

②賃貸アパート建築計画
- ●建築価格3億円の建物を建築（固定資産税評価額は建築価格の60％と仮定）
  - ・家　　屋＝建築価格3億円（固定資産税評価額1.8億円）
  - ・借　入　金＝調達額3億円
  - ・借家権割合＝30％
  - ・賃貸割合＝100％

③賃貸アパートを建築して賃貸開始した後の相続税評価額

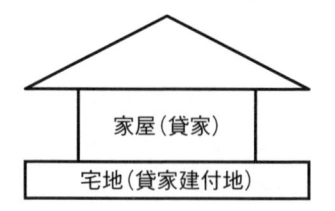

　　　　　　　家屋（貸家）
　　　　　　宅地（貸家建付地）

・宅地（貸家建付地評価）＝2億円×（1−0.5×0.3×100％） 　　　　　　　　　＝1.7億円……①	・借入金＝▲3億円 　　　　　……③
・家屋（貸家評価）＝3億円×0.6×（1−0.3×100％） 　　　　　　　　　＝1.26億円……②	
差引き合計　▲0.04億円	

➡更地にアパート建築することにより、相続税評価額は更地としての2億円→建築後▲0.04億円（①＋②−③）に引き下げられた。

自用地として評価されるが、宅地所有者が貸家を建築した場合、その宅地は貸家建付地での評価となる。家屋は固定資産税評価額にて評価されるが、新築建物の固定資産税評価額は「おおむね建築価格の6割程度」で評価され、かつ貸家評価の場合、そこから「30％の減額」となる。仮に、借入れをして建築した場合は、相続財産から建築に要した借入金を差し引くことができる。

以上のことから、宅地所有者がアパートを建築した場合は、「図表1-36」の事例のように相続財産評価の引下げ効果が生じることとなる。

3．その他の財産の評価

不動産以外では、預貯金や有価証券、株式、骨董品などが主な財産となる。「図表1-37」で主な財産の評価方法について記載する。

4．財産評価に係る特例

財産評価には以下のような税制上の特例がある。財産を承継する相続人の生活の基盤となる居住や事業を保護するため、設けられた制度といえる。いずれも相続税増税の改正に併せて、平成27（2015）年1月1日以後の相続から適用要件が緩和されている。ただし、適用要件が複雑であるため、税理士等専門家による検証が必要である。

①**小規模宅地等の評価減の特例**：被相続人が居住用や事業用に使用していた宅地等は、要件を満たすことにより、一定面積まで80％もしくは50％の評価減ができる。

②**非上場株式の相続税・贈与税納税猶予**：発行済株式総数の2／3までについて、要件を満たすことにより、贈与税・相続税の納税が一部猶予される（免除ではない）。

図表1-37 主な相続財産の評価方法（課税時期（相続開始日）における評価方法）

財産種類	評価方法
預貯金	預入額＋既経過利子の額－源泉徴収税額
上場株式	一般的な場合、以下の①〜④のうち最も低い額で評価する。 ①課税時期（相続開始日）の最終価格（終値） ②課税時期の属する月の毎日の最終価格の月平均額 ③課税時期の属する月の前月の毎日の最終価格の月平均額 ④課税時期の属する月の前々月の毎日の最終価格の月平均額
利付公社債	原則として、発行価額＋既経過利息の額－源泉徴収税額
投資信託	解約請求や買取請求を行う場合に支払いを受けることができる金額
貸付金	元本の額＋既経過利息の額
骨董品・書画	売買実例価額、精通者意見価格などを参考に評価
非上場株式（自社株）	株主の態様、会社規模により以下①〜③の3つの方法により評価する。株式を取得する側によって評価の方法が異なることからも、専門知識が必要となる場合が多い。 ①類似業種比準価額方式 　評価会社と類似した業種の上場株式の株価を基準に、配当、利益、純資産を比較して評価額を算出。 ②純資産価額方式 　評価会社の相続税評価額に基づいて、総資産から負債を差し引いた「純資産」により評価額を算出。 ③配当還元価額 　評価会社の年平均配当金額に基づいて計算し、同族株主等以外の株主が取得する場合等に用いられる。

第6節 融資推進とコンプライアンス

１　銀行法と融資基本５原則

１．はじめに

　銀行法は、その冒頭に「この法律は、銀行の業務の公共性にかんがみ、信用を維持し、預金者等の保護を確保するとともに金融の円滑を図るため、銀行の業務の健全かつ適切な運営を期し、もつて国民経済の健全な発展に資することを目的とする」と掲げている（銀行法１条１項）。

　ここでは、銀行については、「公共性」「信用の維持」「預金者等の保護」「金融の円滑化」「銀行業務の健全かつ適切な運営」「国民経済の健全な発展に資する」等が求められていることが分かる。この理念は、個人融資においても、当然に念頭におかれるべきものである。

２．融資の基本

　融資の基本５原則とは、金融機関が融資を行う際に、融資するか否かを判断する際の基本となる原則のことであり、以下の５つである。

①公共性の原則
②安全性の原則
③収益性の原則
④成長性の原則
⑤流動性の原則

　いずれも大切な原則であるが、融資の前提となる原則は、「公共性の原則」である。いかに、元本弁済が確実（安全性）で、高金利（収益性）で、融資先

の発展に寄与（成長性）し、短期間で弁済される（流動性）貸金であっても、反社会的勢力に融資することはできない。

■ 2　融資推進時におけるコンプライアンス ■

1．取引の相手方について

　融資を推進する際に最初に検討しなければならないのは、融資取引をしようとする取引の相手方である。「取引相手の意思能力の有無」「行為能力の有無」「障がい者との取引」「代理人取引」等が問題となる。

　取引をしようとする相手方が、取引をするだけの意思能力、行為能力を有しているか、代理人として本人から正当な授権を受けているかという問題である。

　これらについては、預金取引も含めて、金融取引の基礎であり、詳細は「第1章第4節　個人ローンに関する法務関連の基礎知識」を参照されたい。

(1)　意思能力の有無

　高齢者の方に融資を行う場合、保証人になってもらう、担保提供者（物上保証人）になってもらう場合には、「取引意思」「保証意思」「担保提供意思」の確認の前に、「そもそも意思能力があるか」ということを確認しなければならない。意思能力があってはじめて、意思確認ができるのである。

　たとえば、「このお貸出しについて、連帯保証人になっていただきますが、よろしいですか」と保証意思を確認して、高齢者の方が「わかりました」と回答をしたとしても、その高齢者の方が認知症であって、意思能力がなければ、その保証意思確認は無意味である。

　実際の裁判でも、証書に自署・捺印はあるにもかかわらず、「あのとき、父親は、認知症であり、判断能力はほとんどなかった。当時の主治医のカルテにもそのように記載がなされている」と主張されることがある。

(2)　行為能力の有無

　「成年被後見人」「被保佐人」「被補助人」といった制限行為能力者との取引であっても、それを理由として、取引を謝絶するといった対応は不適切である。

もちろん、判断能力の衰えた高齢者に、「高リスクの金融商品を勧誘する」というのは問題があるが、融資取引においては、制限行為能力者であったとしても、資金需要をきちんと把握したうえで、それぞれ「成年後見人」「保佐人」「補助人」を相手に相談して、代理権や同意権を利用して融資取引を進めて行くことになる。判断能力が衰えて、意思能力の有無に疑問があるような場合には、家族、近親者（推定相続人等）を交えて相談に応じるようにし、制限能力者制度の利用についても検討をお願いするのがよい。

(3) 障がい者との取引について

　視覚障がい、聴覚障がいがある取引先であっても、それ以外に与信判断上問題がなければ、障がいがない顧客と同等のサービスを提供するようにすべきである。

　この点、金融庁の監督指針においても「銀行は、成年後見制度等の対象でなく意思表示を行う能力がありながら、視覚・聴覚や身体機能の障がいのために銀行取引における事務手続き等を単独で行うことが困難な者（以下「障がい者等」という）に対しても、視覚や聴覚に障がいのない者等と同等のサービスを提供するよう配慮する必要がある」ものとされており（「中小・地域金融機関向けの総合的な監督指針　Ⅱ－8」）、金融機関としては、態勢を整備しなければならない。

　たとえば、視聴覚障がい者から融資の申込みがあった場合、「視覚に障がいがある者から要請がある場合は、銀行の職員が、当該者に係る取引関係書類を代読する規定及び態勢を整備」すること、および、「その際、個人情報の漏洩を防ぐとともに、複数の職員が代読内容を確認し、その確認をしたという事実を記録として残すこと」が求められている（「同監督指針Ⅱ－8－2(2)②」）。

　自筆が困難な場合であっても、本人の意思表示の内容を記録として残し、推定相続人に複数行員が立ち会いのもとで代筆を依頼して、確認記録として残す等の工夫を行えば、融資取引が可能である。

(4) 代理人との取引について

　「法定代理人（親権者、未成年後見人）」「成年後見人」「保佐人」「補助人」

等であれば、代理権の有無および代理権の範囲を確認して取引をすればよい。

　弁護士が、代理人として取引を求めた場合には、本人には委任の事実を確認して、あとは代理人弁護士と取引をすればよい（もっとも、弁護士が本人の委任を受けてもいないのに「代理人です」と称して取引を行うとは通常考えにくいので、本人に委任の事実を確認しようとすると、弁護士によってはトラブルになる可能性がある。事前に一言、弁護士に「本人に委任の事実を確認させて欲しい」と断わってから本人に確認するとよい）。

　問題となるのは、任意代理の場合である。任意代理であったとしても、委任するための意思能力がなければ委任行為自体が無効になってしまうので、本人に委任の事実を確認するのはもちろんのこと、本人の意思能力の確認も必要である。本人の意思能力に問題がありそうな場合には、「委任状を公正証書にしてもらう」「代理人として弁護士を依頼してもらう」「近親者（推定相続人）を交えて相談して制限能力者制度の利用を検討してもらう」等の対応が考えられる。

２．資金使途について

　資金使途については、公序良俗に反することがあってはならないのは当然であるが、実際に融資した金員が当初申込みを受けた際の資金使途のとおりにつかわれたかの確認も、コンプライアンス上、重要である。

　典型例としては、「住宅ローンで融資したのに資金使途は賃貸住宅の建築であった」というような場合がある。住宅ローンの金利がアパートローンの金利に比較して低金利なのは、住宅ローンは事業性がないため、相対的に貸し倒れリスクが低いからである。金融機関側としても、住宅ローンの実績が欲しいために、実態はアパートローンであるにもかかわらず、目をつむって取引を推進してしまうということであれば、重大なコンプライアンス違反である。

　ほかにも、自動車（オート）ローンで、中古自動車販売会社と顧客が結託して、100万円程度の中古車を200万円の自動車としてローンを組む（差額は山分けし、顧客は適当なところで自己破産する）等の例がある。

3．浮き貸しについて

　融資推進をしたが、銀行の決裁が下りずに、結果として謝絶せざるを得ないということはよくあり、このような場合には、担当者ではなくて役席が取引先に赴いて謝絶を伝えなくてはならない。しかし、担当者が、融資予約をしてしまっており、とても謝絶することはできないとして追い込まれた結果、①自分自身のお金を顧客に貸し付してしまう、②自分のほかの顧客に対して、謝絶された顧客に対して融資をしてくれるように依頼する等の行為に及ぶことがある。特に①の場合は、一見問題がないようにも思えるが、これらの行為は「浮き貸し」とよばれる「犯罪行為」であり、重大なコンプライアンス違反（不祥事件になる）になるため、絶対に行ってはならない。

　出資法（出資の受入れ、預り金及び金利等の取締りに関する法律）3条は、概要「金融機関の職員は、その地位を利用し、自己又は当該金融機関以外の第三者の利益を図るため、金銭の貸付け、金銭の貸借の媒介又は債務の保証をしてはならない」としており、これに違反した場合は、「3年以下の懲役若しくは300万円以下の罰金、又は併科」に処せられる（同法8条3項1号）。貸付だけではなく、金融機関の職員がする媒介や保証も同じである。

3　商品説明時におけるコンプライアンス

1．金融機関の説明義務について

　金融機関には、顧客に対して、様々な説明義務（責任）を負っている。これは、金融機関の取り扱う商品（預貯金、投資信託等のリスク商品、ローン等）が具体的に目に見えて、手に取って確かめることができない以上、金融機関の顧客としては金融機関から適切な説明があってはじめて、当該商品の性質やリスクを理解できるという点から当然である。

　この点、金融検査マニュアルは、「与信取引（貸付契約およびこれにともなう担保・保証契約）に際し、顧客説明マニュアルにしたがい、適切かつ十分な

顧客説明が行われる態勢」の整備を求めており（「顧客保護等管理態勢の確認検査用チェックリストⅢ－2－(2)－③－(i)」）、金融機関は、与信取引であったとしても、説明責任を負っている。

2．個別融資取引における説明

(1) 融資取引にデリバティブ取引が含まれているとき

長期の固定金利貸出の場合、金融機関としては、市場で「固定金利⇔変動金利」のスワップを組む等して、リスクをヘッジしている。そのため、途中で繰上弁済等があると、多額の違約金・損害金が発生することがある。

そこで、金融検査マニュアルでは、以下のとおりの説明を求めている（「顧客保護等管理態勢の確認検査用チェックリストⅢ－2－(2)－③－(i)イ」）。

①商品内容やリスクについて、顧客の知識・経験に対応して図面や例示等を用いて平易に説明し、書面を交付して説明すること

②中途解約時に生じる解約精算金等の計算方法や試算額を説明すること

もっとも、金融機関の職員が将来的な金利や為替動向について具体的な見解を示したうえで、顧客説明を行うのは適切ではないので注意が必要である。

(2) 住宅ローン

金利については、「変動金利」「固定金利」「変動・固定金利併用」等があり、返済方法についても、元利均等・元金均等返済方式等があり、住宅ローンであっても単純な商品ではない。また、個人顧客にとっては、多額かつ長期のローンである。

そこで、金融検査マニュアルでは、以下のとおりの説明を求めている（顧客保護等管理態勢の確認検査用チェックリストⅢ－2－(2)－③－(i)ロ）。

①商品内容やリスクについて、顧客の知識・経験に対応して図面や例示等を用いて平易に説明し、書面を交付して説明すること

②金利変動型または一定期間固定金利型の住宅ローンについては、金利変動リスクを十分説明すること

3．消費者契約法

　個人融資のうち、事業性ではないもの（例：住宅ローン）については、消費者契約法の対象となる。同法3条1項は、「事業者は、・・・消費者契約の締結について勧誘をするに際しては、消費者の理解を深めるために、消費者の権利義務その他の消費者契約の内容についての必要な情報を提供するよう努めなければならない」として、努力義務を科している。また、同法4条1項は、虚偽告知または断定的判断の提供があった場合には、契約の取消ができる旨を定めている。

　したがって、金融機関が、金利等を説明する際には、誤った説明をしたり、将来における変動が不確実な事項（例：将来の金利動向）につき、断定的判断を提供したりしてはならない。

◾️ 4　融資契約締結時におけるコンプライアンス ◾️

1．契約書の記入と意思確認

(1) 本人確認

　契約書については、金融機関の職員の面前で自署・捺印をお願いし、取引経緯記録を残して、金銭消費貸借契約書（ローン契約書）とともに残しておく。特に、金銭消費貸借契約書（ローン契約書）、保証書、抵当権設定契約書等の契約書に署名をしようとしている目の前の人物が、本当に借入れ本人であるかの確認は重要である。なりすましを防ぐためには、「個人番号カード※」「運転免許証」「パスポート」等、写真入りの公的証明書で本人確認をすることが望ましい。

※　裏には個人番号（マイナンバー）が記載されているため、裏のコピーは不可。

(2) 意思確認

　上記「(1) 本人確認」とあわせて、取引の意思確認も行う。契約条項については、充分に説明を行い、疑問があれば丁寧に答える。「ここに署名とハンコ

だけお願いします」といった対応は不適切である。特に、保証契約や物上保証契約の場合には、保証意思や担保提供意思について充分に確認を行い、意思確認記録を残しておく。

2．印紙の貼付

　金銭消費貸借契約書については、印紙を貼付する。印紙の貼付がなくても、金銭消費貸借契約自体の私法上の効力は変わらないが、印紙税法違反を問われる。印紙の額については、特例措置等で軽減等がある場合（例：東日本大震災により被害を受けた場合）もあり、注意を要する。

3．領収証等の受領

　金銭消費貸借契約は、金銭の交付が契約成立の要件である「要物契約」であるから、金融機関側に「金銭を交付した」ことの立証責任がある。
　たとえば、提携ローン等で、住宅ローンの代り金をハウスメーカー等に直接振り込みをする場合には、必ず、顧客から直接振込みの指示書等の書類を徴求しなければならない。また、顧客本人名義の口座に直接融資代わり金を入金するような場合であっても、分割実行するような場合には、つど、領収証を受領する必要がある。

■ 5　管理・回収時におけるコンプライアンス ■

1．顧客から貸付条件等の変更の相談があった場合

　顧客の資金繰りが悪化したような場合や、住宅ローンの利用者が転職等で給料が下がったような場合に、貸付条件等の変更について相談されることがある。そのような場合に、金融機関として直ちに謝絶をして期限の利益を喪失させることは、適切な対応とはいえない。
　この点、金融検査マニュアルでは、以下の対応を求めている（「顧客保護等管理態勢の確認検査用チェックリストⅢ－2－(2)－③－(iii)(iv)」）。

①債務者から貸付条件の変更等の相談を受けた場合に、適切に対応すること
②当該相談に係る申込みを妨げないこと
③債務者から貸付条件の変更等の申込みを受けた場合に、債務者の意思に反して当該申込みを取り下げさせないこと
④顧客から新規融資や貸付条件の変更等の相談・申込みを受けた場合に、当該金融機関から新たな担保・保証の要求や貸付条件の提示（金利の引上げ等を含む）を行うにあたっては、その内容を速やかに提示すること
⑤これまでの取引関係や顧客の知識、経験および財産の状況を踏まえた、顧客の理解と納得を得ることを目的とした十分な説明を行うこと

同様に監督指針でも、「これまでの取引関係や、顧客の知識、経験、財産の状況及び取引を行う目的を踏まえ、契約時点等における説明と基本的に同様に、顧客の理解と納得を得ることを目的とした説明態勢」の整備を求めている（「中小・地域金融機関向けの監督指針　Ⅱ－3－2－1－2(6)①」）。

2．債権の回収を行う場合

上記「1．顧客から貸付条件等の変更の相談があった場合」で貸付条件等の変更に金融機関が応じず、期限の利益を喪失させる等して貸出の回収を行う場合はどうであろうか。この場合でも、監督指針は、以下の対応を求めている。単に、期限の利益の喪失通知を内容証明郵便で顧客宛送付しておけば、それで充分というわけではない。

①これまでの取引関係や、顧客の知識、経験、財産の状況および取引を行う目的に応じ、かつ、法令に則り、一連の各種手続を段階的かつ適切に執行する態勢の整備
②経営者以外の第三者の保証人個人に保証債務の履行を求める場合は、基本的に保証人が主債務者の状況を当然には知り得る立場にないことに留意し、事後の紛争等を未然に防止するため、必要に応じ、一連の各種手続について正確な情報を提供する等適切な対応を行う態勢の整備
③手続の各段階で、顧客から求められれば、その客観的合理的理由を説明す

ること

6 守秘義務および個人情報保護

1．守秘義務

(1) 守秘義務とは

　金融機関の職員は、取引によって知り得た顧客の情報を第三者に漏らしてはならないという守秘義務を負っている。顧客は、金融機関の職員が守秘義務を負っているからこそ、普通であれば第三者に開示しない「家族構成」「預貯金残高」「年収」等を開示するのである。この守秘義務は、道徳的な義務にとどまらず、法的義務であり、守秘義務違反をした場合には、損害賠償責任を負うことがある。

(2) 守秘義務が免除される場合

　金融機関は、顧客に対して、守秘義務を負っているが、以下のような場合、守秘義務は免除される。

a．顧客の同意を得た場合

　顧客から「自分の預金残高を、勤務先に伝えて欲しい」という依頼があったような場合は、金融機関はその限りにおいて守秘義務を負わない。ローン契約において個人信用情報センターへの登録について同意もこれに該当する。

　また、条件変更等を複数金融機関に申込みをする場合であって、複数金融機関が与信情報や顧客の収入・資産の情報を共有するために、顧客に同意を求めるのもこれに該当する。

b．法令の規定により第三者提供を行う場合

　この場合は、強制と任意を区別して対応する必要がある。強制の場合、法令上、情報を提供しないと行政処分や刑事罰が予定されている場合であり、金融機関としては、情報提供を拒否することがコンプライアンス違反になる。任意の場合は、法令に基づくものではあるが、金融機関が拒否しても、それが直接刑事罰や行政処分につがなるものではないような場合であり、個々の

事案に応じて、情報提供の可否、情報提供の範囲について判断をしていく。

●強　　制
①税務調査
②金融庁の検査
③民事訴訟・刑事訴訟における証人尋問
④文書提出命令

●任　　意
①捜査関係事項照会
②弁護士法による弁護士会からの照会

c．金融機関の営業上必要な場合

金融機関同士の一般的な信用調査に対する回答は、相手方にも守秘義務があり、商慣習上、守秘義務違反にならないとされている。

金融機関が自らの正当な権利を守るために必要な場合、たとえば、顧客との民事訴訟において、金融機関の主張する要件事実を、顧客との取引経緯記録等で立証するような場合も守秘義務違反にはならないとされている。

2．個人情報保護

(1) 個人情報保護法

2003年に個人情報保護法が成立し、金融機関においても、同法の定めるところにしたがい、個人情報の取扱い等の適正が求められることになった。

また、個人情報保護法に関し、金融庁が金融分野における個人情報保護に関するガイドラインを発出しており、金融機関はガイドラインに沿った適正な業務運営を行う必要がある。ガイドラインの主な内容は、以下のとおりである。

①**機微（センシティブ）情報**……政治的見解、信教（宗教、思想及び信条をいう）、労働組合への加盟、人種および民族、門地および本籍地、保健医療および性生活、ならびに犯罪歴に関する情報を「機微（センシティブ）情報」として、厳格な取扱いを求めている（ガイドライン7条）。金融機関は、機微（センシティブ）情報については、一定の例外を除き、取得、

利用または第三者提供をしてはならない。源泉徴収事務や相続事務、保険業務等で機微（センシティブ）情報を取り扱う場合でも、業務遂行上必要な範囲に限定して取扱わなくてはならない（ガイドライン7条1項各号）

② **与信事業に関する特別の定め**……ガイドラインには、金融機関が与信事業における個人情報の取扱いについて特別な定めを置いている。具体的には、以下のとおりである

　　ア　与信事業に際して、個人情報を取得する場合においては、利用目的について本人の同意を得ることとし、契約書等における利用目的は、ほかの契約条項等と明確に分離して記載することとされている。（ガイドライン3条3項）

　　イ　与信事業に際して、個人情報を個人信用情報機関に提供する場合には、その旨を利用目的に明示しなければならず、さらに、明示した利用目的について本人の同意を得ることとされている（ガイドライン3条4項）

(2)　マイナンバー法

　a．特定個人情報について

「行政手続における特定の個人を識別するための番号の利用等に関する法律」（以下、「マイナンバー法」という）における個人番号（マイナンバー）の取扱いが、2016年1月からスタートしている。マイナンバーは、それ自体が個人情報保護法にいう個人情報であるが、マイナンバー法においては、個人番号をその内容に含む個人情報を「特定個人情報」として定義し（マイナンバー法2条8項）、個人情報よりも厳格な取扱いを求めている。

　b．特定個人情報に対する規制

金融機関は、マイナンバー法で認められた場合（同法19条）を除いて、特定個人情報の提供を求めてはならず（同法15条）、収集・保管もしてはならない（同法20条）。

　c．融資取引における具体的な注意点

特定個人情報は、法令で認められた場合以外は取得できないため、たとえ

ば、住宅ローンで住民票の提出を受ける場合は、マイナンバーの記載のないものの提出を受ける必要がある（顧客が、マイナンバーの記載のある住民票を持ってきた場合は、完全に塗りつぶした形で保管しなければならない）。

本人確認資料として、個人番号カードの提出を受けた場合は、表が本人確認資料となる（「顔写真」「住所」「氏名」「生年月日」「性別」等が記載されている）が、裏には個人番号が記載されているため、運転免許証と異なり、裏側のコピーを取得してはならない。

7　反社会的勢力

金融庁は2013年12月26日、「反社会的勢力との関係遮断に向けた取組みの推進について」を発出し、金融庁および各金融機関・業界団体は、反社会的勢力（以下、「反社」という）との関係遮断の実効性を高めるため、関係省庁および関係団体とも連携し、下記の取組みを推進する旨を宣言している。

金融機関には、入り口・中間管理・出口の各段階における取組みが求められている。

1．反社との取引の未然防止（入口）

金融機関として、まず重要なのは、反社との取引をしないことである。融資取引であれば、金融機関が反社に対していったん融資をしてしまうと、関係遮断をするためにかかる体力（人的、時間的、金銭的コスト）は膨大なものとなる。

そうであれば、まずは、入口の戦略として、反社との取引を未然に防ぐことが重要となる。具体的には、以下の施策が求められている。

①**暴力団排除条項の導入の徹底**……各金融機関は、提携ローン（四者型）を含め、暴力団排除条項の導入を改めて徹底する

②**反社データベースの充実・強化**……各金融機関・業界団体において、引き続き反社会的勢力の情報を積極的に収集・分析して反社データベースの充実を図るとともに、グループ内や業界団体間での反社データベースの共有

を進める
③**提携ローンにおける入口段階の反社チェック強化**……提携ローンについて、金融機関自らが事前に反社チェックを行う態勢を整備する。また、各金融機関は、提携先の信販会社における暴力団排除条項の導入状況、反社データベースの整備状況等を検証する

2．事後チェックと内部管理（中間管理）

次に、融資をしたあとの管理が問題となる。どんなに入口のチェックを厳格化しても、一定数の反社が金融機関の融資先に紛れ込む可能性は否定できないし、また、融資取引の開始時には反社ではなかった者が、その後に反社となる可能性があるため、融資した後の事後チェックが重要となるのである。具体的には、以下の施策が求められている。

①**事後的な反社チェック態勢の強化**……各金融機関は、反社データベースの充実・強化、反社チェックの頻度アップ等、既存債権・契約の事後的な反社チェック態勢を強化する

②**反社との関係遮断に係る内部管理態勢の徹底**……各金融機関は、反社との取引の経営陣への適切な報告や経営陣による適切な関与等、反社との関係遮断に係る内部管理態勢を徹底する

3．反社との取引解消（出口）

融資先が、反社と判明した場合は、直ちに関係遮断に向けた行動をする必要があり、融資先が反社であると知りつつ放置すれば、強い社会的批判にさらされることになる。具体的には、以下の施策が求められている。

①**反社との取引の解消の推進**……各金融機関は、警察当局・弁護士等と連携し、反社との取引の解消を推進する。なお、事後に反社取引と判明した案件については、可能な限り回収を図るなど、反社への利益供与にならないよう配意する

②**預金保険機構による、特定回収困難債権の買取制度の活用促進**……預金保

険機構が行う特定回収困難債権の買取制度を利用する。提携ローンにおいて、信販会社が代位弁済した債権を買い戻した場合も同制度の対象となるので、利用を進める

8　融資渉外活動と各種業法との関係

　融資渉外活動においては、顧客から様々な相談を受けることがある。金融機関の融資担当者としては、「税務」「財務」「法律」「不動産」の各分野において専門的知識を有し、顧客のニーズに合わせて、適切なアドバイスをすること（コンサルティング）が求められている。他方で、融資担当者が遵守すべき法令としては、「税理士法」「弁護士法」「宅建業法」等があり、これらに抵触しない範囲で、顧客の相談に応えなくてはならない。

1．税理士法

　税理士は、税理士でしか行うことができない「税理士業務」として、「税務代理」「税務書類の作成」「税務相談」の3つを定義している。
　このうち、問題になりやすいのは、税務相談である。税務相談とは、「税務官公署に対する申告や申告書等の作成に関し、租税の課税標準等の計算に関する事項について相談に応ずること」（税理士法2条1項3号）とされている。
　したがって、顧客からの税金に関する質問についても、具体的に確定申告で申告する税額を計算するなどの行為については、税理士法に違反する可能性がある。他方、顧客に対して、税金について制度の一般的な説明を行うことは可能であり、例えば、「相続税を計算するときは、一定の相続人及び包括受遺者が負担した葬式費用を遺産総額から差し引きます。」との一般的な説明であれば、これをすることができる（国税庁のタックスアンサーNo.4129参照）。

2．弁護士法

　弁護士法は、弁護士または弁護士法人でない者が報酬を得る目的で法律事務を取り扱うことを禁止している（弁護士法73条）。

法律事務は、弁護士のみが行うことができることから、金融機関の職員が行うことはできない。「報酬を得る目的」とあるが、金融機関の職員がこれらの法律事務を、金銭による報酬を得ずに行ったとしても、金融機関の職員が、顧客との取引深耕を目的としていたような場合、それによって金融機関も収益が上がる（融資取引が増えれば、貸出利息が増える。）わけであるから、弁護士法に違反する可能性があるため、注意が必要である。

　よくある問題としては、①顧客が取り立てに困っている売掛金等の債権の回収についての相談、②不動産賃貸業を営む顧客から家賃未払いの入居者の退去についての相談、③交通事故の示談に関する相談、④遺言、相続争いに関する相談等がある。

　地域に密着して活動する金融機関の職員は、顧客との距離も近く、顧客から様々な相談を受けることも多いが、顧客から具体的事件について相談があったとしても、それに応じることは弁護士法に違反する可能性があり、慎重に対処しなくてはならない。

3．宅地建物取引業法（宅建業法）

　宅建業法12条1項は、「第3条第1項の免許（宅建業免許）を受けない者は、宅地建物取引業を営んではならない」としており、金融機関は、「金融機関の信託業務の兼営に関する法律」により、信託業務の兼営を認められた金融機関を除き、金融機関は不動産の仲介業務等の宅地建物取引業を営むことはできない。

　金融機関の職員がもっとも気を付ける必要があるのが、宅地建物の売買の「媒介」である。「媒介」とは、売買であれば、売主と買主の間にたって（仲介して）、売主と買主の間に売買契約が成立するように尽力する行為とされている。金融機関の職員が、顧客が不動産を購入する場合の融資に関して、または、担保物件の任意売却に関して、顧客から不動産売買の相談を受けることがある。かかる場合であっても、不動産売買契約の媒介とならないように充分に気を付けなくてはならない。

また、「業として」とは、営利目的を問わないので、無償であったとしても反復継続して行う意思があるような場合には、「業として」に該当する可能性がある。

◘ 9　金融ADR ◘

1．金融ADRとは

　金融ADRとは、「金融分野における裁判外紛争解決制度」のことをいう。
　顧客と金融機関の間に紛争が発生して、当事者同士の話し合いでは解決しないような場合、最終的には、「顧客が原告となって、金融機関を被告として民事訴訟で訴えるという裁判」で決着をつけるしかない。
　しかし、裁判では、①時間、費用（弁護士費用も含めて）がかかる、②要件事実について厳格な立証活動をしなければならない、③裁判所は、訴状の「請求の趣旨」に記載されたことについてのみしか判断ができないのが原則であるから、柔軟な紛争の解決が困難等といったデメリットがある。
　他方で、金融機関と顧客の間では、「預貯金」「生命保険」「損害保険」「株式」「債券」「投資信託」など、金融商品・サービスの多様化・複雑化が進み、金融商品・サービスに係るトラブルが多く発生するようになった。
　そこで、2009年「金融商品取引法などの一部を改正する法律」（金融商品取引法のほか、銀行法や保険業法等の金融関連法において共通の枠組みを横断的に整備）により、「金融ADR制度」が創設され、2010年10月1日より本格的にスタートすることになった。

2．金融ADR制度のメリット

　金融ADR制度は、金融機関を利用する顧客の保護という観点から、顧客にとって3つの大きなメリットがある。

(1) 中立かつ公正な専門家による解決
　顧客側、金融機関側の言い分を、指定紛争解決機関に所属する金融分野に見

識のある弁護士などの中立かつ公正な専門家が聴いたうえで、紛争の解決に努める。中立かつ公正という意味では、裁判所も同様であるが、必ずしも裁判所（民事訴訟を担当する裁判官）が、金融分野に深い見識があるとは限らないために、金融ADR制度の大きなメリットの1つといえる。

(2)　**迅速な解決**

顧客の申立てから、解決までは長くても半年程度であって、申立後に顧客が指定紛争解決機関に赴いて主張を述べる期日は、多くても2～3回で済むような仕組みになっている。

民事訴訟の場合は、第1回の口頭弁論期日から証人尋問期日、判決期日まで10回を超える期日に出頭しなければならないことも多く、紛争の解決には相当程度、場合によっては2年を越えてかかることもあり、迅速性も大きなメリットの1つである。

(3)　**解決方法の柔軟性**

判決ではなく、当事者間の「和解」という形を原則してとるために、紛争の全体を柔軟に解決することができる。民事訴訟の場合も、裁判上の和解という形で可能ではあるが、ある程度訴訟が進行して裁判所が「心証」を形成したあとに、訴訟における請求の趣旨を踏まえての和解となることが多く、一般的には金融ADRのほうがより柔軟である。

(4)　**低コストによる解決**

各指定紛争解決機関により差異はあるが、手数料は原則として無料であるところが多く、民事訴訟による印紙よりも安価である。

(5)　**証拠書類の提出**

民事裁判では、原則として、自分に不利な証拠を提出する義務はなく、文書提出命令を利用する場合であっても、文書の表示、文書の趣旨等を明らかにしなければならず（民事訴訟法221条1号、2号）、特定が困難な場合が多い。また、裁判所が文書提出命令を発令するかは、裁判所の判断にゆだねられている。

一方、金融ADRの場合は、指定紛争解決機関が提出を求めた書類については、金融機関は原則として提出を行う必要がある。

第6節 融資推進とコンプライアンス

図表1-38 金融ADR制度のイメージ

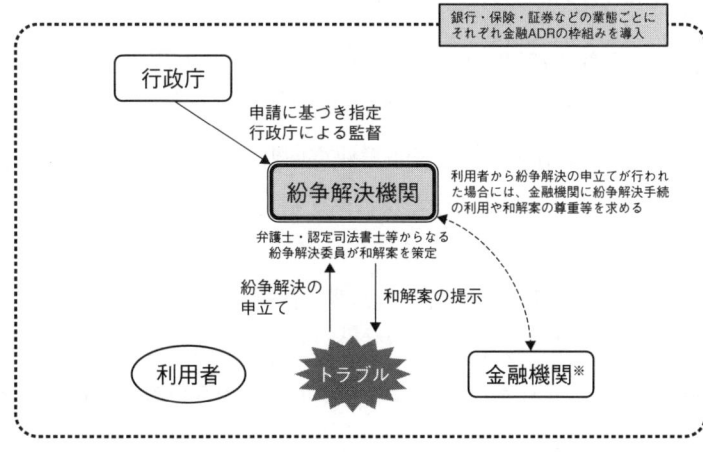

```
                                銀行・保険・証券などの業態ごとに
                                それぞれ金融ADRの枠組みを導入

       行政庁
          │
          │ 申請に基づき指定
          │ 行政庁による監督
          ▼
       紛争解決機関 ────────→ 利用者から紛争解決の申立てが行われ
          ▲                    た場合には、金融機関に紛争解決手続
          │                    の利用や和解案の尊重等を求める
          │ 弁護士・認定司法書士等からなる
          │ 紛争解決委員が和解案を策定
       紛争解決の  和解案の提示
         申立て    ↓
       利用者    トラブル      金融機関※
```

※ 紛争解決機関が指定されない段階では、金融機関自身に苦情処理・紛争解決への取組みを求め、利用者保護の充実を図る。
(出典) 金融庁ホームページ

図表1-39 金融ADR制度の趣旨

① 紛争解決機関を行政庁が指定・監督し、その中立性・公正性を確保。
② 利用者から紛争解決の申立てが行われた場合には、金融機関に紛争解決手続の利用や和解案の尊重等を求め、紛争解決の実効性を確保。
③ 金融分野に知見を有する者が紛争解決委員として紛争解決に当たることにより、金融商品・サービスに関する専門性を確保。

⬇

① 事案の性質や当事者の事情に応じた迅速・簡便・柔軟な紛争解決が可能に
② 法的枠組みの下、利用者の納得感のあるトラブル解決
③ 金融商品・サービスへの利用者の信頼性の向上

⬇

　業態横断的な金融ADR制度が構築されることが将来的には望ましいが、金融商品・サービスの特質がそれぞれに異なる状況を踏まえ、高まる利用者ニーズに早期に応えるためにも、各業態ごとの現在までの取組みを活用して、業態を単位とした金融ADR制度を導入。

(出典) 金融庁ホームページ

3．金融ADRの仕組み

(1) 指定紛争解決機関とは

金融ADRにおいて、紛争解決等業務を行う機関は申請によって内閣総理大臣が指定を行い、これを「指定紛争解決機関」という（銀行法52条の62第1項）。業務の種別ごとに指定紛争解決機関が指定されており、現時点では「図表1－40」のとおり指定されている。

このうち、「特定非営利活動法人　証券・証券・金融商品あっせん相談センター」は、「日本証券業協会」「投資信託協会」「日本証券投資顧問業協会」「金融先物取引業協会」「日本商品投資販売業協会」の5つの自主規制団体の連

図表1－40　指定紛争解決機関一覧

団 体 名	業務の種別等
一般社団法人生命保険協会	・生命保険業務 ・外国生命保険業務
一般社団法人全国銀行協会	・銀行業務 ・農林中央金庫業務
一般社団法人信託協会	・手続対象信託業務 ・特定兼営業務
一般社団法人日本損害保険協会	・損害保険業務 ・外国損害保険業務 ・特定損害保険業務
一般社団法人保険オンブズマン	・損害保険業務 ・外国損害保険業務 ・特定損害保険業務 ・保険仲立人保険募集
一般社団法人日本少額短期保険協会	・少額短期保険業務
日本貸金業協会	・貸金業務
特定非営利活動法人証券・金融商品あっせん相談センター	・特定第一種金融商品取引業務

（出典）金融庁ホームページ

携・協力の下に運営されている機関でFINMAC（フィンマック：Financial Instruments Mediation Assistance Center）と呼ばれている。

(2) **金融機関の指定紛争解決機関の利用義務**

銀行は、指定紛争解決機関が存在する場合は、そのうち1つの指定紛争解決機関との間で手続実施基本契約を締結しなければならない（銀行法12条の3第1項）とされており、全国銀行協会と手続実施基本契約を締結している。

一方、信用金庫においては、現時点において、指定紛争解決機関がないため、各信用金庫において、信用金庫業務に関する苦情処理措置および紛争解決措置が為されている。

3．金融ADRによる紛争解決手続の流れ（全国銀行協会の例）

(1) **申立の受理まで**

苦情の申立てから受理まで、以下の手順で行う。

① 苦情処理手続は、まず、全国銀行協会相談室で苦情対応を求める。全国銀行協会のあっせん委員会では、いきなり紛争解決手続を利用することはできず、苦情処理手続が先行するのが原則である

② 上記①で解決できない場合は、紛争解決手続きに移行する。あっせん委員会から手続きの説明がある

③ 顧客が、申立書をあっせん委員会へ提出する

④ あっせん委員会事務局は、銀行に申立書等の写しを送付して紛争解決手続に参加することを要請する。原則として、銀行は、紛争解決手続に参加義務がある

⑤ 銀行は、答弁書を作成し関係資料とともに、あっせん委員会事務局に提出する

⑥ あっせん委員会が適格性の審査を行う

(2) **事情聴取まで**

事情聴収まで、以下の手順で行う。

① あっせん委員会は、顧客と銀行に対して、相手方の主張に対する反論等を

記載した主張書面、追加の資料・証拠書類等の提出を求める。ここでの最大のポイントは、銀行は、正当な理由なく、これを拒否できないという点である

②あっせん委員会の事務局が、双方から提出された主張書面・資料・証拠書類を相手方に送付する

(3) **事情徴収**

事情聴収は、以下の手順で行う。

①あっせん委員会は、顧客と銀行の出席を求め、あらかじめ定めた日程において事情聴取を行う

②出席を求められた顧客と銀行は、原則として自ら出席する義務がある

③あっせん委員会が、顧客と銀行からそれぞれ個別に事情聴取を行う（原則として顧客が銀行と対面して話をする機会はない）。

(4) **紛争解決手続の終了**

あっせん委員会から和解案の提示があった場合、あっせん案の提示を受けた銀行はこれを尊重し、正当な理由なく拒否できない。事案によっては、あっせん委員会が、特別調停案を提示することがあり、この場合、銀行は、訴訟を提起する場合等、銀行法52条の67第6項に規定する場合を除き、受諾義務がある。逆に、不受諾、取下げにより終了となる場合もある。

第2章

資金ニーズと融資推進

第1節　融資の基本知識
第2節　受付から審査・実行までの流れと留意事項
第3節　住宅ローン
第4節　アパートローン・土地の有効活用等
第5節　リフォームローン
第6節　消費性ローン

第1節 融資の基本知識

　個人融資では、個人顧客からの融資の申込みがあり、それに対して金融機関が審査を行い、金銭を貸し出すことによって融資が行われる。主な貸出形態では、「証書貸付」「手形貸付」「当座貸越」が利用される。

1　証書貸付、手形貸付等

1．証書貸付

　証書貸付とは、融資条件（融資金額、返済方法、利率等）を記載した金銭消費貸借契約書を差し入れたうえで行われる融資のことをいう。長期貸付の際に利用される方法で、同書に署名捺印することによってお金を借りることができる。設備や長期運転資金に向いており、個人融資では主に住宅ローンが該当する。

(1) 契約書（金銭消費貸借契約証書）

　金銭消費貸借契約は、要物契約であり、借主が将来の弁済を約束し、貸主が借主へ金銭を交付した段階で有効に成立する。金銭消費貸借契約を締結する場合には、金銭消費貸借契約書または借用証書が作成されることが多い。金銭消費貸借契約書は借主・貸主それぞれの手元に置くために、正本を2通または正副2通を作成することが多い。

(2) 返済方法

　証書貸付の場合、返済方法は一定時期（毎月〇日等）に一定の金額を支払うことを約束して指定された預金口座から自動的に引き落とされる方法をとることが一般的であり、元金と利息の返済方法により区別される。

2．手形貸付

　手形貸付とは、借入側が銀行を受取人とする約束手形を銀行に振り出し、借入をする方法である。手形には裏書人がなく、手形上の債務者が借主だけであることから「単名手形」ともいわれる。最初に「銀行取引約定書」を取り交わし、借入れをするつど約束手形を振り出すだけで「金銭消費貸借契約書」の提出は必要ないが、1年以内の借入金で利用され、個人融資では主に「預金担保貸付」や「つなぎ資金」に用いられる。また、証書貸付と比較すると、手形貸付の印紙税が安いという利点もある。

　貸金債権は、商法では5年、民法では10年で時効が成立するが、手形債権の時効は3年である。したがって、手形債権の時効により債務が消滅していても、貸金債権のほうは時効により消滅していないことがあることになる。

3．当座貸越

　当座貸越とは、当座貸越契約書に基づき融資限度額を設定し、その決められた限度額まで自由に融資を受けたり返済したりできる方法をいう。個人融資では、主に「総合口座貸越」や「カードローン」が該当する。

(1) 総合口座貸越

　当座貸越には、当座預金勘定取引なしで、実際上は普通預金口座で当座貸越を行う場合がある。代表的なものには、普通預金に当座貸越を組み合わせた「総合口座貸越」がある。この場合の当座貸越は、口座振替の請求や払戻請求などにより普通預金残高が不足した場合、担保の評価額の範囲内で自動的に不足額を融資する仕組みとなっている。

(2) カードローン

　カードローンは、カードローン契約規定による当座貸越である。当座貸越契約付の普通預金口座（総合口座を含む）のキャッシュカード使用を認める場合と、当座貸越取引の専用口座で専用のキャッシュカード利用を義務付ける場合とがある。当座貸越取引の専用口座は、当座預金口座がなくても開設でき、専

用のキャッシュカードによる貸越極度額を限度とする取引のみを対象とする。

(3) 返済方法

証書貸付や手形貸付では毎月決まった日に返済すると決まっているが、当座貸越の場合はそれがなく、限度額内であったら借りたままにすることも可能である。なお、カードローンでは、毎月決まった日に返済するものと返済日の翌日から○○日後に返済をするといった商品がある。

2 固定金利と変動金利等

1．固定金利型

図表２－１　固定金利型と返済期間の関係のイメージ

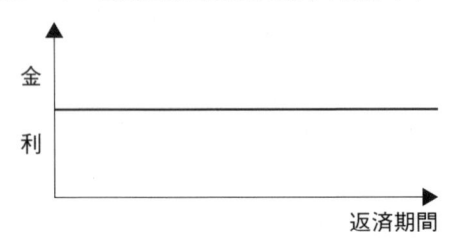

借り入れたときの金利が全返済期間を通じて変わらないタイプの貸出方式であり、全期間固定金利の貸出方式で代表的なものは、住宅金融支援機構の【フラット35】などがあげられる。

これから金利が上昇すると考えられる場合、固定金利を選んだほうがよいと判断されるが、これから金利が下降すると考えられる場合は、変動金利を選んだほうがよい。

固定金利型は変動金利型に比べて、一般的に金利が高めに設定されていることが特徴である。

(1) メリット

借入れ後に金利が上昇しても将来にわたり、借入れ時の金利による返済額が確定する。また、借入時に返済期間全体の返済計画（返済額）が確定する。

(2) デメリット

借入れ後に金利が低下しても返済額が変わらない。

2．変動金利型

図表2－2　変動金利型と返済期間の関係のイメージ

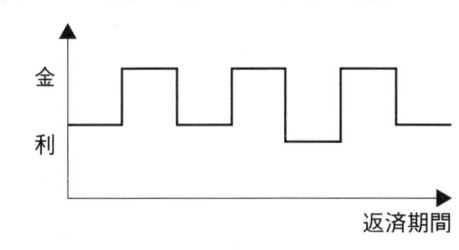

金融情勢の変化にともない、返済の途中でも定期的に金利が変動するタイプの貸出方式である。

(1) メリット

借入れ後に金利が低下すると、返済額が減少する。

(2) デメリット

借入れ後に金利が上昇すると、返済額が増加する。また、借入時に将来の返済額が確定しないので、返済計画が立てにくい。さらに借入れ後に金利が急上昇した場合、未払利息が発生する場合がある。

(3) 金利の上昇リスク

住宅ローンの変動金利は5年ごとに返済額が見直されるので、金利が上昇した場合は5年ごとに返済額が増えるというリスクがある。逆に金利が下がれば、返済額は下がることとなる。しかし、将来の金利がどうなるかということは、正確に予想ができないため、金利がかなり上昇すれば、返済負担に耐えられなくなるケースがでてくる。変動金利でローンを組むということは、金利があまり上がらないという推測に基づいて行っていることであり、リスクをとる行為である。したがって、借入金額が多く、借入期間が長いほどハイリスクとなる。

(4) 未払利息のリスク

　元利均等返済方式のローンの仕組みは、毎月の一定の返済額のうち利息分を先に支払うようになっている。つまり、毎月の返済額の内訳は利息を先にあて、残りの金額を元本の支払いにあてる。住宅ローンの変動金利の場合、金利の見直しは通常1年に2回、返済額は5年に1回見直しがされる。金利の上昇具合によっては、返済額のほとんどが利息の支払いになったり、利息額が返済額を超えてしまい、利息も足りない状態になったりする可能性がある。これを未払利息という。

　未払利息の状態になると、元本を返せていない状態はもちろんのこと、月々の返済額では利息さえ足りないという状態となり毎回未払利息がたまっていってしまうことになる。このように、変動金利には、金利変動リスク、未払利息のリスクがある。変動金利での借入れは不確定要素が強いため、安易に変動金利型を選択するのはリスクが高いといえる。

3．固定金利期間選択型

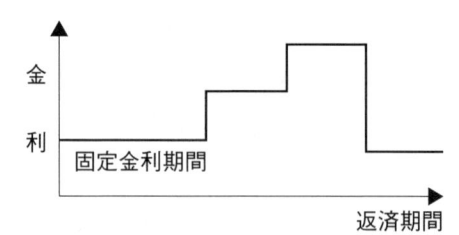

図表2-3　固定金利期間選択型と返済期間の関係のイメージ

　「当初5年間○%」など、一定期間に固定金利が適用されるタイプの貸出方式で、変動金利型と固定金利型がミックスされたものである。

　固定金利期間選択型ローンは、「固定期間設定型ローン」や「固定金利特約付ローン」とも呼ばれ、一定期間だけ金利を固定する特約を付けたローンのことをいう。主に住宅ローンなどで利用され、一般に金利を固定できる期間は、金融機関によって異なるが、「2年・3年・5年・7年・10年」などから選べ

ることが多い。また、固定金利期間中の変動金利への変更はできないこととなっている。なお、当初選択した固定金利期間が終了すると、再度、固定金利選択型か変動金利型かを選べるなど、固定金利期間終了時の取扱いも多様化している。

通常、固定金利選択型ローンでは、固定期間終了後に、適用金利も返済額も見直しが行われる。この際に、普通の変動金利型のような返済の上限は特にないので、将来的な金利状況によっては、固定金利期間終了後の返済額が大きく増加することもありえるため注意が必要である。実際のところ、固定という表現は使われているが、そのベースはあくまでも変動金利のため、固定金利期間が短い場合には、将来的な金利変動リスクをかなり負っていることになる。

なお、固定金利選択型ローンを効果的に活用するには、選択した低金利の固定期間中に繰上げ返済を効果的に行い、元金を減らしておくことである。これにより、固定期間の終了後の返済リスクをある程度低減することができる。

(1) メリット

固定金利期間中は返済額を確定でき、借入れ後に金利が低下すると返済額が減少する。

(2) デメリット

借入れ後に金利が上昇すると、返済額が増加する。借入時に固定金利期間終了後の返済額が確定しないので、返済計画が立てにくいというデメリットがある。

4．金利選択と自己責任

金利の選択には、「変動金利型」「固定金利型」「固定金利期間選択型」と金融機関によって揃えている商品が違うが、どのタイプを選択するかは顧客の自由であり、自己責任で選択されることとなる。

金融機関の担当者は、顧客に対し「自己責任」のもとに変動金利および固定金利を選択する意識を持たせるよう説明をしなければならない義務を負っている。したがって、金利変動リスクを担当者が十分に顧客に対して説明し、顧客

がそのリスクに対処することができるという自信があるのであれば、変動金利型や固定期間選択型の固定期間の短いものを利用することを勧める。しかし、金利リスクを負いたくない、できるだけ安定的に返済できるローンを利用したいというのであれば、多少金利が高くとも、固定金利型を選択するほうが無難であることを説明する必要がある。

　特に住宅ローンに関する返済負担率は、多くの場合、毎月の返済額とボーナス返済額を合わせた年間の返済額の合計が、借入人の年収の何％を占めるかという数字で表され、金融機関では年収別にこの返済負担率の上限を決めているが、子供の教育費用や今後の様々な出費を考慮に入れたうえで、現実的にいくら返済できるかを考える必要がある。

3　元金均等返済と元利均等返済等

1．元金均等返済方式

図表2－4　元利均等返済方式と返済期間の関係のイメージ

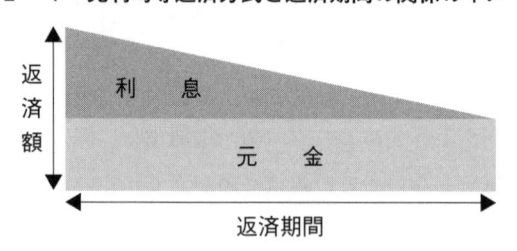

　元金部分は返済回数による均等額を支払い、利息部分はその元金残高による利率（毎月払いは月利、ボーナス払いは半年賦利率）を乗じて算出し、その合計額を毎月の返済額とする返済方法である。最初のうちの返済額は多くなるが、元金の減りに比例して利息分が減り返済額が小さくなる。元金が均等に減るため元利均等返済と比較すると利息総額（＝総返済額）が少なくなる。特に、事業法人の借入れの場合に利用されるケースが多い。

2．元利均等返済方式

図表2－5　元利均等返済方式と返済期間の関係のイメージ

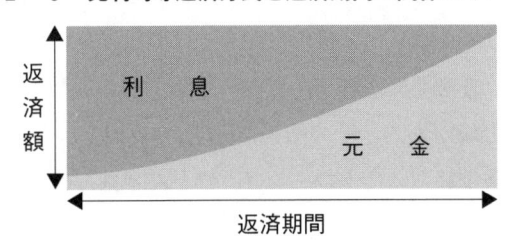

　毎回の返済額が均等になるよう元金部分と利息部分を組み合わされて返済額を算出し、元金部分は利息の減少にしたがって増加していく。毎回の返済額が一定であるため、無理のない返済が可能であるが、最初のうちの返済額の利息の割合が多く、元金の減りが遅くなる。そのため、同等の諸条件で元金均等返済と比較すると利息総額（＝総返済額）が多くなる。特に、個人のローンの場合に利用されるケースが多い。

3．ステップ返済方式

図表2－6　ステップ返済方式と返済期間の関係のイメージ

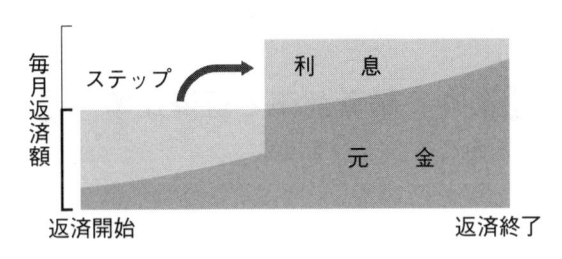

　元利均等返済方式の一種で、当初一定期間の返済額を少なくするかわりに、一定期間終了後に返済額を増やす返済方法である。初期の返済は楽であるが、返済額ステップアップ後に収入が増えていなければ、返済にかかる負担がスッテップ前より重くのしかかり、場合によっては返済不能になる。初期の返済額

が少ないため、元金の減り方が遅い分、ステップ返済方式を採用しない場合と比較して支払う利息が増えることにもなる。

住宅金融支援機構が行っていた「ゆとり返済」もステップ返済方式の1つで、当初の金利を下げるかわりに、後で金利を上げて帳尻を合わせるという返済方法だったために、軽減期間が終了して返済金額が上がった時に返済できなくなる人が続出した経緯がある。その結果、「ゆとり返済」は問題視されるようになり、今では段階金利型の住宅ローンは、ほとんど見られなくなっている。

4．アドオン方式

アドオン方式とは、月賦販売の利息計算方式としてアメリカで普及したもので、当初の元本に対して「上に乗せる」（add-on）形で利息を計算する。つまり、借入金額（元本）に利率（金利）と期間を掛けて利息額を算出し、この利息を元本に加えた金額を均等に分割して返済する方法である。通常の返済方式では、減っていく元本（残高）に対して金利を掛けるのに対して、本方式では、最初の元本に対して金利を掛けるため、適用金利より実質金利（実際に支払った利息から計算された金利）が高くなる。

なお、現在では、アドオン金利の表示は禁止されており、実質金利での表示が義務付けられている。主に、クレジットカード会社や車等の割賦返済の際に利用されるケースが多い。

◼ 4　融資比率と返済比率 ◼

1．融資比率

顧客に対して、融資ができるかどうかを判断しなくてはならないが、この判断基準が融資比率・返済比率といわれるもので、この比率によって条件がよい金融機関で住宅ローンを組めるかどうかの分かれ目になる。

個人ローンの借入額が購入価額または担保評価額の何％になるのかを表す比率が、「融資比率」である。近年の住宅販売の現場では、いわゆる頭金がなく

ても購入できることを強調して販売されている物件もよく見受けられるが、これはつまり、全額を住宅ローンで購入するということを意味する。たとえば、住宅購入代金が3,000万円で、これに対し頭金なしの3,000万円を借り入れる場合の借入比率は100％となる。ちなみに、頭金を20％入れて購入した場合は、住宅ローンの借入額は購入価額の80％となり、融資比率も80％となる。

金融機関やローン商品によっても異なるが、この借入比率には貸し出す上限の比率が設定されている。金融機関で新規に設定する場合は、だいたい融資比率は85～100％の間で定められている。しかし、最近では諸費用や増改築の資金として100％超の借入れも可能な金融機関も出てきている。

2．返済比率

返済比率とは、一年間の元利均等返済額の年収における割合のことをいう。返済比率は、個人ローンの審査で非常に重要なポイントとなっている。特に住宅ローンの審査においては、この返済比率のほか、「年齢」「勤続年数」「年収」「団体信用生命保険の加入の可否」「担保物件の評価額」「返済比率」「ほかの借金の状況」などを加味して審査を行っている。

返済比率（％）＝１年間の返済額÷税込み年収×100

金融機関における住宅ローンの審査では、この返済比率が35％から40％が上限に設定されているところが多い。１年間の元利均等返済額には、これから申し込みをする住宅ローンのほかに、すでに借りているほかの借入金（教育ローンやマイカーローンなど）の返済額も含まれる。返済比率が40％超となると、将来的に返済が厳しくなる可能性が高くなると考えられており、審査のハードルが上がるのが一般的な金融機関の審査の考え方である。

審査の基準が35％以下の場合、「図表２−７」の例でいうと「返済比率23.7％＜35％」と基準を満たすので、返済比率のチェックポイントはクリアしているといえる。この審査基準については、年収ごとに設定している金融機関も多くなっている。

一般に返済比率は、住宅の購入に際して、将来的な収入の見通しや子どもの教育費なども考えて、無理のない返済計画を検討するうえで重要な基準となっている。この比率が高い場合、金融機関等の審査に通らない可能性があるため、購入物件をより安いものに見直すか、あるいは自己資金の割合を増やすなどして借入額を減らすかなどの対応が必要となる。

　返済比率における注意点は、あくまでも数字で算出しているため、たとえば年収が1,500万円もある人であれば、40％の600万円を返済に充当しても生活に余裕があるであろうが、年収が300万円しかない人が40％の120万円を返済に充当したら残りの180万円で、これから増える子どもの教育費などを負担していくことは難しいと考えられる。

　金利が将来的に上昇をしたと考え、「図表2－7」とそのほかの条件を同じにして仮に金利を4％にアップして算出してみると、次の算式とおりとなる。

図表2－7　返済比率の計算

●条　　件
- ・借入希望額：3,000万円
- ・金　　利：2.50％
- ・借入希望期間：30年
- ・返済方式：元利均等返済（ボーナス返済なし）
- ・収入および借入金：税込年収600万円、ほかに借金なしの場合

→年間返済額＝毎月の返済額118,536円×12回＝1,422,432円
　返済比率＝1,422,432円÷税込年収6,000,000円×100＝23.7％

●年収ごとの返済比率設定例

年　　収	返済比率
300万円以下	25％以内
300万円超　～　400万円以下	30％以内
400万円超　～　700万円以下	35％以内
700万円超	40％以内

> 年間返済額＝毎月の返済額143,224円×12回＝1,718,688円
> 返済比率＝1,718,688円÷税込年収6,000,000円×100＝28.6％

　金利が1.5％上昇するだけで、税込年収600万円の人でも返済比率が4.9％と約5％近くも上昇することが分かる。したがって、各金融機関で定めている審査基準における返済比率にクリアしたとしても、金利環境の変化等によっては、決して安心できるものではないことを理解しておく必要がある。

3．融資比率と返済比率の目安

　これらのことを加味すると、1つの目安ではあるが、融資比率80％未満・返済比率25％未満であれば、無理なく返済ができるということになる。当然ながら、融資比率、返済比率以外の審査基準もあるので、借入申込者の収入や資産状況なども含めた総合的な審査判断が必要であることはいうまでもない。

　また、近年、金利を選好するお客様にニーズがあるネット銀行は、金利等条件がよいため、借入予定金利で最大の返済比率を算出すると「多額の借入れ」を行うことができる。裏返せば、今後も金利等条件がよい保証はなく、金利が上昇した場合に返済に支障を来す可能性がある。将来的な金利上昇などを考え、返済シミュレーションを行う際は、想定金利を高くして返済比率を算出するほうが無難である。

5　各種保険商品

　個人ローンの借入期間は、長期に渡るため、返済期間中の借入者の万一の事態に備え、各種保険商品を用意しているところが多い。

1．団体信用生命保険

　住宅ローンを借りた人が亡くなってしまったり、高度障害になってしまったりした場合に、住宅ローンの残債の分の保険金が金融機関に支払われ、住宅ローンが清算できるというものである。一般の生命保険と違い、保険金の受取

人は住宅ローンの債務者ではなく、金融機関となっている。団体信用生命保険の保険料は、住宅ローンの金利に含まれているため、別途保険料支払う必要はない。

住宅ローン借入者が申込時に、自分の健康状態を告知（一般の生命保険と比べて告知の項目は少ない）し、保険会社が加入可否を判断している。

団体信用生命保険に加入していない場合、もし、一家の大黒柱に万が一のことが起これば、残された家族が住宅ローンを返済し続けなくてはならない。その意味でも、マイホームに安心して住み続けるためには、非常に重要である。

2．疾病保障付保険

一般の団体信用生命保険では、死亡および高度障害に保険が適用されている。しかし、死亡・高度障害状態まで至らなくても、たとえば、がんで働けない状態でも、住宅ローンは返済し続けなければならない。これに対応するため、ガンや脳卒中など保障の対象となっている疾病で所定の状態になった時に債務残高分が保障されて、ローンの残高が0円になるという保険である。

(1) ガン

保障開始日以降に、生まれて初めてガンになったと医師により診断確定された場合、保障の対象となる。

(2) 急性心筋梗塞

融資実行日以降に発病し、初めて医師の診療を受けた日から60日以上の労働の制限を必要とする状態が継続したと医師によって診断された時、保障の対象となる。

(3) 脳卒中

融資実行日以降に発病し、その疾病により初めて医師の診療を受けた日から60日以上、言語障害、運動失調、麻痺等の他覚的な神経学的後遺症が継続したと医師によって診断された時、保障の対象となる。

(4) 高血圧症

融資日から3ヵ月を経過した日の翌日以降に高血圧症で就業不能状態となり、

その状態が一定期間継続した場合に保障の対象となる。

(5) 糖尿病、慢性腎不全、肝硬変、慢性膵炎

高血圧症と同様である。

3．火災保険

　どんなに用心はしていても、絶対に起こらないとは限らないのが火災である。火事や災害で家が全焼・全壊してしまった場合、住むところは無くなったうえにローンは残っている状況になる。こうした住居や家財のリスクに備えるのが火災保険の役割である。

　このほか、火災保険と併せて加入するのが「地震保険」である。火災保険だけでは、地震、噴火を原因とする火災などの損害は補償されていない。

　なお、賃貸住宅に居住している場合は、個人賠償責任保険と借家人賠償責任保険をセットした専用の商品に入っておくのが無難である。

図表2－8　火災保険の種類

住宅専用：「住宅火災保険」「住宅総合保険」「団地保険」　など

積　立　型：「長期総合保険」

住宅金融：「特約火災保険」
支援機構

4．債務返済支援保険

　病気やケガによって就業不能となり住宅ローンが返済できなくなると、住宅ローン返済が家庭の支出にも大きな負担を強いることとなってしまう。団体信用生命保険ではこのリスクはカバーできないため、このリスクを回避する役割を果たすのが「債務返済支援保険」である。

　債務返済支援保険では、病気やケガにより住宅ローンの返済に困窮した場合にローンの返済をサポートする。団体信用生命保険とは異なり、返済途中から

の加入も可能となっており、病気やケガで就労できなくなった状態が継続して30日を超えた場合に、31日目から保険金が支払われるといった保険が一般的である。

　就業不能状態であれば必ずしも入院は必要でなく、自宅療養中でも保険金の受け取りは可能である。一般的に、保険金の受取期間（補償期間）は3年ないし5年となっている。給与所得者より自営業など日々の収入が確約されていない業種などに従事している人にニーズが高くなっている保険である。

第2節 受付から審査・実行までの流れと留意事項

◨ 1 受付から審査・実行までの流れ ◨

　金融機関におけるローンは、借入金額によって、金融機関内の事前審査と最終的に信用保証会社まで通過する本審査がある。金融機関によって違うが、一般的な有担保および無担保ローン審査の流れは、以下のとおりである。

1．有担保（住宅）ローンの場合

図表2－9　住宅ローンの申込みから審査および実行まで

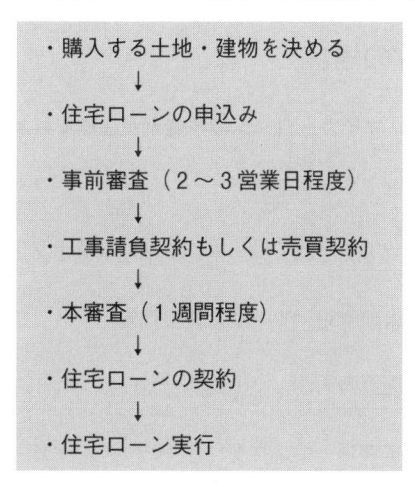

- 購入する土地・建物を決める
  ↓
- 住宅ローンの申込み
  ↓
- 事前審査（2～3営業日程度）
  ↓
- 工事請負契約もしくは売買契約
  ↓
- 本審査（1週間程度）
  ↓
- 住宅ローンの契約
  ↓
- 住宅ローン実行

　有担保ローンの借入れは、購入物件の契約と並行して進む。ただし、一般的な有担保ローンでは、購入物件を担保に融資が実行されるため、売買契約が完了して、有担保ローンを借り入れようとする人が所有者になってからでないと申し込みができない。したがって、売買契約を結んだものの残代金決済のため

の融資が受けられないといった事態を回避するため、多くの場合、有担保ローンでは「事前審査」を行っている。売買契約の前に、あらかじめローンの本審査に通りそうかどうか、簡易審査を受けている。

事前審査は通常2～3営業日くらいで結果がわかる。事前審査で仮承認が下りれば、売買契約を締結したうえで住宅ローンの本申込を行う。ただし、事前審査で承認されたからといって、確実にローンが受けられるわけではなく、本審査で否決される場合もある。このような事態に備え、ほとんどの売買契約では、ローン審査に通らなかった場合に契約を白紙解除できる「ローン特約」が盛り込まれている。この特約がないと契約解除ができず、契約不履行により違約金が発生したり、手付金が戻ってこなかったりすることがある。金融機関での審査が長引き、ローン特約条項に抵触し、場合によっては金融機関側に賠償責任を求められる可能性があるので、行職員は必ずローン特約条項に記載されている部分を確認しておく必要がある。

2．無担保ローンの場合

図表2－10　マイカーローンの申込みから審査および実行まで

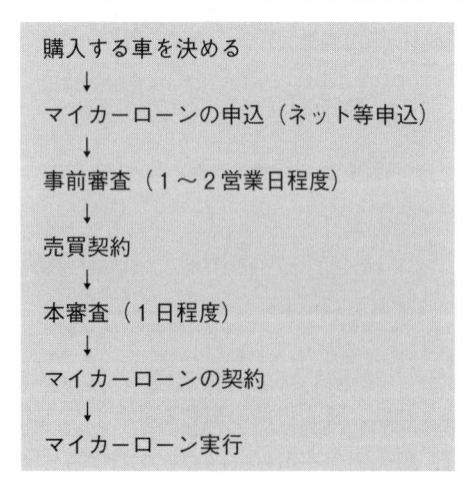

```
購入する車を決める
    ↓
マイカーローンの申込（ネット等申込）
    ↓
事前審査（1～2営業日程度）
    ↓
売買契約
    ↓
本審査（1日程度）
    ↓
マイカーローンの契約
    ↓
マイカーローン実行
```

無担保ローンは、担保なしで借りられるローンである。無担保ローンのメ

リットは、審査と融資までのスピードの早さで、最短即日融資も可能としている金融機関もある。一方、デメリットは、有担保ローンに比べて、金利が高い点があげられる。

2　必要書類と必要費用

1．必要書類

　ローンの申込みでは、審査を行うために各種資料の提出が必要となる。金融機関によって異なるが、基本的には、金融機関から渡される「申込関連書類」（ウェブサイトなどからダウンロードして入手する方法もあり）「所得関連書類」「本人確認書類」が必要となる。

2．必要費用

　ローンを借り入れるにあたっては、色々な費用がかかる。金融機関によって、必要費用は異なってくるが、借入申込み前にしっかりと顧客に対して説明をしておくことが必要となる。以下では、住宅ローンを例にあげて解説する。

(1)　住宅ローンで必要な諸費用

　住宅を取得（建設）する際には、物件の購入（建設）金額以外に手数料、引越費用などがかかる。

　住宅ローンの借入れにかかる主な費用として、「印紙代」「融資事務手数料」「抵当権設定登記費用」「抵当権設定登記手数料」「住宅ローン保証料」「団体信用生命保険料」「火災保険料・地震保険料」などの費用が必要となる。

(2)　印紙代

　印紙代は、ローンを借りるときに、「金銭消費貸借契約書」を締結するが、契約書を締結する場合に、印紙税が必ずかかる。契約書1通ごとに収入印紙を貼り消印をする。当然ながら売買契約書や工事請負契約書、設計業務委託契約書等にも、同様に印紙税が必要となる。

図表2－11　印紙税額一覧（抜粋　金銭消費貸借契約書などの場合）

記載された契約金額	印紙税額（1通または1冊につき）
1万円未満	非課税
1万円以上～　10万円以下	200円
10万円超　～　50万円以下	400円
50万円超　～　100万円以下	1,000円
100万円超　～　500万円以下	2,000円
500万円超　～　1,000万円以下	10,000円
1,000万円超　～　5,000万円以下	20,000円
5,000万円超　～　1億円以下	60,000円
1億円超　～　5億円以下	100,000円

(3) 融資事務手数料

融資事務手数料は、融資を受ける金融機関に支払う事務手続の手数料である。

定率の場合は、事務手数料は高くなるが、その分金利が低く設定されているのが一般的である。

(4) 抵当権設定等登記費用

抵当権設定等登記費用は、住宅ローンを借り入れて抵当権設定等を登記する際に、「登録免許税」が必要である。登記を行う際に、登記印紙で法務局（登記所）に納める費用で、登記申請と同時に司法書士に支払う抵当権設定等登記手数料が必要となる。抵当権設定等登記手数料とは、「司法書士報酬」と呼ばれているもので、住宅ローンを利用し、住宅または土地に抵当権を設定する場合に、法務局（登記所）への登記申請を司法書士に依頼するときに支払う報酬のことである。

(5) 住宅ローン保証料

住宅ローン保証料は、返済不可能となった場合に備え、連帯保証人の代わりに保証会社に保証を依頼するために支払う費用である。

保証料の支払方式には、始めに一括で支払う「外枠方式（一括前払方式）」と金利に加算される「金利上乗せ方式」の2つの支払方式から選択するのが一

般的である。なお、【フラット35】のように保証料が不要なローンもある。

(6) 団体信用生命保険料（団信）

団体信用生命保険料（団信）とは、団体信用生命保険に加入すると、万一、返済の途中で加入者が死亡または高度障害状態になった場合に、保険金で住宅ローンの残額が返済されための保険料であるが、民間金融機関の場合は、金融機関側が払っている場合が多い（第2章第1節「■ 5 各種保険商品 ■」参照）。

なお、【フラット35】を利用する場合の団体信用生命保険料は、ローンの返済とは別に毎年1回支払う。保証型の【フラット35】では、金融機関によって保険料を金利に組み込んだ商品が設けられている。

(7) 火災保険・地震保険料

火災保険は、建物や家財等の財産が、万一、火災や自然災害・盗難等の危険に見舞われたときに、その損害を補償する保険として必要である。火災保険については、多くの金融機関で加入が義務化されている。従前は火災保険に質権を設定している金融機関が多くあったが、近年は質権を設定しない金融機関が多くなっている。なお、地震保険については任意加入としている金融機関が多い。

■ 3 受付時の留意事項 ■

ローンは貸出期間の長い商品である。顧客からのローン申込受付の際は、十分な説明をしておく必要がある。なお、保証人などがいる場合には、さらに慎重な説明を心がけなくてはならない。ローンの申込みを受ける際には、その後の誤った審査につながることのないよう、申込人の意思を確認しておくことが必要である。

1．資金使途

資金使途は、「融資された資金の使い道（目的）」のことをいう。融資の申込みの際に基本となる確認事項であり、資金使途の確認書類の提出が必要である。個人向け融資の主要な資金使途は以下のとおりであり、資金使途に応じた融資

商品を提案して受付を行う。

　①**住宅ローン**　　　：住宅購入、借換え、新築、増改築、リフォーム　ほか
　②**アパートローン**：賃貸住宅の購入、建築、リフォーム　ほか
　③**マイカーローン**：自動車購入、諸費用、オプション費用　ほか
　④**教育ローン**　　　：入学金、授業料、教材購入費　ほか
　⑤**フリーローン**　　：旅行、結婚、趣味、レジャー、引っ越し　ほか

2．借入期間

　借入期間は、金融機関などからの融資を受け完済するまでの期間をいう。融資期間（借入期間）は、住宅ローンでは1年〜35年以内の1ヵ月きざみ、あるいは1年きざみで設定されているものが多く、借入期間と金利タイプの選択には慎重な説明が必要とされる。

　それは、借入期間を短くすれば支払総額を少なくできるが毎月の返済額は増え、長くすれば支払総額は多くなるが毎月の返済額は減るためで、全返済期間にわたり顧客のライフプラン等を見据えて、バランスのとれた返済方法を提案する必要がある。シミュレーションなどを使い、いくつかのパターンを提示し、お客様に判断してもらうようにする。場合によっては、ローンの組立てでは対処できず、購入そのものの検証が必要になるケースも出てこよう。

3．保 証 人

　ローンでは、借り入れる際に申込人の収入では返済が難しいなどと判断した場合には、連帯保証人や物上保証人を取ることがある。いずれも受付時に意思確認を十分行っておく必要がある。連帯保証人や物上保証人が、履行請求に対して担保提供や意思を否認するケースがあるが、その大部分は担保提供または保証徴求の時点で金融機関側が十分な趣旨説明をしていなかったり、債務者などを介して交渉し、直接面談をしていなかったりした結果、当人と意思とは無関係になされていたことによるものである。こうした事態を避けるためにも、十分気を配らなければならない。

(1) 連帯保証人

連帯保証人は、借主と同等の義務を負うため、連帯保証人に請求があった場合は文句も言えずに、すぐに支払わなければならない。つまり、債務の全額を保証しなければならない者のことをいう。

保証人との違いは、金融機関が保証人に対して請求をした場合、保証人は「まずは主債務者に請求して欲しい」と主張することができるが（これを「催告の抗弁」という）、連帯保証人はそのような主張をすることができない。また、保証人は、主債務者が返済できる資力があるにもかかわらず返済を拒否した場合、主債務者に資力があることを理由に、金融機関に対して主債務者の財産に強制執行をするよう主張することができるが（これを「検索の抗弁」という）、連帯保証人は主張をすることができず、主債務者に資力があっても金融機関に対して返済しなければならない。また、保証人が複数いる場合、保証人は、債務を保証人の人数で割った金額のみを返済すればよいのに対して、連帯保証人はすべての人が全額を返済しなければならない義務を負っている。

(2) 物上保証人

物上保証人とは、担保提供者のことである。物上保証人は、自分の財産の上に担保（抵当権など）を設定したにすぎず、債務を負担したわけではないので、連帯保証人のように借入金を弁済する義務はない。しかし、主債務者が弁済できなければ抵当権が実行され、被担保物件（＝物上保証人が設定した担保となっている資産）が失われる。つまり、担保として提供した財産を失うことはあっても、それ以上の責任を負うことはないということである。

4 審査時の留意事項

金融機関の審査では、「事前審査」「仮審査」「本審査」などがある。特に審査をするうえでは、「勤務先・勤務形態・勤続年数」「ローンの返済負担率」「ローン以外の他の債務や返済履歴」などに重点を置き行っているものが多い。1つの項目ではなく、多岐に渡る要素を検証して総合的な判断を行っている。

1．勤務先・勤務形態・勤続年数

　勤務先については、大企業と中小企業とでは延滞確率に差があり、会社規模もローンの審査項目に入れているところが多い。勤務形態は、原則として正社員としている（安定継続した収入を維持している）が、最近では派遣社員や契約社員でも取り扱う金融機関も増えてきている。

　なお、勤続年数は、一般的に3年以上としているところが多い。ただし、勤続年数が短くてもキャリアアップしていく転職の場合、年収がアップする前向きのケースもあるため、その場合は、転職理由等を確認する必要がある。

2．返済比率

　返済比率とは年収に対する年間返済額の割合で、以下の算式で算出される。

$$返済比率＝1年間返済額÷税込み年収×100$$

　各金融機関によって返済比率の基準は違うが、30％以内としている金融機関が多い。現在返済中の「そのほかのローン」「マイカーローン」「教育ローン」「カードローン」などのほか、銀行ローン以外の借入れも含めて、その返済額も年間返済額に含めて計算をする。

　ローンは比較的長期に渡る貸出金であることから、審査用に金利の上昇を見込んだうえで算出する審査金利を適用し、また、店頭で発表される7年から10年固定の金利を審査金利に設定しているところが多い。

3．返済履歴や延滞歴

　銀行ローン以外も含む借入残高などを見るため、個人信用情報センターを利用する。代表的な個人信用情報センターの照会機関では、KSC（全国銀行個人信用情報センター）やCIC（CREDIT INFORMATION CENTER CORP. 割賦販売法・貸金業法（クレジット・ローン）における指定信用情報機関）があり、ここに登録されている。

個人信用情報とは、金融機関や信販・クレジット会社など個人に対する与信業務を行う業者が、顧客の返済・支払い能力を判断するために利用する情報のことをいう。「氏名」「生年月日」「住所」など本人を識別する情報、「契約年月日」「利用金額」など契約内容に関する情報、「延滞」などの返済・支払い状況に関する情報などが含まれる。

4．事前審査・仮審査

　事前審査や仮審査では、「名前」「住所」「電話番号」「勤務先」「勤続年数」などの個人情報をもとに、融資しても大丈夫かどうか、またいくらまでなら融資できるかを簡単に判断するもので、コンピュータなどを利用した自動審査で行われるケースが多い。自動審査であるため、短期間で簡易審査をすることが可能となっている。申込人の信用情報などを個人信用情報センターに照会し、融資しても大丈夫かどうかを判断している。

5．本審査

　事前審査・仮審査が承認されると、信用保証会社も含めた本審査となるが、当然に本審査は事前審査よりも厳しくなっている。ただし、事前審査や仮審査時の申込内容と同条件で本審査を受ければ、ほぼ承認される。本審査時に、借入希望額の増額などをした場合には、再審査される。

　また、住宅ローンでは、本申込時に健康状態等も審査条件に付加される。健康状態により保険会社で保険加入が否決となると、住宅ローンは原則使えないので注意が必要である。

　申込人から提出された申込書と申込書に記載された内容について、間違っていないかを収入証明や健康保険証の原本と照らし合わせて確認を行う。コピーによる確認は、偽造の可能性もあるので、必ず原本にて確認をすることを心がけなくてはならない。

◼ 5 実行時の留意事項 ◼

1．契約書の締結準備

　稟議書や保証条件をよく確認し、金銭消費貸借契約の締結に向けた準備を行う。金融機関の貸出書類は、複数に渡るものが多いため、事前に準備をして役席などに確認をしてもらい、契約時に誤徴求とならないよう注意する。また、土地などの決済が絡む場合には、会場の準備なども余裕をもって行っておく必要がある。

2．本人確認

　必ず貸出書類を締結する際は、面前にて本人が署名捺印をするようにする。借入人が多忙という理由から、ほかの場所で記入したものを金融機関窓口に持ち込むといったことはしてはならない。原則として顔写真付きの本人確認書類（運転免許証等）で確認をして、貸出書類を締結する。

3．貸出金の使途確認

　貸出金が、借入人の申込みどおりに利用されたかを必ず確認する。原則として自金融機関の窓口から振込みなどをさせ、使途を確認しておくことが必要である。原則として、貸出日の当日に振り込むことを励行しなくてはならない。貸出金をそのまま顧客の口座に滞留させることは、歩積・両建預金に抵触する可能性があるので注意が必要である。

　歩積・両建預金とは、貸出金額の全額または一部を預金として預入させることを指す。お客様は、金融機関に対して無用な利息を払うこととなり、損失を生むこととなるため、金融機関内部でもシステムチェックするなど厳しく検査を行っている項目である。

第3節 住宅ローン

◨ 1　住宅取得ニーズ ◨

1．着工件数

　2014年の新築住宅着工戸数は892,261戸（前年比9.0％減）となり、5年ぶりの減少となった。これは、消費税率引上げ前の駆込み需要の反動であるが、国土交通省が発表した2015年1～6月（上半期）の新設住宅着工戸数は、前年同期比1.1％増の44万607戸となり、2年ぶりのプラスとなった。消費税増税前に発生した駆け込み需要の反動減の影響が薄れ、分譲マンションなどの回復が加速したためである。

図表2－12　上半期の住宅着工戸数の推移

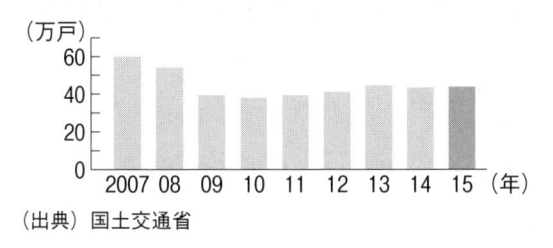

（出典）国土交通省

2．世代にみる住宅取得ニーズ

　30～40歳代は、一般に結婚や出産、転職などを経験する時期であり、一般的には「住宅購入適齢期」ともいわれている。近年の急速な少子高齢化により、家族形態は大きく変わりつつある。単身者等の推移が横ばいである一方、住宅

購入の中核を担ってきた「30～40歳代のファミリー世帯」は減少が見込まれ、住宅市場は縮小していくことが予想されている。

所得税の住宅ローン控除制度や住宅エコポイントなどの政策や低金利環境が住宅需要を一時的に後押しし、短期的に増税等の影響の前の駆け込み需要も見込まれるが、長期的には住宅市場の落ち込みは避けられないと予想されている。

比較的年代の高い高齢者の住宅ニーズとして、維持管理に手間のかかる築年の古い戸建て住宅から、商店や病院が近くにあるマンションに移り住むなど、利便性を追求した住宅需要が出てきている。このように住宅取得のニーズは多様化してきているのが現状である。

3．中古住宅流通市場の育成

政府は、住宅政策として「中古住宅流通市場の育成」を掲げた。環境負荷の低減という意味からも、今後はストック市場の拡大が大きな流れになると推察される。たとえば、単なる住宅のリフォームではなく、リノベーション（現在の住宅をある程度活かしながら、その住宅が持つ以上の価値を付加すること）により、充実した余生を過ごすことを提案することも有効だろう。

2　住宅ローンの金利・諸費用等

1．住宅ローンの金利

住宅ローンの金利は、「長期金利（10年物の国債金利）」と「短期プライムレート※」に比例している。

※　短期プライムレート：「短プラ」とも呼ばれ、金融機関が優良企業向けに対して、短期（1年以内の期間）で貸し出す時に適用する最優遇貸出金利（プライムレート）のことである。各銀行は公定歩合に連動した金利を基準に上乗せ金利を付け加えて決めていたが、1989年以降は、公定歩合ではなく、譲渡性預金（CD）やコールなどの市中金利に連動して決めるようになった。そのため、本レートのことを、かつての短期プライムレートと区別して「新短期プライムレート（新短プラ）」と呼ぶこともある。一般に短期プライムレートは、全国的にはメガバンクのレートが基準となり、また各都道府県においては有力地方銀行のレートが基準となっている。

図表2-13　短期プライムレート推移グラフ（過去30年間）

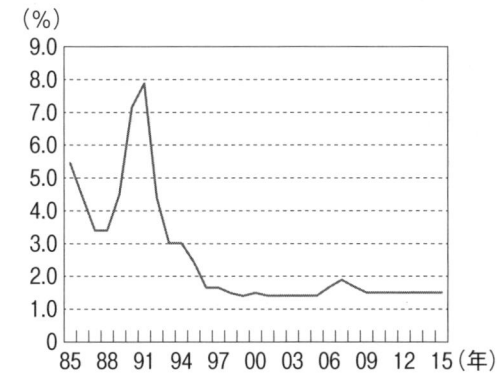

※　2009年1月以降、短期プライムレートの最頻値は、1.475％のまま推移している。

　政策金利は、日銀が毎月行う金融政策決定会合によって決まっており、毎月変動する可能性がある。このため、金融機関もいつでも金利を変えられるよう「変動金利」として住宅ローンを提供している。

　好景気になって企業への投資が増えるような形になれば、日銀は政策金利を上げることとなり、同時に住宅ローンの変動金利も上昇することとなっていく。

3．保証会社・保証料

(1)　保証会社

　住宅ローンの場合には、「所定の保証会社」の保証をつけることが多い。万一返済できなくなった場合には、保証会社が借入人に代わって金融機関に残りの債務を全額返済する仕組みとなっており、金融機関側からすると、回収が困難となった個人から返済をしてもらうよりも、保証会社から代位弁済してもらうことにより、迅速に債権を回収することが可能となる。

(2)　保　証　料

　なお、保証会社に保証をしてもらうためには、保証料が別途必要となるが、保証料は一括で前払いする「外枠方式（一括前払方式）」と、金利に保証料率を上乗せ（「金利上乗せ方式」）して償還していく方法がある。金融機関によっ

ては、審査状況に応じて保証料（または率）が人によって異なる場合があるので注意が必要である。

　一括前払方式と金利上乗せ方式の保証料の支払いでは、一般的に一括前払方式のほうが保証料の支払額は少ない。単純に住宅ローンの借入額を揃えて保証料を計算すると、ほぼ間違いなく一括前払方式のほうが有利になるが、一括前払方式のほうは初めに現金で用意することが必要である。一方、金利上乗せ方式の場合は初めに現金で保証料金を用意する必要がない。つまり、当初の諸費用は、一括前払方式のほうが、金利上乗せ方式に比べてかかるということである。金利上乗せ方式のほうが、手元に残る現金が多くなるため、引っ越しや家具の調達などに充てることも可能となるので、お客様の自己責任で選択していただくことが必要である。

図表2－14　1,000万円当たりの借入期間別保証料額例（元利均等返済）一覧表

年数	保証料	年数	保証料	年数	保証料
1	10,160円	13	106,870円	25	172,590円
2	19,410円	14	113,460円	26	176,670円
3	28,440円	15	119,820円	27	180,610円
4	37,240円	16	125,950円	28	184,370円
5	45,790円	17	131,890円	29	187,990円
6	54,270円	18	137,570円	30	191,350円
7	62,400円	19	143,070円	31	194,610円
8	70,310円	20	148,350円	32	197,660円
9	77,980円	21	154,200円	33	200,720円
10	85,450円	22	159,060円	34	203,480円
11	93,020円	23	163,780円	35	206,110円
12	100,060円	24	168,260円		

(3)　保証料の返戻

　保証料支払いが一括前払方式の場合、繰上げ返済をすると支払った保証料の

一部が返戻される。

全額繰上げ返済した場合は、一部繰上げや条件変更などにより期間短縮を行った場合にも返戻される。ただし、金融機関によって返戻率は違うので、注意が必要である。

4．事務手数料

住宅ローンの借入れにかかる手数料のことをいう。一般的にメガバンクでは事務手数料が31,500円のところが多く、ネット銀行などは借入額の2.1％を採用しているところが多い。なお、前述のとおり、保証料は、完済や一部繰上げ、期間短縮などの条件変更によって一部返戻されることもあるが、事務手数料は返戻されない。

近年では、住宅ローンも低金利による過当競争およびサービス競争の時代となり、事務手数料や保証料の金利も低い金融機関があり、金融機関自体の住宅ローンに対する採算性などが問われる時代となってきた。

3　住宅ローンの商品内容

金融機関では、住宅ローンを貸し出すために、ある一定の基準を設けている。各金融機関によって貸し出す定義（融資条件）は異なり、一般的な利用条件は「図表2－15」のとおりであるが、詳細は、各金融機関ともホームページや店頭に、商品概要説明書を用意している。

1．借換え住宅ローン

借入人が住宅ローンを借りた時よりも、「金利が低くなっている」「繰上げ返済の条件がよくなっている」など、条件がよくなる商品があれば、新しい住宅ローンに「借換え」をすることができる。現在の残高分を借り入れし、従前の住宅ローンを完済して、借り換えた金融機関にて返済していく住宅ローンである。

図表2−15 住宅ローンの商品概要例（金融機関によって異なる）

項　目	一般的な条件
申込人の年齢	行為能力の問題から20歳以上65歳以下のお客さまに貸し出し、完済年齢は70歳から80歳
融資金額	最高限度額は、5,000万円から1億円以下
資金使途	本人が所有となる「住宅の新築資金」「住宅用土地」「土地付住宅（中古物件を含む）の購入資金」「マンション購入資金」「上記に付帯する門・塀・ガレージ・冷暖房設備・インテリア等の設備費用」等、他行からの住宅関連融資の借換え ※　増改築資金についてはリフォームローンを利用
融資期間	融資期間の最長年数は35年以内
返済方法	・毎月の元利均等返済 ・借入金額の50％以内までをボーナス返済に充てることが可能
保　証	金融機関系の信用保証会社の保証のもとに貸し出すため、原則としてそのほかの連帯保証人は必要なし
担　保	融資対象物件である住宅に、原則として抵当権または根抵当権を設定。なお、担保は一般的に保証会社が取得
各種保険	・団体信用生命保険への加入は義務付けられているが、その保険料は金融機関が負担し、金融機関自身が保険契約者となっているのが一般的 ・火災保険は、火事になった時に保険金で修復して住み続けてもらうため、顧客負担で加入することを推奨 ・そのほか、債務返済支援保険など、病気やケガで入院した場合に、入院一時金を保障するような保険も用意している金融機関もあり。加入については任意

2．疾病保障型ローン

　一般の団体信用生命保険では、死亡および高度障害に保険が適用されるが、ガンや脳卒中など保障の対象となっている疾病で所定の状態になった時に債務残高分が保障されて、ローンの残高が0円になる住宅ローン商品をいう。近年

では、疾病保障型のものや介護保険付きなどの住宅ローン商品も取り扱っている金融機関がある。

(1) 保 険 料

疾病保障型住宅ローンを選択した場合には、保障が厚くなるため保険料が高くなる。一般的にこの部分については、借入者本人が負担する形となっており、がん保障だと金利に0.1％上乗せ、3大疾病だと0.2％上乗せ、8大疾病だと0.3％上乗せ等となっている。金融機関によっても金利上乗せ幅は異なり、キャンペーンなどで上乗せ金利を無料にすることも行われている。

図表2－16　疾病保障型住宅ローンを選択した場合（例）

▼条　　件
- 貸出金額：3,000万円
- 金利条件：長期固定2.475％
- 返済期間：35年

▼保障内容による総返済額の変化
- 上乗せ保障なし(2.475％)　　…毎月返済額 106,846円　総返済額 44,875,665円
- がん保障上乗せ(2.575％)　　…毎月返済額 108,458円　総返済額 45,552,231円
- 3大疾病保障上乗せ(2.675％)…毎月返済額 110,083円　総返済額 46,234,550円
- 8大疾病保障上乗せ(2.775％)…毎月返済額 111,721円　総返済額 46,922,573円

このように、金利が年0.3％上乗せされると、総返済額では約200万円も多くなることとなり、借入額が多くなるほど負担感が増すこととなる。なお、これらの疾病保障付き住宅ローンでは返済中に加入したり脱退したりすることができない商品が多いので、借入時に慎重な選択をする必要があることを、金融機関の行職員は、お客様に十分説明をしておかなくてはならない。

(2) 保障となる対象疾病

疾病保障の保険については、第2章第1節5「各種保険商品」の内容を参照してほしい。

3．諸費用ローン

　住宅購入時および住宅ローン借入時に発生する、購入価格以外の「諸費用」である引越し費用や不動産取得税などの税金・保証会社へ支払う保証料・登記費用（抵当権設定費用）などを融資する商品をいう。
　住宅ローンとセットにした有担保型と無担保型があり、一般的に金利は住宅ローンよりも高く設定されている。購入価格に含めることができるリフォーム費用については一般的に住宅ローンの対象となるが、住宅購入後にリフォームを行う場合は、リフォームローンとして取り扱っている金融機関が多い。

4．住み替えローン

　住宅ローンを返済している現居住地を転居により売却し、その売却金額が住宅ローン残債に満たなかった（不足した）場合、その不足金額と新居の購入資金を合算した金額で住宅ローンを組むことで、住宅ローンの一本化と返済期間の延長を図ることが可能な住宅ローンのことをいう。
　最近では、旧物件を売却前提として売却する前に、新しい住宅ローンを借りられる商品も出てきており、「ダブルローン」とも呼ばれている。住宅ローンが2本並行して返済することがそのゆえんである。旧物件が売却できた時点で新しい住宅ローンに一部繰上を行うとしているが、売却までに長期化することもあるなど、金融機関側の物件売却に向けた管理が厳しい。

5．リバースモーゲージローン

　老後の生活資金用途で借り手が設定した年齢（70～80歳まで）までの間、極度額に達するまで分割融資を行うローンである。また長年居住をしてきた自宅を改築（バリアフリー化など）するため、リフォーム資金として利用できる一括融資も取り扱っている金融機関がある。融資期間が満了したり、途中で死亡したりした時には、抵当の自宅を売却することで債務を完済させ、相続資産を債務で相殺させる仕組みとなっている。

4 住宅金融支援機構の住宅ローン

　住宅金融支援機構（以下、「機構」という）とは、住宅金融公庫の一部業務を継承した独立行政法人である。主な業務は、金融機関が安心して長期固定金利の住宅ローンを提供できるよう、住宅ローン債権を証券化し、投資家に投資してもらう「証券化支援業務」があり、【フラット35】などが代表例としてあげられる。そのほか、金融機関の住宅ローンが債務不履行に陥った場合、機構が金融機関に保険金を支払う「融資保険業務」や災害復興建築物の建設・購入、被災建築物の補修のための資金の融資、勤労者退職金共済機構が行う転貸貸付に係る住宅資金の貸付けを受けることができない勤労者に対する財形住宅貸付などの「直接融資業務」を行っている。

1．【フラット35】

(1) 仕組み

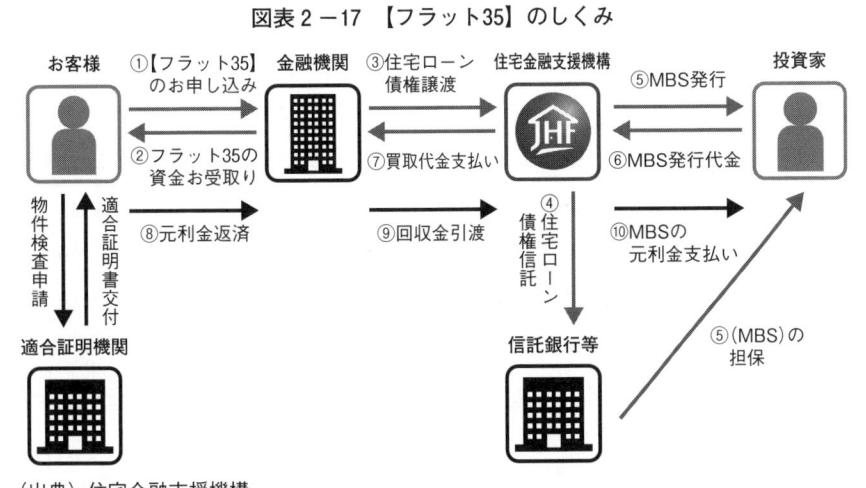

図表2－17 【フラット35】のしくみ

（出典）住宅金融支援機構

　【フラット35】は、金融機関と機構が提携した長期固定金利の住宅ローンで、

その仕組みは、「図表2－17」のとおりである。

(2) 商 品 性

　金融機関が融資した【フラット35】の債権を機構が買い取り、証券化により機関投資家から得た長期資金を金融機関へ供給する「買取型」と、金融機関が住宅ローンに機構の「住宅融資保険」を設定したうえで融資し、当該住宅ローン債権の受益権を金融機関が機構を介して転売（資金調達）する「保証型」がある。金融機関の住宅ローンと比較した主な優位点は、以下のとおりである。

①金利が長期固定

②保証料が不要

③繰上げ返済手数料が不要

④適合条件を満たせば借換えの利用ができ、別荘の購入も可能

⑤団体信用生命保険の加入が強制ではないため、既往症で保険加入が認められない者でも借入れ可能

⑥民間金融機関の住宅ローンとの併用が可能

　また、民間金融機関の住宅ローンと比較した主な劣後点は、以下のとおりである。

①住宅金融支援機構における技術基準適合住宅でなければ融資の対象とならない

②団体信用生命保険の加入が任意であるため、債務者の死亡時に債務が残るリスクがある。機構が取り扱う機構団体信用生命保険または借入額をカバーした死亡保険（定期保険等）に自己負担で加入を検討することが必要

③融資事務手数料（定額または貸出額の一定率）が必要

(3) 金 　 利

　全期間固定金利である。なお、借入期間（20年以下・21年以上）や融資率（9割以下・9割超）※によって、借入金利が異なる。

　※「融資率」＝「【フラット35】借入額」÷「住宅の建設費または住宅の購入価額」で算出される。

2．【フラット35】S

【フラット35】Sは、【フラット35】を利用する顧客が、省エネルギー性、耐震性などに優れた住宅を取得する場合に、【フラット35】の借入金利を一定期間引き下げる制度である。【フラット35】Sを利用するには、【フラット35】の技術基準に加えて、【フラット35】Sの技術基準に適合することが必要である。なお、【フラット35】Sは、新築住宅の建設・購入および中古住宅の購入の際に利用できるが、借換え融資には、利用できないので注意が必要である。

金利の引下げ幅は、「金利Aプラン」「金利Bプラン」があるが、取扱い金額には予算金額があり、予算金額に達する見込みとなった場合は、受付を終了する仕組みとなっている。

5　住宅メーカーと提携ローン

住宅ローンの「提携ローン」とは、住宅を販売する不動産会社が金融機関と提携している住宅ローンのことをいい、審査スピードをあげる効果がある。あらかじめ、提携不動産会社のプロジェクト区画や当該不動産会社の物件を購入する顧客の場合は、本来であると「物件審査」を行うが、事前に物件は、売買価格で評価額とするなどを決定している。最近では、優遇金利幅も設定しているところが少なくない。したがって、「申込人審査」と「物件審査」のうち物件審査は、事前に通っている状態となる。

1．提携ローンによるメリット

提携ローンのメリットは、以下のとおりである。

(1) 金融機関と提携不動産会社のメリット

金融機関側による提携ローンのメリットは、あらかじめ提携をしていることから、提携不動産会社が自行庫に案件を持ち込んでくれることにある。提携不動産会社を通すことにより物件審査を事前に行っているため、住宅ローンの審査がスムーズに行えるのである。提携不動産会社側にとっても、金融機関によ

る審査結果が早く出ることにより、顧客に対して物件購入の熱が冷めないうちに契約まで結び付ける可能性が高くなる。

近年では、大手の不動産会社であれば、たいていメガバンクや地元の地方銀行と提携していることが一般的であり、大部分の物件購入者は、提携金融機関先の住宅ローンに誘導されていることが現状である。

(2) 顧客のメリット

物件購入は一生に一度か二度の大きな買いものであり、慣れている顧客は多くない。住宅ローンに関してくわしい顧客でない限り、その仕組みをすぐに理解するのは難しい。提携不動産会社の担当に任せれば、本来いくつかの金融機関に申し込まなければならなかったり、平日の日中に金融機関にまで足を運ばなければならなかったりしたところを、不動産会社の担当者が代行してくれるので顧客の手間を省くこともできる。手間が抑えられることにより、自宅購入・引っ越しの準備の手間が少しでも省けることが顧客のメリットとなる。住宅購入者層が、働き盛りを中心であることを鑑みれば、忙しい顧客にとって、とても便利であるといえる。

(3) 審査のメリット

提携ローンのメリットとして、審査が通りやすいという点もある。提携ローンでは物件審査はすでに通っていることから、申込人の審査さえとおり住宅ローンの借入条件に顧客が納得できれば、審査諾否が早く行われる。つまり、住宅ローンの締結（借入）までの時間節約ができる点も提携ローンの利点である。

2．提携ローンによるデメリット

提携ローンのデメリットは、住宅ローンに対してあまり知識のない顧客が、不動産会社の担当者から説明を受けた際に、ほかの住宅ローン商品を比較・検討せずに決めてしまうことにある。不動産会社の担当者も物件を販売することに力を注いでいるため、金融機関ごとの特長ある住宅ローン商品を説明していないこともある。よって、借入者本人にとって、一番よい条件で借入れができ

るかどうかは不安なところである。

　不動産会社の担当者の住宅ローンに関する説明は、金利優遇や審査のスピードなどに傾きがちであるが、本来、見落としがちな手数料のコストや提携先金融機関の利便性なども加味しなければならない。金融機関の行職員としては、金利のみでなく、このような諸費用の比較や自行庫の利便性も不動産業者の担当者に併せて説明してもらえるよう心掛けなくてはならない。

　提携ローンでは、住宅ローン申込時点でも、金融機関の行職員が会うことはできず、金銭消費貸借契約書締結時に初めて顧客と面談することも珍しくない。そういった意味からも、日ごろより提携している不動産会社の担当者とはリレーションを強化しておく必要があることはいうまでもない。

3．職域先による提携ローン

　不動産業者と提携するローンとは別に、職域先と提携するローンを取り扱う金融機関も増えてきている。取引先会社の職員を囲い込むために、たとえば、A社の役職員であれば、一律基準金利より○○％優遇するといったものである。不動産業者との提携とは違い、契約書などは締結せず、いわゆる金融機関の営業店が本部などに申請し、包括的な金利として決裁を取っておくものである。

　取引先限定の金利を提示することにより、社内の社員専用イントラネット環境画面や社内便などで役職員の視認性も高まることから、他行からの住宅ローンの借換えや新規購入者が申込みをしやすいような環境を整えている。

　一方で、取引先職員に対して一律低金利を提案するものの、職員にも十人十色であり、属性もよいものや低いもの（従業員の中にはキャッシングなどを多く利用している者など）と様々であるため、ある集団に対して一律の融資条件を提示することは、難しい側面がある。

◨　6　個人事業主の住宅ローン　◨

　個人事業主や自営業者が住宅ローンを借りるのは一般的に難しいといわれている。これは、金融機関の取り扱う住宅ローンは、収入が継続して安定してい

る者を対象としており、個人事業主や自営業者は、収入が不安定であると考えられているからである。しかしながら、誰でも住むところがなければならず、個人事業主も当然に住宅ローンなどを利用しなければ、自宅を購入することは難しい。したがって、金融機関は、個人事業主や自営業者にも貸し出していくべきであり、どう審査していくべきかを考えなくてはならない。

まず、個人事業主とは、株式会社や有限会社などの法人ではなく、個人で確定申告している者である。金融機関で取り扱う住宅ローンでは、一般的に事業開始から3年経過していることが条件になっているところが多く、事業の過去3年分の売上げや所得が安定しているなら、収入が安定・継続していると判断し、住宅ローンとして取り上げやすくはなっている。しかし、事業開始後3年以内であったり、収入が安定しなかったりする部分も多く見られるのが現状である。いずれにせよ、3年分の確定申告書類をとおして判断しなければならない。あわせて、事業の業種についても流行り廃りがないか、一過性のものではないかなども踏まえて検討する必要がある。

1．個人事業主の確定申告に見られるもの

確定申告における住宅ローン審査では、確定申告書の所得合計で審査していることが多い。個人事業主の場合、税金対策として売上げや所得を少なめに申告している場合がある。そのため、数字上だけでは、住宅ローン審査も厳しくなってしまうことがある。一方で、売上げや所得を高く申告した場合、所得税や住民税が上がるほか、子どもがいれば保育料等の公的サービスを受ける際も、その利用料が高くなってしまう可能性がある。これらのことを加味し、確定申告の中身をよく見る必要がある。

(1) 減価償却費

金融機関の審査によっては、自動審査を取り入れているため、「減価償却」「支払地代」「青色事業専従者給与」「青色申告特別控除」は経費として算入していないこともある。しかし、事業の内容によっては、設備を保有しているために減価償却費が発生している場合もある。減価償却は実際に支出したもので

はないため、実質の所得はいくらなのかを金融機関の行職員として把握する必要があると考えられる。

たとえば、売上げから経費を差し引いた所得が500万円である場合、経費のなかに減価償却が100万円入っているとすれば、自動審査では年収400万円で住宅ローンの審査をすることが多いが、減価償却費を経費に算入しない金融機関の審査では年収600万円として行うこととなる。こういった経費の中身をよくみることである。

賃貸料などがある場合に、住宅ローンにて新しい物件を購入するとなれば、現在まで借りているテナント料がなくなるなど、住宅ローンを借りることにより支払いが発生しなくなるものもあるので、申込人から十分なヒアリングを行っておくことが必要である。

(2) 青色事業専従者給与

青色事業専従者給与は、家族に支払っている給料のことをいう。「青色事業専従者給与に関する届出書」の範囲内で、事業専従者へ支払った給与を必要経費とすることができるため、比較的大きな金額の節税ができる。

これについても、事業専従者が事業主の配偶者であれば同一生計内のものであり、住宅ローン審査上では申込人の収入に加味することもできる。

2．住宅金融支援機構における審査

住宅金融支援機構における審査における年収については、原則として、申込年度の前年度の収入を証する公的証明書に記載された金額（「事業所得」「不動産所得」「利子所得」「配当所得」「給与所得」のそれぞれの所得金額の合計額）となっている。したがって、銀行などの金融機関などのように、3期分の確定申告などは必要なくなるため、1度でも確定申告をしていれば、審査の土台に乗ることは可能である。

以上のことからも、個人事業主に対する住宅ローンの審査は、一般の給与所得者と比べて比較的厳しく審査しているのが現状であるが、個人事業主の実態を掴んだ審査を心がけなければならない。

◼ 7　借換えの推進と防衛 ◼

1．住宅ローンにおける借換え

　近年の低金利化傾向により、住宅ローンの借換えが増えてきている。借りている金利に差が出れば、当然ながら返す総返済額にも大きく影響してくる。そのため、借入人は、なるべく低い借入金利を求めて、住宅ローンの借換えを考える。現在の住宅ローンの金利は歴史的に見ても非常に低い状態にあり、高い固定金利でローンの返済を行っている借入人の多くは、借換えによって大幅に金利を下げることが可能となる。

　住宅ローンの借換えをすることでメリットを得ることができるのは、下記の条件のいずれかに当てはまる場合といわれている。

　●借換えを検討する目安
　①住宅ローンの残高が1,000万円以上残っていること
　②返済期間が10年以上残っていること
　③借換え前と後の金利差が0.5%～1%以上あること

　ただし、これは1つの目安でしかなく、借換えをするには、別途手数料等がかかることも覚えておく必要がある。

2．借換えにかかる主な諸費用

　現在借りている金融機関によって違うので、十分確認をし、借換えにともなう諸費用も考慮した総額での支出を比較し提案をしなければならない。

- **新規融資手数料**：数万円の固定、もしくは借入金額に対して2％程度
- **繰上げ返済手数料**：借換え前住宅ローンの繰上げ返済費用
- **保　証　料**：返済の期間、借入金額、金融機関によって異なる
- **印　紙　税**：数万円
- **抵当権設定等登記費用**：数万円～
- **団体信用生命保険料**（【フラット35】の場合等）：数万円～

(1) 新規融資手数料

住宅ローンを借りるにあたっては、新規融資手数料が必要となってくる。

金融機関によってこの新規融資手数料は違い、「3～5万円の固定料金として取り扱っているところ」「融資額に対して2％程度の手数料を徴求するところ」「手数料は無料」の3種類に分類される。たとえば、融資額4,000万円に対して、事務手数料が融資額の2.1％であれば、事務手数料は84万円かかる計算となる。金利のことだけを加味していたために、実際事務手数料を84万円も払うのであれば、事務手数料3万円の金融機関を選択したほうがよいということもあり得る。

一部の金融機関が取り扱う住宅ローンのなかには、事務手数料を無料にしているところもある。また、【フラット35】の場合は、取扱金融機関によって手数料が異なる。

支払事務手数料などを金利負担に換算して融資金利と合計したものを実質金利というが、住宅ローンは、単純に融資金利で比較するのではなく、実質金利で選ぶ必要がある。

(2) 繰上げ返済手数料

近年は、ネットでの取引や手続きが進み、繰上げ返済が簡単で無料となっている金融機関が多い。繰上げ返済は、借入元金を減らすにあたり一番メリットがある方法である。繰上げ返済を進めれば進めるほど、みるみる元本も利息も減っていくため、実際には借換えによるメリットよりも効果が高い場合もある。

借入期間の長い住宅ローンを借り入れている間には、細かく繰上げ返済をしていくことも考えられるが、そのたびに繰上げ返済手数料を支払っていると、かなりのコストがかかることとなる。借換えを考えるにあたっては、繰上げ返済手数料が無料であるのか有料であるのかも顧客の選択する条件の1つとなっている。

(3) 繰上げ返済による利息軽減効果

ここで借入期間35年、借入金額4,000万円の住宅ローンを、返済期間短縮型で「10年後に100万円」繰上げ返済した場合、どれくらいの効果があるか試算

してみる（手数料等は考慮しない）。

図表2－18 「10年後に100万円」繰上げ返済した場合の効果（期間短縮型）

〈例〉35年で「4,000万円」を返済するための「毎月の返済額」の概算

金利（固定）	年0.875%	年1%	年1.5%	年2.0%	年2.5%	年3%
月々の返済額	110,599円	112,914円	122,473円	132,505円	142,998円	153,940円
総返済額	46,451,364円	47,423,753円	51,438,816円	55,651,862円	60,058,888円	64,654,496円

〈例〉10年後に「100万円」を繰上げ返済した場合の「効果額」の概算

短縮年月数	11カ月分	11カ月分	12カ月分	12カ月分	13カ月	14カ月
総返済額	46,215,987円	47,153,158円	50,986,447円	55,035,524円	59,208,148円	63,535,048円
利息軽減額	▲235,377円	▲270,595円	▲452,369円	▲616,338円	▲850,740円	▲1,119,448円

※ 短縮年月数は、繰上げ返済によって返済する期間が短縮される月数のことである。住宅ローンの繰上げ返済では、元利均等返済方式を取っている金融機関が多いため、各月の元金を足した金額、いわゆる整数回分の繰上げ返済を行う方式となっている。したがって、繰上げ返済することにより、その元金を足していった月数が短縮される仕組みとなっている。

「図表2－18」からもわかるとおり、10年後に100万円を返済した場合、一番低い年利0.875％の場合でも約23万円の効果があり、年3％の場合には約110万円もの効果が出ている（なお、旧債の返済にともなう保証料返戻は考慮していない）。繰上げ返済の一番のメリットをなるべく享受するためには、当初見込んでいた返済期間より短く（早く）、金額を多く（まとめて）返済することが必要となる。

(4) 保証料

保証料の有無は大きな影響が出る。借入金額3,500万円で借入期間35年の場合、保証料は約70万円程度かかってしまう。たとえば、借換えによって50万円のコストを削減するために保証料が70万円かかるのであれば、借換えをすると逆に損失を出してしまうことを意味する。住宅ローンの保証料は、一般的に金利に換算すると「毎年0.2％程度」といわれている。必ず、金利だけでなく借り換

えた後の保証料も加味して提案することを忘れてはならない。

　現在の金融機関の取扱いでは、ネット銀行の場合は事務手数料、銀行などは保証料として取り扱っているものが多い。ネット銀行は、事務手数料という形で5万円〜融資額の2.1％という費用設定をしているが、その分保証料は、無料となっているところが多い。これは、自社グループで保証会社を保有していないことが原因である。銀行等は、事務手数料は3〜5万円と定額にしているところが多いが、保証料で金利を0.2％上乗せで約50万円〜150万円ほどの費用負担になっている。保証料の負担は「金利0.2％程度」上乗せと、一見安そうに見えるが、返済までにかかる実質費用が100万円を超えることもあるため、注意が必要である。

(5) 団体信用生命保険料

　団体信用生命保険は、長い返済のなかで、借入人本人に万が一のことがあった場合に、その時の残債が保険によって返済される仕組みである。借入時の必須の諸費用ではないが、保険の選択によっては、現在の返済に上乗せをすることとなる、安心さの充実と引き換えに加入するものであるが、借入れの途中で加入することができず、借入時に検討しなければならない。

　　a．金融機関の通常の団体信用生命保険

　住宅ローンでの団体信用生命保険料は、金融機関で支払っているので、特に意識する必要はない。

　　b．フラット35の団体信用生命保険

　借換えで長期固定金利を選択するのであれば、【フラット35】が一番効果的である。金利も安いために魅力的には見えるが、【フラット35】の場合、団体信用保険料が表面金利に含まれていない。【フラット35】は、団体信用生命保険料を「別途」支払わなくてはいけないので注意が必要である。

　ただし、【フラット35】も原則として団体信用生命保険へ加入することとなっているが、あくまで原則であり、加入しなくても住宅ローンの審査は進めることができる。なお、住宅金融支援機構の団体信用生命保険料を金利に換算すると「毎年0.3％」程度である。

c．疾病保障付き団体信用生命保険

借り換える際に、死亡や高度障害の場合にしか適用されない団体信用生命保険に加え、特定の疾病に対しても保障されるものある。借換え時の金利は高くなる（0.1％～0.3％）が、借入後、対象の病気になった場合に、住宅ローンの残高が0になる。住宅ローンの借入者にとって、返済中にガンなどの疾病に罹患した場合、働くことができなくなる可能性もあることから安心材料のひとつともなる。

たとえば、住宅ローンの残債が3,000万円ある45歳の男性がいるとする。通常の生命保険会社の場合でガンに罹患すると、毎月約4,000円を支払っている状態で約100万円のガン診断給付金が下りる。ここから算出すると、3,000万円の借入額相当の保険を確保しようとすれば月々約12万円の保険料を支払うことになる。ある金融機関において、借入額3,000万円の住宅ローンを借り入れてガンが保障される団体信用生命保険に入った場合、月々の返済に上乗せされる返済額は、元の金利を1.5％と仮定して住宅ローンに金利を年0.1％上乗せをする条件であったとすると、月々約1,500円程度の上乗せとなる。こういった意味では、団体信用生命保険は非常に意味のあるものといえる。

ただし、通常加入するガン保険は、通常の生活をするためのもの、またはガンの治療などを行うためのものを補填する役割であり、住宅ローンそのものの負担をなくすといった疾病保障の役割とは大きく違うものであるということ、また、住宅ローンの残高は逓減することを認識しておく必要がある。

3．借換え防止に向けた対策

金利が1％変わることで、総返済額に何百万単位の差が生まれることがあることは前述のとおりであるが、お客様が借換えを考えようとする時に、金融機関担当者は、適切にリレーションを図ることが必要である。

(1) 当初固定金利優遇期間終了時

一番、他金融機関に借換えをされやすい時期である。当初固定金利の当初の

金利優遇期間が終えれば、固定金利ではなく変動金利に戻る住宅ローンが多い。さらに現在の金融機関における金利状況や構成から考えても、固定金利選択期間が終了すると、金利がかなり上昇してしまう場合もある。

　よって、当初固定金利選択期間が終了する前に他行への住宅ローンの借換えを検討する顧客もいると想定されることから、固定金利選択期間終了前のなるべく早い時期に、終了後の金利について提案することが必要である。

(2)　返済が苦しくなった時

　長い返済期間のなかでは、借入者本人の環境が変わるものである。勤務先の業況悪化による収入減や、介護するために親を引き取って同居したことで支出が増えたなど、状況の変化により毎月の返済額が負担となってしまう場合もある。

　住宅ローンを借り換えして借入金利を下げたり、返済年数を延ばしたりできれば、毎月の返済額も減額することが可能であり、これが借換えの動機付けとなる。これらを防ぐために、借入人の返済口座の流動性残高などを見ておく。返済金額と変わらない流動性残高しか残っていないようであれば、返済が苦しくなっているサインでもあるので、借入者本人に確認する必要がある。

　将来的なことも考え、住宅ローンの貸出時には、返済口座に返済原資となる給与振込を指定させるなどの工夫が必要である。取引の複合化をさせることが、借換え防止の一番のポイントであることはいうまでもない。

(3)　金利上昇時

　現在は低金利で推移しているが、将来的に金利が上昇し始めるタイミングがあれば、固定金利型のものに借り換えしようと考えている人も出てくるはずである。金融機関の固定金利選択期間には、2年から10年までのものが主流となってきているが、すべての期間で金利を低くしている訳ではない。5年固定を安くしたり、10年固定を安くしたりする金融機関もある。それらを選択するのは顧客であり、金融機関の行職員として、日頃からしっかりと顧客のニーズを把握しておく必要がある。

(4) 金融機関の行職員と疎遠となった時

　これらのことを考えると、自金融機関の取引先としてしっかりと取引を継続させていくためには、金融機関の行職員が、いかにお客様とリレーションを図っているかによるものであり、早期に顧客ニーズをつかめるか否かにかかっている。

　住宅ローンを出した時の行職員とはコミュニケーションが取れていたが、担当が代わって疎遠となってしまったということがある。たとえば、そこに他行の行職員が訪問して新たな借換えプランを提案させてしまったとすれば、隙を与えてしまったこととなる。長い取引を目指し、最初の行職員と同様の対応を引き継いでいかなければならない。

8　キャッシュフローの検証

　長期間にわたる住宅ローンの返済中には、「家族状況の変化」「勤務先の状況」「収入」「余剰貯蓄の増減」などさまざまな変化が起こるものである。そのなかでも住宅ローンの返済は、家計の支出で大きな割合を占めており、家計状況などを定期的に見直しておく必要がある。

1．キャッシュフローの具体的な見直し方法

(1) 返済期間などを見直す場合

　住宅ローンにかかる返済期間の短縮や延長、返済額の変更などを見直す。ただし、条件変更などを行う場合には、手数料がかかることがあるので注意する。返済期間の短縮であれば、将来的に予定より早く完済することができるため、老後等に向けた準備ができる。また返済期間を伸ばせば、現時点における手元の資金に余裕ができるため、家計のやりくりなどが楽になることがある。

(2) 繰上げ返済をする場合

　繰上げ返済は、返済期間の短縮したい顧客や返済期間を変えずに返済額を減らしたい人に向いている方法である。特に繰上げ返済による返済期間の短縮は、総返済額を減らすことができ、かなり有効な方法である。ただし、固定金利選

択期間中の繰上げをする場合には、手数料を取る金融機関もあるので注意しなければならない。

(3) 住宅ローンの借換えを行う

住宅ローン借入時の金利が高い場合、見直しの検討をする必要もある。ただし、借換えには、新たに保証料や抵当権等の登記費用がかかることを忘れてはならない。

2．キャッシュフローの見直し

家計におけるキャッシュフローを見直す場合は、20年や30年などの長期の期間で、お金の出入りを検証しなければならない。家計に十分な預貯金などのストックがあるかまたは十分な収入があれば、目先の突然の支出や収入減に耐えられるはずであるが、その影響は数年後に家計に襲い掛かり、結局は破綻に陥ることもある。そういった事態を回避するために、キャッシュフローによる検証が必要となってくる。

作成するには、1年ごとの収入予想と支出予想を書き出して、貯蓄残高と合わせて一覧表にすることで、将来の家計収支（＝収入－支出）や貯蓄残高の推移を予測することができる。

特に、子どもの教育資金などがかかる場合には卒業までの期間を、また、住宅ローンを借り入れている場合には、完済までの期間をカバーする必要がある。

(1) キャッシュフローで検証できること

キャッシュフローを使って、以下のようなシミュレーションを行い具体的に検証をしてみる。

　a．子供が1人増えた時の家計の状況

子どもが増えれば、当然に支出は多くなる。共働きの家庭の場合、妻が産休となるため、その間の収入は一部削減される可能性も高い。その場合に、家計の収支がどうなるのかを検証する必要がある。

　b．住宅ローンの繰上げ返済した時の家計の状況

住宅ローンの繰上げ返済は、総返済額を減らすためにも、早めに実施した

いものである。ただし、繰上げ返済を行ったことによって家計にまったく余裕がなくなってしまうと、突然の支出に家計が耐えられなくなってしまう。そういった意味からも、ある程度家計の収支は余裕を持たせておくべきである。

c．家計の収支のマイナスを回避するための支出削減

子どもの教育資金は、かなりの負担となる。教育資金の負担に加え、住宅ローンの返済負担もかかることから、家計の年度収支がマイナスになることも少なくない。収入と支出のバランスが崩れ、赤字になっている年は、貯蓄を取り崩さねばならないことを意味する。もちろん貯蓄を取り崩すことは悪いことではないが、自分たちの老後資金として貯蓄しておくためにも、なるべく取り崩す金額を最小限に抑えておきたいものである。そういった時期を見据えて、年間収支は基本的にプラスになるように調整しなければならない。万が一、マイナス幅が大きかったり、マイナスの状態が長く続いたりするようであったら、将来的に家計が破綻する可能性が高いと考えられるため、早急な見直しをしておかなくてはならない。

d．老後資金の確保

定年を迎えた家庭は収入の大部分が年金などとなり、一気に減ることが予想される。老後安心して生活するには、夫婦であれば約3,000万円、単身であれば約2,000万円の貯蓄が必要であるといわれている。定年時にこの程度の貯蓄が確保できているようであれば、現時点では問題ないといえる。

(2) キャッシュフローの見直し

長期にわたるキャッシュフロー分析においては、ライフイベントによって、貯蓄残高の増減が大きくなってくる。したがって、家庭におけるライフイベントが発生した際に、キャッシュフローを見直すことが有効となってくる。1年ごとの年間収支を作成していることにより、短期的な影響だけではなく、長期的な影響を見ることができるからである。

a．収入減によるキャッシュフロー表のチェックポイント

年間の収支のマイナスにならないか、また、貯蓄残高はマイナスにならないか、老後資金が十分確保できるかなどをチェックしておく。マイナスを回

第3節　住宅ローン

図表2-19　キャッシュフロー表（子どものいる家庭）

2010年○○月○○日　作成
単位：万円

経過年数		変動率	実績値	0	1	2	3	4	5	6	7	8	9	10	11	12	13	14	15	16	17	18	19	20	21	22	23	24	25
西暦			2015	2016	2017	2018	2019	2020	2021	2022	2023	2024	2025	2026	2027	2028	2029	2030	2031	2032	2033	2034	2035	2036	2037	2038	2039	2040	2041
○○の年齢			35	36	37	38	39	40	41	42	43	44	45	46	47	48	49	50	51	52	53	54	55	56	57	58	59	60	61
○○の年齢			32	33	34	35	36	37	38	39	40	41	42	43	44	45	46	47	48	49	50	51	52	53	54	55	56	57	58
○○の年齢（第1子）			3	4	5	6	7	8	9	10	11	12	13	14	15	16	17	18	19	20	21	22	23	24	25	26	27	28	29
○○の年齢（第2子）			1	2	3	4	5	6	7	8	9	10	11	12	13	14	15	16	17	18	19	20	21	22	23	24	25	26	27
予定表						マンション購入住宅ローン	第1子小学校入学	第2子小学校入学				第1子中学校入学	第2子中学校入学	第1子高等学校入学		第2子高等学校入学		第1子大学入学		第1子大学卒		第2子大学入学		第2子大学卒		定年退職金1500万	再雇用
・収入																														
○○の給与手取額	1.5%		400	406	412	418	425	431	437	444	451	457	464	471	478	485	493	500	508	515	523	531	539	547	555	563	572	580	
○○の給与手取額	0.0%		100	100	100	100	100	100	100	100	100	100	100	100	100	100	100	100	100	100	100	100	100	100	100	100	100	100	
子供手当																														
○○の老齢年金																													84	84
○○の老齢年金					23	62	62	62	62	62	62	62	62	62	62	31	31													
その他収入																							124						1,500	
収入　計			500	529	574	581	587	593	600	606	613	620	627	634	641	617	624	600	608	615	623	631	639	647	655	663	672	2,264	334
・支出																														
基本生活費	1.0%		240	242	245	247	250	252	255	257	260	262	265	268	270	273	276	279	281	284	287	290	230	200	202	204	206	208	210
余裕費用	1.0%		24	24	24	25	25	25	25	26	26	26	27	27	27	27	28	28	28	28	29	29	29	30	30	30	30	31	31
資料・住宅ローン返済			108	108	108	142	142	142	142	142	142	142	142	142	142	142	142	142	142	142	142	142	142	142	142	142	142	142	142
生命保険料			24	24	24	24	24	24	24	24	24	24	24	24	24	24	24	24	24	24	24	24	24	24	24	24	24	24	24
損害保険料			3	3	3	3	3	3	3	3	3	3	3	3	3	3	3	3	3	3	3	3	3	3	3	3	3	3	3
教育費	3.0%		0	0	0	6	12	13	13	13	14	54	56	80	96	99	112	190	160	250	120	190	10	10	10	10	10	10	10
臨時出費			10	10	10	300	10	10	10	10	10	10	10	10	10	10	10	10	10	10	10	10	10	10	10	10	10	10	10
自家用車購入費							170								190							210								230
支出　計			409	412	420	747	639	466	472	475	478	482	525	529	575	581	597	600	679	652	745	828	552	409	411	413	416	418	650
年間収支			91	118	154	△167	△46	128	131	135	138	102	104	△106	41	43	27	77	△36	△122	△197	562	238	244	250	256	1,846	△316
貯蓄残高（生活費）	0.1%		0	118	272	106	121	227	128	131	135	138	102	104	41	43	27	77	△71	△36	△122	△197	484	238	244	250	256	
貯蓄残高（目的貯金）	1.0%		0	0	0	182	227	310	441	576	715	818	923	818	660	904	907	837	801	680	484	561	800	1,045	1,296	1,554	3,402	3,069
投資性金融商品残高（緊急時用）	0.2%		0	0	0	0	0	0	0	0	0	0	0	0	0	0	0	0	0	0	0	0	0	0	0	0	0	0	0
金融資産合計残高	3.0%		0	118	272	106	227	182	310	441	576	715	818	923	818	860	904	907	837	801	680	484	561	800	1,045	1,296	1,554	3,402	3,069

※　金額は万円未満四捨五入、年齢は年末時点の年齢で記入。

避するために、家計の中の無駄な支出の見直しを行ったり、生命保険や損害保険の保険料が大きな負担であれば保険の見直しを検討したり、住宅ローンを有利な条件で借換えを行ったりするなどの検討をする必要がある。

　b．教育費などの随時見直し

　教育資金では、子どもを公立に通わせるか、私立に通わせるかによっても支出が大きく変わってくる。希望校などができた場合は、早めに見直しを行い、家計の年間収支の修正を行わなくてはならない。

(3)　一般的な収支のイメージ

　キャッシュフロー表における収入の合計と支出の合計のイメージは、「図表2－20」のようになるのが一般的である。将来的に家計が破綻することのないよう、1年に1回は内容を見直すことが好ましい。

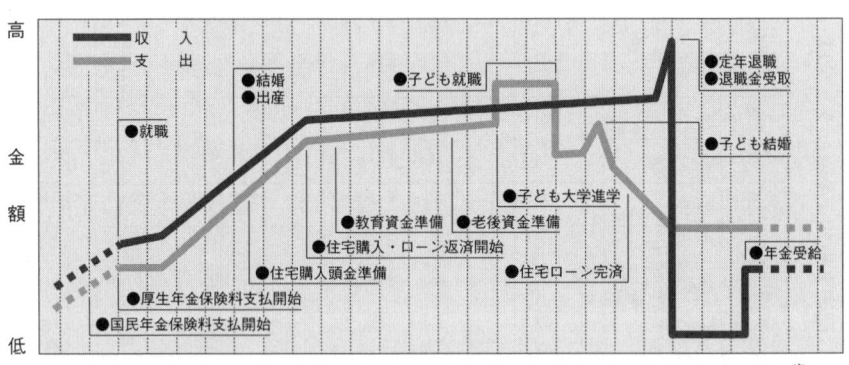

図表2－20　ライフイベントと収支のイメージ

（出典）全国地方銀行協会

9　住宅取得時に関係する主な税金

1．不動産取得税

　不動産を取得したときに支払う税金である。固定資産税評価額に対して、原

則として税率4％を乗じた金額が税額となっている。特例として新築でまだ固定資産税評価額がつけられていない建物の場合には、都道府県知事が固定資産税評価額を算出する基準に基づいて、建物の評価額を計算することになっている。なお、原則的な税額の求め方は、都道府県知事が固定資産税評価額を算出する基準に基づき、建物の評価額を算出する。なお、原則的な税額の求め方は、以下のとおりである。

$$税　額＝固定資産税評価額×税率$$
$$土地・建物の税額＝固定資産税評価額×4％$$

ただし、特例により、土地および建物のうち、住宅は、平成30（2018）年3月31日まで3％で、住宅以外の建物4％と税率が軽減されている。また、平成30（2018）年3月31日までに宅地を取得した場合、その宅地の課税標準は2分の1となっている。

2．印紙税

契約書等を作成する際に発生する税金である。住宅ローンを借りる際に「金銭消費貸借契約書」を金融機関と締結するが、契約書を締結する際には、必ず印紙代を納めなければならない。契約書に記載された金額によって税額が決まり（本章第2節第2項2．「必要費用」参照）、契約書1通ごとに収入印紙を貼り付け、印鑑等で消印することで納めたこととなる。

3．消費税

住宅を購入・建築した場合、原則その代金を課税標準として、消費税がかかる。土地は非課税の対象であるが、建物には原則譲渡金額の8％（平成29（2017）年4月より10％となる予定。請負契約は別途取扱いあり）がかかる。

4．登録免許税

土地・建物等にかかわる登記をする際にかかる税金のことで、所有権にかか

わる登記の場合には、その固定資産税評価額に所定の税率を乗じて税額を算出する。抵当権の設定登記の場合の税額は、債権額（住宅ローンなどの借入額）に所定の税率を乗ずる。納税は登記を申請するときに行い、建物が新築でまだ固定資産税評価額がない場合には、法務局所定の新築建物課税標準価格認定基準表を基に評価額を計算することになっている。

一定の要件を満たす住宅用家屋（住宅）については、所有権の保存登記・移転登記、住宅ローン借入れにともなう抵当権設定登記の税率が軽減される。ただし、所有権移転登記における登録免許税の軽減は、売買または競落（競売で落札すること）による取得に限られ、贈与や相続による取得には適用されない。

図表2－21　住宅にかかる登録免許税の税率（抜粋）

登記の種類	本則税率	住宅に係る特例 対象住宅	特例税率
所有権の保存登記	0.4%	個人の住宅の用に供される床面積50㎡以上の家屋	0.15%[※1]
所有権の移転登記	2.0%	・個人の住宅の用に供される床面積50㎡以上の家屋 ・中古住宅の場合は、築後25年以内（木造は20年以内）のものまたは一定の耐震基準に適合するもの	0.3%[※2]
抵当権の設定登記	0.4%		0.1%

※1　長期優良住宅・認定低炭素住宅の新築等に係る登録免許税の税率は、平成30（2018）年3月31日までの措置として、0.1%（一戸建ての長期優良住宅の移転登記については0.2%）に軽減される。
※2　買取再販住宅の取得に係る登録免許税の税率は、平成30（2018）年3月31日までの措置として、0.1%に軽減される。

5．住宅借入金等特別控除

一般的には「住宅ローン控除」と呼ばれているもので、借り入れた住宅ローンの年末の残高の1％相当分について、その年分の所得税から還付を受けたり、来年支払う住民税が減ったりする制度のことをいう。控除を受けられる期間は、

現在10年間が最長となっている。つまり、住宅ローンの借入人は、住宅ローンを払い始めてから10年間は所得税や住民税が軽減される制度となっている。なお、新築や中古物件の購入だけではなくリフォームをした場合にも、一定の条件を満たせば住宅ローン控除の対象となっている。

　ａ．住宅ローン控除を受けるための条件

住宅ローン控除を受けるための条件は、以下のとおりである。

①住宅の床面積※が50㎡以上（マンションの場合は、専有部分の床面積）で、床面積の２分の１以上の部分が専ら自己の居住の用に供されること

　※　床面積は登記簿に表示されている床面積により判断される。

②住宅ローンの返済期間が10年以上で、借入先は原則金融機関であること

　※　１％以上の金利であれば勤務先からの借入れも可能だが、親族や知人からの借入れは住宅ローンとはみなされない

③取得日から６ヵ月以内に入居し、各年の12月31日まで引き続いて住んでいること

④控除を受ける年分の合計所得金額が3,000万円以下であること

⑤居住の用に供した年と、その前後の２年ずつの５年間に、居住用財産を譲渡した場合の長期譲渡所得の課税の特例などの適用を受けていないこと

⑥中古住宅で、マンションなどの耐火建築物の建物の場合には、その取得の日以前25年以内に建築されたものであること。耐火建築物以外の建物の場合には、その取得の日以前20年以内に建築されたものであること。これに該当しない建物の場合には、一定の耐震基準に適合するものであること

　ｂ．住宅ローンの借換え時の注意点

住宅ローンの借換えをした場合にも、引き続き住宅ローン減税を受けることができる。引き続き減税を受けるためには、以下の２つの条件があるので、住宅ローンの借換えを提案する場合には注意が必要である。

①新しい住宅ローンが当初の住宅ローンの返済のものであること

②新しい住宅ローンが償還期間10年以上など住宅ローン控除の要件にあてはまること

　金融機関の行職員として最も注意すべきポイントは、借換えを行った住宅ローンの返済期間である。仮に、借り換えした住宅ローンが8年返済である場合、住宅ローン減税を受けるための要件を満たしておらず、住宅ローン減税を受けられる期間が残っていたとしても、以降は適用されなくなる。

　また、住宅ローン減税を受けられる期間はあくまでも当初からの10年間であり、借り換えをすると、新たに10年間適用となるわけではない。また、最近金融機関で取り扱っている諸費用ローンを利用して借り換えた場合、借換えをする前より住宅ローン残高が多くなることがあるが、諸費用部分は控除されないため、この場合は、控除対象となる年末の住宅ローン残高を調整しなくてはならない。

　なお、住宅ローンの利用者が転居した場合、原則住宅ローン控除は適用されなくなる。ただし、転居の理由が転勤命令等のやむを得ない事情の場合で、再度元の住宅に戻ってきた場合には、所定の条件を満たしていれば、住宅ローン控除の適用を再開できることとなっている。

10　住宅ローン推進上の留意点

　顧客が新規に住宅を購入する場合に利用する住宅ローンと借換えで利用する住宅ローンでは、同じものであっても借り入れるまでの流れが違っている。したがって、金融機関の行職員は、新規で購入するのか、借換えで利用するのかによって、流れを理解したうえで対応をしなくてはならない。

1．新規住宅ローン推進上の留意点

(1)　住宅購入から住宅ローン実行までの流れを理解

　新規で物件を購入する場合、購入者が金融機関で借り入れるまでの流れは、「図表2－22」のようになる。

　このように新規物件購入にともなう住宅ローンの利用では、購入者は、「図

図表２−22　住宅ローンの借入れまでの流れ

①予算や条件などを決定する
　↓
②物件情報を収集する（住宅展示場、マンションギャラリー、地元不動産業者等）
　↓
③購入希望物件の絞込み
　↓
④当該不動産会社からの説明などを受ける
　↓
⑤購入申込、金額交渉や物件オプションなどの相談
　↓
⑥重要事項説明書の確認、金融機関への住宅ローン仮申込・審査
　↓
⑦契約・手付金などの支払い
　↓
⑧住宅ローン借入れ、決済、物件引渡し
　↓
⑨引越し
　↓
⑩住宅ローン返済開始、新住居での生活スタート

　表２−22」の①〜⑩までと色々な手続きがあるが、金融機関の行職員が物件購入までの流れのなかで関わるのは、⑥の住宅ローン審査および⑧住宅ローンの貸出しくらいである。したがって、金融機関窓口に相談に来るときには、顧客はある程度期待をもって住宅ローンの申込みをしていることから、申込みを受け付けたものについては、その日のうちに営業店内で支店長席まで含めた情報共有を行わなくてはならない。住宅ローンの審査では、担保評価なども必要となってくるため、相談後、直ちに審査をできる体制を整える必要がある。

　なお、最近の不動産業者は各金融機関と提携を結び、提携ローンとして取り扱っているところが多い。したがって、１つの案件を複数行に打診して審査を依頼するため、金融機関の審査スピードが早いところに案件が多く持ち込まれることが顕著に表れている。このことからも申し込まれた案件については、早急に回答を出すことが必要である。

近年の住宅ローン審査では、スコアリングモデルを活用した自動審査システムを導入している金融機関が多い。勤続年数や年収などによって割り当てられたポイントで審査を行っているわけであるが、ポイント不足により住宅ローンの審査承認が難しいお客様も現れる。このため、形式的に否決となってしまうことは多々あるが、こうしたお客様のなかにも資産背景が充実している人もおり、それらの案件を拾い上げることができれば、住宅ローンの貸出しを増やすことが可能となる。自動審査だけに頼るだけでなく、見方を変えた審査も金融機関の行職員が心がけなくてはならない。これらの積上げによって、住宅関連業者やお客様からの満足度が高まり、新しい案件の獲得にもつながっていくのである。

(2) **個人信用情報の取扱い**

金融機関は、個人ローンを審査するうえで、必ず個人信用情報を参照している。個人信用情報は、クレジットカード、各種ローンなどの借入申込み時や取扱い時に利用されるものである。その情報として記されているのは、「氏名」「生年月日」「性別」「住所」「電話番号」「勤務先」など基本的個人情報に加え、「各種ローンやクレジットカード等の借入状況」「借入金額」「借入れ」「最終返済日等の契約状況と返済状況」が記されている。返済状況については、「延滞」「代位弁済」「強制回収手続」「解約」「完済」などの細かい情報も記されている。各種ローンやクレジットカードの申込みの事実があったことなども記されており、取扱いについては注意しなければならない。

金融機関の行職員は、取得した個人信用情報については、本人であっても開示することが許されていない。したがって、顧客から開示してほしい旨の申し出があった場合には、加盟信用機関のホームページで確認して、開示請求を行うこととなっている。

主な個人信用情報を管理しているのは下記のとおりで、信用情報機関は「延滞情報」「代位弁済」「本人申告情報の一部」を交流させている。この情報の共有により、貸しすぎ、借りすぎを防ぐことになり、改正貸金業法の総量規制、年収の1／3以上の借入はできない（銀行は除く）を注意して判断していく材

料にもなっている。

①全国銀行個人信用情報センター(KSC)……銀行、信用金庫、信用組合、農協、労金などが加盟している個人信用情報機関

②CIC(㈱シー・アイ・シー)……主にクレジットカード会社、信販会社、リース会社、消費者金融、携帯電話会社などが加盟している個人信用情報機関

③JICC(㈱日本信用情報機関)……貸金業、クレジット会社、リース会社、保証会社、金融機関の与信などの個人信用情報機関

(3) 住宅ローンの採算性を重視した複合化の促進

近年、急激に住宅ローンの金利が低下傾向にある。これは、住宅ローン利用者にとって最大の魅力となる「金利」について各銀行が引き下げ、顧客の囲い込みを強化しようとしているためである。一方で、金利引下げによる住宅ローンの収益性は悪化しており、将来的に銀行経営のマイナスの影響を与える危うさも懸念されている。

収益力を増強するためには、住宅ローン利用者のニーズに応え、金融機関の取り扱うサービス機能を統合し、高い付加価値を追求することが重要である。住宅ローンだけの取引ではなく、その長期的な取引の特性を生かして、ほかのローンの借入れやクレジットカード、保険などの幅広い金融取引につなげ、複合化していくことが必要である。そのためには、いかに顧客のメインバンクになるか、また、取引をいかに長期にわたって維持するかが課題となっている。

最近の金融機関については、これらの採算性を見ていくために以下のような項目で採算性の検証を行い、延滞発生率が高いか低いか、また、繰上げ返済率が高いか低いかなど、金融機関に与える収益性を計っている。さらに、繰上げ返済では、借入後の経過年数による発生率なども含め様々な角度から検証を行っている。

①**借入人属性**……借入人の職種や役職、勤続年数、家族構成、借入時年齢など

②**自己資金割合・保全割合**……物件購入時における総資金に占める自己資金

割合や貸出金と担保物件の比率

③**繰上げ返済率**……全額繰上、一部繰上などの金融機関に与える遺失利益

④**将来的な金利動向の想定**……将来的に金利が上昇した場合の延滞率上昇や繰上げ返済の上昇などを加味した収益性の検証

⑤**検証項目の将来的な変化**……金融機関競争激化による将来の債務者属性変化やさらなる金利低下などを想定したシミュレーションなど

2．借換え住宅ローン推進上の留意点

　新規の住宅ローンと違い、借換え住宅ローンでは、顧客がすでに住宅ローンを借りていることから、商品内容については、大体理解しているものを考えられる。したがって、顧客の関心は、いかに毎月の返済額が抑えられるか、完済まで総返済額がどのくらい抑えられるかにある。したがって、借換え住宅ローンを推進するうえでは、必ず借換えにかかる諸費用について説明しなくてはならない。

(1) 借換えの目安

　住宅ローンの借換えをすることでメリットを得ることができるのは、下記の条件のいずれかに当てはまる場合であるといわれている。

　①住宅ローンの残高が1,000万円以上残っていること

　②返済期間が10年以上残っていること

　③借換え前と後の金利差が0.5％～1％以上あること

　しかし、これは1つの目安でしかなく、借換えをするには、別途手数料等がかかることも覚えておかなくてはならない。現在借りている金融機関によって違うので、十分確認をし、借換えにともなう諸費用も考慮した総額での支出を比較しないといけない。

　●**借換えにかかる主な諸費用**

　①**新規融資手数料**：数万円の固定、もしくは借入金額に対して2％程度

　②**繰上げ返済手数料**：借換え前住宅ローンの繰上げ返済費用

　③**保　証　料**：返済の期間、借入金額。金融機関によって異なる

④印 紙 税：数万円

⑤抵当権等設定登記費用：数万円～

⑥団体信用生命保険料：数万円～

(2) 物件の確認

借換え住宅ローンでは、まず、金融機関担当者が必ず当該住宅ローン物件を自分の目で確かめることである。なかには違法建築である物件もあり、その内容は、容積率・建ぺい率等の違反が主なものである。違法建築ではなくても、不動産登記簿謄本をよく確認し、増築などをしていないかどうか調べたうえで対応することが必要である。

(3) 返済口座の確認

借換えを提案するにあたっては、返済明細予定表どおりに返済がなされているかを確認しておかなくてはならない。住宅ローンの返済における返済原資は、給与収入などが主な原資となっているため、1度延滞が発生すると、正常な返済状態に追いつくのが困難となる可能性が高い。元利金返済額とほぼ同等額が他行から振り込まれている場合（給与振込が他行で返済口座に振り込んでいる場合）には、家庭のメイン口座となる口座についても確認をしておく必要がある。

11 つなぎ融資

注文住宅を建てる場合、まだ家が完成していない段階でまとまった資金が必要になるが、物件がまだないため、当然ながら登記をすることができない。そこで、このまとまった資金を貸し出すためのものが「つなぎ融資」である。すでに住宅が完成している建売とは違い、注文住宅は建てる前に資金が必要になるため、家を建てるための設計費、工事費などは、通常何回かに分けて支払っている。

建設会社などによって異なるが、着工前に支払う「着工金」、建築中に支払う「中間金」、完成後に残金を支払うとなると、合計3～4回の支払うこととなる。これらの資金ニーズに対応するものが「つなぎ融資」である（別途信託

等の仕組みを使い、つなぎ融資を利用しないこともある)。住宅ローンと違い、つなぎ融資は担保設定なしで借入れをすることができる。つまり、審査に通れば住宅が完成する前に融資を受けることができ、中間金などを支払うことができる。

なお、「つなぎ融資」を利用する場合は、金融機関の条件として、自金融機関の住宅ローンを利用することとしているのが一般的である。「つなぎ融資」を利用した場合、借入利息だけは先に支払わなければならない。借り入れた元金は、住宅ローンの融資金から返済されることになるので、つなぎ融資を受けている間に支払うのは借入利子と諸費用のみであるが、借入利子以外にかかる諸費用（5〜10万円程度の申込手数料や印紙代、印鑑証明書や住民票の取得などで、金融機関によって異なる）があるので、説明を必ず行わなければならない。

12　競売物件

競売物件の購入資金は、これまで購入者の自己資金で調達することが原則であったために多額の資金が必要となり、結果として一般の購入者の参加が著しく制限されていた。

しかし、より多くの購入希望者が競売に参加できるようにするため、2000年7月の民事執行法82条1項と2項の公布により、金融機関による同時融資が可能になった。競売物件の場合、不動産の価格が市価より2〜3割安いが、落札できるかどうか不確定であるので、審査は慎重に行わなくてはならない。競売物件で利用する住宅ローンの「融資利率」「融資期間」「保証料等」「借入条件」は、一般の諸条件と一緒である。

裁判所で行われる競売では、一般に入札期間経過後、公開の開札期日に裁判所内の開札場で開札が行われ、最も高い金額で入札した人が買い受ける権利を取得する。取得した者は、買受申出保証額として、原則売却基準価額の10分の2（20%）を事前に払い込まなければならない。落札後住宅ローンの融資が否決され残金が支払えない場合、すでに支払済の「買受申出保証額」は裁判所に

没収され、入札した本人には返還されないこととなっている。

　顧客の立場からしても、通常の不動産売買では一定の条件の下で売主には瑕疵担保責任が義務付けられている。ところが、不動産競売の手続きでは、そもそも売主にあたる人が存在しないので、だれも瑕疵担保責任を負わない。したがって、競売で所有権を手に入れた後で建物に重大な欠陥があった場合はもちろん、水まわりや電気機器などに不具合があったとしても、すべて購入者が自己費用で修繕する必要がある。また、一般の不動産売買と違って不動産競売の手続きでは、裁判所が所有権の移転までは行うが、引渡義務までは負わない。その物件にすでに住んでいる人がいたような場合は、競売とは別の手続きによって明渡しを求めなければならない場合があるので、物件をよく確認しておく必要がある。

　このため、住宅ローンの対象であるが、多くの銀行では一般の不動産売買価格に比べて競売物件の担保評価を厳しく行っており、一般の不動産売買より多くの自己資金を必要とするのが一般的である。

第4節 アパートローン・土地の有効活用等

1 アパート建設・土地の有効活用ニーズ

　土地活用をしようと考えられる土地は、先祖代々受け継いできた田畑であったり、近所の空き地であったり、青空駐車場だったりと、身近にあった土地であるものが多い。元々、何か商売に利用しようと考えていた土地ではなく、これらの土地が有効活用などに使われるようになったのは、まだ最近のことである。住宅地価や家賃相場が下落傾向にあり、一方で分譲マンションは供給過多の時代となった。人口が減少に向かうなか、顧客の取り合いになってしまっている感は否めない。

　一方で、大都市などの一部の人気の地域では、地価は高く建築可能な土地も少なくなってきているが、アパートやマンションなどの集合住宅の需要は高まっている。若い世代や定年世代において集合住宅を選ぶ世帯が増えてきていることも、相乗効果の1つとなって後押ししている。

1．アパート建設の需要

(1) アパート建設の目的

　アパートは、主にアパート管理事業者が地主と組んで供給を行っている。アパート管理事業者は、アパートそのものは保有せず、土地を持つ地主に対して土地有効活用・資産運用の観点からアパート建設を提案し、地主にアパートを保有させ、さらにアパート経営・管理等の関連ビジネスを行っている。近年では、地主から一括借上げのうえ、転貸するサブリース方式を提供している事業者が多くなっている傾向がある。

　アパートにおける経営主体の大部分は地主などの個人事業主であり、その事

業目的は賃貸住宅事業からの賃料収入の追求のほか、所有している土地の有効活用や節税対策などを目的として事業を行っているケースも多い。

(2) アパート建設による節税需要

アパート建設による節税の効果は、以下のようなものが期待されている。

a．土地の評価

土地の評価が更地に比べて低くなることが一番の大きな理由である。地域によって異なるが、更地の約8割が評価額が目安となる。貸家建付地として、貸家が建てられている宅地の価額は、次の算式によって計算した価額で評価される。

> 貸家建付地の評価額※＝自用地の評価額×（1－借地権割合×借家権割合×賃貸割合）
>
> ※　借地権割合6割の地域にある場合

b．建物の評価

建物の価額が建築費に比べて低くなる。建築費の約5割が評価額の目安になる。貸家の評価額は、次の算式によって計算した価額で評価される。

> 貸家の評価額＝固定資産税評価額（目安は建築価格の約6割）×（1－借家権割合×賃貸割合）

c．小規模宅地等の特例

アパートなどの不動産貸付業の場合は、小規模宅地等の特例が受けられ、その減額割合は200㎡までについて50％となる。

以上のことから、自己資金または金融機関等から借入れをしてアパートを建設することができれば、相続の際の土地の評価額も下がり、建物の価額も自用家屋より低くなるため、基本的には相続税が安くなる。

一方で、アパートを建築すると、土地の上に建物が建ってしまうので、将来物納しようと思ったときに納税用として利用することが一般的に難しくなるほか、空室が出てくると、予定していた収支と違いが生じて資金繰りが苦

しくなる可能性もある。

2．「持ち家」「借家」志向の変化と金融機関の対応

　国土交通省「土地問題に関する国民の意識調査」（2014年度）の調査では、「借家（賃貸住宅）で構わない」と回答した人の割合は13.1％となっており、2013年度調査の15.8％を下回ったものの、長期的に見ればその割合は増加している（「図表２－23」参照）。特に大都市圏においては、持ち家志向が昔ほどは強くないという事情もあって、潜在的な賃貸住宅ニーズは今後も横這い、あるいは上昇基調で推移するものと予測されている。

　昨今のアパート建設ラッシュの背景には借手の意識の変化だけでなく、金融機関が個人向け融資の柱である住宅ローンや法人向けの一般貸出（プロパー融資）の適正金利が維持できなくなっている現状において、事業性資金で比較的金利が高いアパートローンにシフトしていることにある。

図表２－23　持ち家志向か借家志向かのアンケート

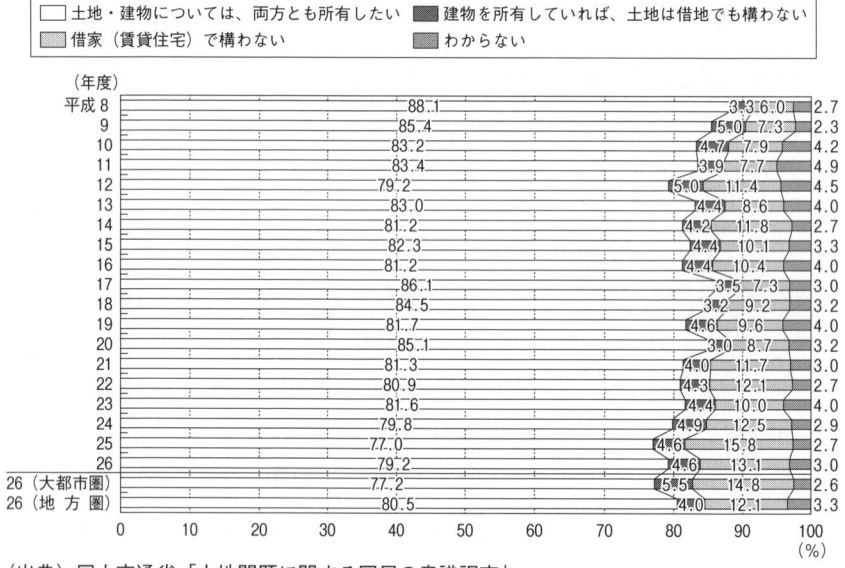

年度	土地・建物については、両方とも所有したい	建物を所有していれば、土地は借地でも構わない	借家（賃貸住宅）で構わない	わからない
平成8	88.1	3.3	6.0	2.7
9	85.4	5.0	7.3	2.3
10	83.2	4.7	7.9	4.2
11	83.4	3.9	7.7	4.9
12	79.2	5.0	11.4	4.5
13	83.0	4.4	8.6	4.0
14	81.2	4.2	11.8	2.7
15	82.3	4.4	10.1	3.3
16	81.2	4.4	10.4	4.0
17	86.1	3.5	7.3	3.0
18	84.5	3.2	9.2	3.2
19	81.7	4.6	9.6	4.0
20	85.1	3.0	8.9	3.0
21	81.3	4.0	11.7	3.0
22	80.9	4.3	12.1	2.7
23	81.6	4.4	10.0	4.0
24	79.8	4.9	12.5	2.9
25	77.0	4.6	15.8	2.7
26	79.2	4.6	13.1	3.0
26（大都市圏）	77.2	5.5	14.8	2.6
26（地　方　圏）	80.5	4.0	12.1	3.3

（出典）国土交通省「土地問題に関する国民の意識調査」

3．空き室対策

(1) 空き室状況

賃貸住宅の供給数自身は大きな伸びを示しているが、むしろそれ以上の割合で空き室数も増加し始めている。概算で全国平均、しかも物件の築年数や立地条件などによる区分もないが、2013年時点で「賃貸住宅5戸のうち1戸は空き室」という数値も報告されている。今のペースのまま賃貸住宅の建築が続けば、2030年以降の全国の空き部屋率は、40％を超えるともいわれている。

賃貸住宅の空き室率だが、具体的には次の式で算出される。

> **賃貸住宅の空き室率＝空室の賃貸住宅数÷（空室の賃貸住宅数＋稼働している賃貸住宅数）**

人口減少が見込まれる地域では、年々賃貸経営が難しくなってきており、空室と賃料下落リスクに直面していく可能性がある。ところが、施工業者が作成した事業計画はこれらの見通しが甘いケースも多く、結果として収支が赤字となり、金融機関への返済に支障を来すことにつながる。

(2) サブリース契約

この空室問題について、オーナー側（借入人）も、アパート経営をすることは経験も浅いことから不安でもあり、できればより安定した経営を行いたいと考えている。その一環として組成されたのが、「サブリース契約」である。サブリースとは、アパート経営の範囲では一般的に賃貸物件の「一括借上げ」や「空室保証」をすることをいう。

ハウスメーカー等の事業受託者は、「土地の立地条件・諸規制の調査」「市場性の調査」「企画の立案・設計」「事業計画・収支計画の作成」「事業資金の借入れを行う金融機関の斡旋」等により事業をスタートさせる。また、事業開始後は、「建物の一括借上げによる入居者の斡旋」「建物の管理」「管理業者の斡旋」等を行う。建物の管理は、ハウスメーカーの関連会社で行うことが多い。

最近では、「30年一括借上げ等のシステム」を取り扱っているところもある。

オーナー側におけるメリットは、不動産会社が一括管理してくれるため、知識がなくとも賃貸物件を建てることができることである。たとえば、賃借人に対しては、すべて不動産会社が行うため、オーナーが対応しなくてもよいうえ、空室があっても一定の空室分の賃料が保証され、オーナーに支払われるなどがある。

一方で、一括借上げの条件として、不動産会社が指定した建物を建築する必要があったり、建物管理・修繕などについても、不動産会社が指定した業者や仕様の踏襲があるなどの制限があったりするケースも散見されるようである。

さらに、家賃保証の場合は、実家賃と転貸家賃の差額、つまり差額の10～15％程度を管理会社に保証料として支払っているものが多い。一括借上げはリスク料を業者が取るために、オーナーの手取り収入は少なくなるのである。また、転貸開始後、わずか数年（3～4年）で空室発生が激しくなり、家賃を下げざるを得ずに保証料でカバーしきれないケースが発生し、管理会社との条件の見直しでトラブルが発生するケースもある。この場合、ほとんどオーナー側が譲歩せざるを得ない場合が多いようである。

その理由の１つに、数年ごとに保証賃料の見直しができる条項が設けられていることがある。つまり、計画どおりの賃料を30年間保証してくれる訳ではないということである。さらに「3ヵ月の通知で解約できる」といった条項も入っていることがあり、大きな経済変動があれば、管理会社から一方的に契約破棄も想定される点には注意が必要である。金融機関の担当者としては、立地条件や建築計画、収支計画など慎重に判断して融資を行うべきである。

２　アパートローンの商品内容

アパートローンは、一般的に事業性の融資となっており、一般の会社、商店等と同じように審査が行われる。ローンの返済原資は基本的にそのアパートの家賃収入からであり、長期にわたり収支が安定し、事業として成り立つかどうかということを慎重に判断しなくてはならない。金融機関によっても異なるが、融資期間は、物件の耐用年数内としているところが一般的である。

図表2-24 アパートローンの商品内容（例）

商品名	アパートローン
利用いただける方	・お借り入れ時に満20歳以上の個人 ・実質個人とみなされる不動産管理会社での借入れも可能
使いみち	・アパート・マンション等賃貸住宅の建築・購入・リフォーム資金・およびその借換え資金 ・現在所有しているアパート等の底地買取り資金
融資金額	一般的に200万円以上1億円以内（金融機関によって異なる）
融資期間	1年以上最長35年以内（1ヵ月きざみ）
金利種類	変動金利型と固定金利特約型（2年・3年・5年・10年・15年・20年のいずれかの固定金利期間を自由に選択）。また、変動金利型から固定金利特約型への切替えも可能
分割融資の利用	●変動金利型 ・建築資金の借入れの場合、分割融資での融資も可能 ・初回の融資から2年以内かつ5回まで、支払い時期に合わせて融資を分割して利用することが可能（分割融資期間中の元金の返済は据置） ●固定金利特約型 利用できない
返済方法	元利均等返済方式
担保	融資により取得する物件（ただし、建物を取得される場合は土地・建物の双方）に、金融機関が抵当権者とする抵当権を設定
保証人	法定相続人のうち、事業承継見込みの方等、原則1名以上の連帯保証が必要。保証会社が保証する場合は不要である金融機関もある
団体信用生命保険	金融機関指定の団体信用生命保険※に原則加入。 ※ 借入れ時年齢は満20歳以上満70歳の誕生日まで、完済時年齢は満80歳の誕生日まで。加入金額は1億円が上限。加入する場合、融資利率は年0.3%上乗せとなる金融機関が多い
保証料	保証会社所定の保証料を支払う。保証会社の保証がない場合には不要
手数料	・新規融資時に、ローン取扱手数料として54,000円～108,000円（消費税込）を支払う ・返済条件等を変更する場合は、5,400円（消費税込）を支払う ・一部繰上げ返済、全額繰上げ返済、その他の借入れ条件の変更は、別途所定の手数料が必要となる ・固定金利期間中の繰上げ返済および返済額等の借入条件を変更することはできない。そのほか、所定の印紙代や抵当権設定にかかる登録免許税等が必要
その他	借入期間中、賃料収入の状況等に関する資料を徴求することがある

アパートローンの審査基準は、「その土地の担保評価や市場性」「その賃貸物件の収益性」「建物構造」「賃貸管理を行う管理体制」など、住宅ローンの審査基準に比較するとかなり厳しくなっているのが現状である。

◾ 3　キャッシュフローの検証と財務分析 ◾

1．キャッシュフロー

　キャッシュフローとは、事業の経営活動から得られる現金における収入額と支出額の差額である手元に残る現金残高を意味する。アパート経営は、長期にわたる事業であるため、将来にわたって収支がどうなるかをシミュレーションし、全体の計画を立てることが非常に重要である。アパート経営の「収支計画（書）」は、簡単にいうと、経営スタートから長期間の事業収支のお金の流れを一覧にしたものである。年間の支出より収入が多ければ利益が出ているということになり、アパート経営は黒字となる。収入には、「家賃」「礼金」「敷金」などがあり、支出には、「ローン返済額」「修繕費」「税金」「保険」「諸経費」などがあげられる。

(1)　アパートの収支計算

　収入として想定されるものは、「賃貸料」「共益費」「駐車場収入」などがある。収支計算においては、まずは満室を想定して収入を算出し、ここから空室などによる損失勘定を差し引いていく。なお、空室率等においては、近隣のアパートなどの状況などを参照するとよい。一方で、費用においては、「維持管理費」「修繕費」「入居者募集費用」「公租公課」「火災保険料などの損害保険料」などがあるが、町会費などのそのほかの支出もあれば、それらも計上する。最終的な運営収益から運営費用を差し引いたものが、運営の純収益となり、大規模修繕費などを控除したものが、最終的な純収益となる。

　アパート等の賃貸契約では、契約更新時に更新料等を受け取ることがあり、これらを計上することもできるが、最近は物件が古くなってくると更新料や礼金を取れないことも多い。よって、計上しない収支計算も増えてきている。

第4節 アパートローン・土地の有効活用等

図表2-25 アパートの収支計算（例）

費　用	概　要
＋）賃貸料収入	満室想定時の契約による収入
＋）共益費収入	満室想定時の契約による収入
＋）駐車場収入	すべて賃貸されていることを想定した収入
＋）その他の収入	
＝）満室稼働想定時の収入合計	
−）空室損失想定額	空室率を想定した想定額
−）貸倒損失想定額	賃借人による賃料不払いリスク
収益①：現実的な稼働率での収入合計	
−）維持管理費	建物の清掃や設備点検費用等
−）修　繕　費	小規模な修繕費用
−）入居者募集費用	入居者を募集するための仲介やチラシ料等
−）公租公課	固定資産税や都市計画税等の各種税金
−）火災保険料	建物の万一の火災に備えた火災保険料
−）その他費用	
＝）アパート経営費用②	
アパート経営純収益③＝①−②	
−）大規模修繕費用④	大規模修繕に備えるための費用
＝）純収益③−④	

　なお、賃貸借契約時に敷金を徴収することもあるが、敷金は原状回復などに必要となる費用を控除し、入居者が退去する場合には返還しなければならないこととなっているので注意したい。

(2) **大規模修繕費用などの資本的支出の重要性**

　最近は住宅の長寿命化が要求されるようになり、建物メンテナンスへの関心も高まっている。それを実現するためには定期的な補修が必要なほか、設備などを一定期間ごとに取り替えることが必要となってくる。どんなアパートでも、経年劣化を免れることはできない。支出をともなうものであるのでマイナス面

に受け取られがちであるが、建物の価値を一定程度の保つための支出（資本的支出）として、必要不可欠となる。

工事費用はアパートの規模などによっては数千万円にのぼる可能性もあり、必要となってから用意するのは困難である。そこで毎月の管理費と合わせて各入居者から管理費や共益費等を徴収し、将来の出費に備えて積み立てている。

この修繕費用であるが、社会情勢の変化により当初予定した工事費用よりも膨らむこともある。新築時に作成した長期修繕計画をそのまま実行するのではなく、一定期間ごとにこれを見直すことも必要になってくる。

●代表的な修繕工事の内容
①屋根工事
②外装工事・塗装工事
③内装工事（クロスの張替え、床交換、台所交換、トイレ・浴室の改装や取替えなど）
④扉交換
⑤空調機の取替え

　a．大規模修繕によるメリット

大規模修繕は、外観やエントランス、各部屋のベランダ等も含めて全面的に補修・改築を行い、新築物件のように見せる修繕方法のことをいう。

①賃料の再設定……大規模修繕によって入居率が高まるだけでなく、各部屋の賃料を上げられる期待もできる。当然、既存の入居者に対する家賃の値上げは難しい場合が多いが、今まで空いていた部屋に関しては、新築時に近い家賃設定であっても入居してもらえる可能性がある。物件の立地条件も影響するが、賃料の上昇はオーナーの収支に直接影響するので、大規模修繕実施の時期が近づいてきた物件に関しては、賃料の値上げなども併せて検討する

②工事費用の抑制……大規模修繕の場合、工事の内容にもよるが、建物の基本構造等を活かしたうえでの改修工事となるため、建替えの場合よりも工事費用を低く抑えることができる

③**入居者への負荷**……基本的には既存の入居者がそこに住み続けた状態で工事を行うので、立退き等を迫る必要はなく、入居者への負担を少なく工事を進めることができる。ただし、騒音や振動等、一定程度の負荷は発生するので、既存の入居者には事前の説明をきちんと行う必要がある

b．大規模修繕のデメリット

①**建物の基本構造**……大規模修繕の場合、基本構造を大きく変えることはできない。たとえば、オーナーが代替わりしていて、現オーナーの息子が思い切ったデザイン変更等を考えている場合は、大規模修繕ではなく、建替えなども考慮しなくてはならない

②**耐用年数**……大規模修繕は、躯体を触るわけではないため、建物自体の法定耐用年数や経済的耐用年数が延びるわけではない。また、大規模修繕を行ったとしても、さらに10～15年後には、再度大規模修繕を実施しなければならない。大規模修繕を行うにあたっては、工事終了後の建物の資産価値と耐用年数とのバランスを考える必要がある

(3) 経年劣化による収入の変動等

経年劣化による収入の変動等により、以下の点に留意する必要がある。

　a．入居率の悪化

アパートの入居率は、年とともに徐々に下がっていくことが大半である。なかにはアパートを建ててから15年、20年経過しているにもかかわらず、90％以上の入居率を保っている物件もあるが、基本的には新築時から5年も経てば、いくつか空き室が出てくる。築10年以上の物件のなかには、入居率が60％台まで落ち込んでいる物件もある。アパート建築後からしばらくの間は、特に努力をしなくても満室に近い状態であっても、10年以上経つと物件は想定以上に採算が相当悪化してくることもあるので、当初の事業収支計画どおりに返済できない可能性が出てくる。

　b．オーナーの抱える悩み

賃貸住宅業を営むオーナーは、家賃の滞納や入居者の生活マナーといった日常的な悩みもあるが、年々増える空き室をどう減らすのか、また古くなっ

た建物をリフォームすべきか、あるいは思い切って建て替えるかということを考えている。空き室対策としては、こまめにリフォームを行ったり、最新の設備を導入したりすることも重要である。これらを行っていかなければ、結局、空き室の増加などにつながっていく可能性が高い。

(4) 財務諸表による分析

「図表2-26」は、あるアパート経営の損益計算書および貸借対照表である。以下では、「図表2-26」を使い、経営状態を分析してみたい。

a．損益計算書

収入金額の面で、賃借料がなぜ減少しているのかの原因を探る必要がある。また、直近の所得金額は、48千円とプラスギリギリとなっている。収入金額、いわゆる賃借料が大きく減少した減少した要因を分析すると、月額平均賃料がともに減少したことがあげられる。また経年劣化が進むことによる空室の増加も考えれえる。費用面については、借入金利子と減価償却費が高い。現状の財務状況を勘案したうえで、支払額の妥当性を検討する必要があるとも

図表2-26 財務諸表による分析（例）

損益計算書 （単位：千円）

	H25.12	H26.12	H27.12
賃借料	14,523	14,330	13,801
礼金	144	140	120
収入金額合計	14,667	14,470	13,921
修繕費用	800	800	800
減価償却費	3,823	3,823	3,823
管理委託費	1,600	1,600	1,600
借入金利子	6,032	5,790	5,612
その他	1,537	1,425	1,388
経費合計	13,792	13,438	13,223
青色申告特別控除額	650	650	650
所得金額	225	382	48

平均家賃	48,000	46,000	44,000

貸借対照表 （単位：千円）

	H25.12	H26.12	H27.12
現金・預金	14,955	13,178	10,172
修繕積立金	—	—	—
建物	134,468	131,277	128,085
土地	50,000	50,000	50,000
その他	1,907	1,379	1,746
資産の部合計	201,330	195,834	190,003
借入金	139,333	133,000	126,667
敷金	1,152	1,013	792
青色申告前所得	875	1,032	698
元入金	58,156	59,031	60,155
その他	1,814	1,758	1,691
負債・資本計	201,330	195,834	190,003

考えられる。

　　b．貸借対照表

　貸借対照表については、中長期の大規模修繕のための修繕積立金は計上しておらず、有利子負債依存度は著しく高い水準にある。このような状況から勘案するにあたり、借入元本の返済額も大きく、年間キャッシュフローもギリギリの状態にあると思われ、結果として、現金・預金は減少傾向にあり、数年後の資金繰りに支障を来たす可能性があると考えられる。

　このように財務分析諸表からは、3～5年程度並べて比較しながら、以下の内容を読み取る必要がある。

①入居状況はどう変動しているか

②現金・預金の変動はどうか。減少傾向にある場合はどこに原因があるのか

③減価償却不足が発生していないか

④修繕積立金は、きちんと計上されているか

⑤最終的な所得金額はどうか

(5)　サブリースによる収支計算

　サブリース契約をしている場合、マスターリース契約による一括賃料が計上されている。この場合、オーナー側は空き室率を計上する必要はない。さらに建物管理料に費用項目がまとめられているので、オーナーの支払う費用は、公租公課や火災保険料などの損害保険料になってくる。資本的支出については、不動産管理会社から求められる大規模修繕費用となるが、この費用については通常の修繕費用より高くなることが一般的である。発生するのは、新築してから10年以上先となるのがほとんどであるが、契約時には、これらを含めて想定した収支を想定しておくことが重要である。

4　アパート建設・土地の有効活用に関係する税金

　アパート取得時（購入時・建築時）には、「不動産取得税」「登録免許税」「印紙税」「消費税」などがかかる。

1．不動産取得税

納税方法については、取得後6ヵ月〜1年半くらいの間に各都道府県から届く「納税通知書」を使用して金融機関で納付する。なお、納期は各都道府県により異なる。不動産取得税の計算は、以下の計算式で算出される。

不動産取得税＝固定資産税評価額×4％

ただし、平成30（2018）年3月31日までは、特例として、土地および建物のうち、住宅について、3％に税率が軽減されている。

土地のうち、宅地については、平成30（2018）年3月31日まで、その課税標準が1／2となる特例措置がある。アパート建築する場合には、この宅地の特例措置も大半が受けられると考えられる。

図表2－27　不動産取得税の軽減措置（新築住宅およびその敷地）

建物	税額の計算式	不動産取得税＝（固定資産税評価額－一戸につき1,200万円）×3％
建物	適用要件（増改築含む）	・居住用その他も含め住宅全般に適用（マイホーム・セカンドハウス・賃貸用マンション（住宅用）など） ・課税床面積が50㎡以上（戸建以外の貸家住宅は1戸当たり40㎡以上）240㎡以下
土地	税額の計算式	不動産取得税＝（固定資産税評価額×1／2×3％）－控除額（下記AかBの多い金額） A＝45,000円、 B＝（土地1㎡当たりの固定資産税評価額×1／2）×（住宅の床面積×2（200㎡限度））×3％
土地	適用要件	・上記「建物」の軽減の要件を満たすこと ・取得から3年以内（平成30（2018）年3月31日までの特例）に建物を新築すること（土地先行取得の場合） ・土地を借りるなどして住宅を新築した人が新築1年以内にその土地を取得すること（建物先行建築の場合）

なお、不動産取得税には、色々な軽減措置や特例があるが、税制改正で制度が頻繁に変わるため、常に新しい税制改革について認識をするようにしておかなくてはならない。

2．登録免許税

土地や建物を建築したり購入したりしたときは、所有権保存登記や所有権移転登記等をするが、この登記をする際にかかる税金である。登録免許税の計算は、以下の計算式で算出される。

$$登録免許税＝課税標準×税率$$

図表2－28　登記の種類と税額の計算式

登記の種類	税額の計算式
土地の売買による所有権移転登記	不動産価格※×1.5%（本則2％）
家屋の所有権保存登記	不動産価格※×0.4%
家屋の売買による所有権移転登記	不動産価格※× 2 ％

※　不動産価格は、固定資産課税台帳の登録価格（固定資産税評価額）になる。新築住宅など固定資産課税台帳の登録価格がない場合には、法務局が認定した所定の価格となる。

3．印 紙 税

印紙税法で定められた課税文書に対して印紙税が課税される。不動産の取引においては、「不動産の売買契約書」「建物の建築請負契約書」「土地賃貸借契約書」「ローン借入れのための金銭消費貸借契約書」等が課税文書に該当し、契約書の記載金額によって税額が決定する。印紙税の納付は規定の印紙を契約書に貼り、それを消印することによって納税したこととなる。同じ契約書を複数作るときは、1通ごとに印紙を貼らなければならない。

図表2−29　契約書印紙税額一覧表

記載金額	不動産売買契約書	工事請負契約書	金銭消費貸借契約書
1万円未満のもの	非課税	非課税	非課税
10万円以下のもの	200円	200円	200円
50万円以下のもの	200円	200円	400円
100万円以下のもの	500円	200円	1,000円
500万円以下のもの	1,000円	200〜1,000円	2,000円
1,000万円以下のもの	5,000円	5,000円	10,000円
5,000万円以下のもの	10,000円	10,000円	20,000円
1億円以下のもの	30,000円	30,000円	60,000円
5億円以下のもの	60,000円	60,000円	100,000円
10億円以下のもの	160,000円	160,000円	200,000円
50億円以下のもの	320,000円	320,000円	400,000円
50億円を超えるもの	480,000円	480,000円	600,000円
記載金額のないもの	200円	200円	200円

4．消費税

　消費税は、課税事業者が行った国内取引に課税される。国内取引とは、国内で対価を得て行われる資産の譲渡・貸付ならびに役務の提供をいう。ただし、資産の譲渡でも土地の譲渡・貸付には消費税はかからない。建物の譲渡代金や仲介手数料等は課税される。消費税は、以下の計算式で算出される。

> 税額＝課税標準×8％[※1]（8％のうち1.7％[※2]相当は地方消費税）
> ※1　平成29（2017）年より10％となる予定。
> ※2　平成29（2017）年より2.2％となる予定。

(1) 課税取引

　消費税の課税取引とは、次の4つの要件をすべて満たす取引で、「非課税取

引」「免税取引」「不課税取引」に該当しないものをいう。
　①国内における取引であること（国外取引は不課税取引）
　②事業者が事業として行うものであること（反復、継続かつ独立して行われるものであること）
　③対価を得て行われるものであること（無償なら非課税取引）
　④資産の譲渡、貸付および役務の提供であること
　以上から、アパート建設などにおいては、「建物の購入代金・建築請負代金」「仲介手数料（売買・賃貸借）」「アパートローン事務手数料」「事務所・店舗」などの家賃などが該当する。

(2) 非課税取引

　消費税は、課税要件を満たせば課税取引に該当するが、消費者に負担を求めるうえで、課税の対象としてなじまないものや、社会政策的配慮から15項目に限定列挙して、課税しない非課税取引（土地の譲渡および貸付、住宅の貸付など）を定めている。アパート建設などにおいては、「土地の購入代金」「アパートローンの返済利息・保証料」「火災保険料・生命保険料」「地代・家賃（居住用）」「保証金・敷金」等が該当する。

(3) 消費税の課税変遷

　消費税は、平成元（1989）年4月1日に税率3％で創設された。もともと消費税は、消費に対して課税されるものであり、流通の過程で最終的に消費者が負担しなければならない税金である。平成9（1997）年4月1日より5％（国税4％、地方税1％）になり、平成26（2014）年4月1日からは8％（うち国税6.3％、地方税1.7％）となっている。

　なお、平成29（2017）年4月1日に8％から10％（うち国税7.8％、地方税2.2％）へ引き上げられる予定となっている。よって、2017年4月1日以降にアパートを購入した場合は、10％の消費税が課せられる。ただし、アパートの建築で、税率の上がる半年前の2016年9月30日までに締結した建築に関する請負契約に基づいて引渡しを受けた場合には、税率が上がった後の引渡しであっても、旧税率（8％）が適用されることとなっている。したがって、アパート

を新築で建設する場合には、引渡し時期だけでなく、契約についても早期に締結するといった措置を取ることで消費税を抑えることが可能である。

5 アパートローン推進上の留意点

1．アパートローンに対する新規推進上の留意点

(1) 推進対象者と属性の確認

アパートローンの推進対象者は、遊休地の有効活用を考えている地主等があげられる。有効活用の最終目的は土地の収益化であることから、収益化の見込みがない土地の地主にまでアプローチを掛けるというのは得策ではない。まずは、事前に対象者の属性を調べ、まず、「年齢」「家族構成」「職業」「現在の収入」「所有不動産」についてヒアリングを行い、本人に遊休地を収益化するという意思があるかどうかの確認を取らなければならない。また、相続後のことも考慮し、法定相続人に対する確認も行っておくことが実務上は必要である。

アパートローンの主な返済原資は、アパートから入る賃料収入となるが、将来アパートの入居率が想定以上に下がった場合に備えて、賃料収入以外の収入が一定程度必要となる。

不動産担保については、「評価額＞融資額」が前提となるが、担保処分というのはあくまで最終手段であり、担保価値だけに頼ったローンの取扱いをしてはならない。

(2) アパートローンニーズの発掘

アパートローンは、業者ルートと呼ばれる持込みの案件が多数を占めているが、取引先の地主層にアプローチし、ニーズの発掘および推進に努めなければならない。金融機関は、不動産の所在や預金等については把握しているが、さらに、不動産の権利関係や法令上の制限、処分の可能性などを含めた資産状況についても、顧客からのヒアリングを重ねつつ、現在の問題点や潜在リスクの抽出を行うことで、ニーズに応じた提案をする必要がある。

また、相続は地主が避けて通れない問題であるが、相続対策の柱は、「評価

額引下げ」「遺産分割」「財産の移転」「納税」の４つといわれており、専門家と連携しながら資産の継承などの提案が併せて必要となってくる。なお、相続税制は年によって大きく変わることがあるので、金融機関の行職員は税制について、毎年追い掛けていく必要がある。

(3) 事業収支計画の確認

アパートを建築する際にオーナーは、ハウスメーカーや建築業者から、アパート建設による土地の有効活用や相続税対策に関して、提案を受けることがある。その提案書は、地主等の取引先への提案を経て金融機関への持込みとなる。金融機関の行職員は、ハウスメーカーなどが作成した事業収支計画および資金計画を慎重に判断しなくてはならない。

ハウスメーカーや建築業者はアパートを建てるのが第１の目的であり、その後アパートの管理を請け負うのが第２の目的である。そのため、提案書や試算表等の段階では、多少無理のある計画になっているケースも多くなっている。これら背景も加味しつつ、金融機関の行職員としてチェックすべきは、アパート経営が事業として成立するかどうかという点である。

　a．事業収支計画の注意点

賃貸住宅業を事業として成立させるためには、きちんと収益が上がっていてキャッシュフローが黒字であり、金融機関からの借入れを収益（賃料収入）で返済できるという条件を満たさなければならない。賃貸収入では空室が予想以上に出た場合に全体の収支がどのように変化するのか、また、今の低金利時代から金利が上昇した場合に全体の収支がどう変化するのかについて、ストレスシミュレーションを試してみることで、提出された事業収支計画とは、まったく別のものができ上がることも少なくない。アパート経営は、長年の間に居住者や周辺環境などが変化していく。そのため、いかに現状であらゆる想定しうる事象について、シミュレーションを行い、どのくらい事業収支計画と変わっていくのか確かめる必要がある。場合によっては、事業計画自体を見直すことを視野に入れていくことも求められる。

b．収入面における注意点

　収入を構成する主な項目としては、「賃料」「共益費」「駐車場収入」「看板等の広告料」「礼金」「権利金」などがあげられる。これらの項目について、過去からの推移および将来の動向を分析したうえで、収入を求める。まれに看板等広告料による一過性の収入上昇が起こりうるが、長期間続くとは限らないので、収入の予測については慎重に判断すべきである。

　　c．費用に関する注意点

　費用の変動予測にあたっては、「借主の入居数や業種」「管理費用」「修繕費の動向」「建物の劣化状況」「今後の修繕の必要性」などについての判断が必要となる。「大規模修繕費」「修繕費」「固定資産税」「維持管理費」「損害保険料」「借入金利息」「減価償却費」など様々な項目があるので妥当であるか判断をしなくてはならない。

(4)　資金計画

　資金計画は、有効活用事業を行うのに必要な建物建築資金およびそれに付随する所要資金と、これらをどのように調達するかを表している。

　　a．建築工事費

　建築工事費の坪単価は、「業者や工法」「低層階」「高層階」など、物件によって異なる。建築工事費については、建築業者数社から相見積もりを取っているかどうかも確認する必要がある。

　　b．設計管理費

　設計管理費とは、設計事務所に対する設計費と、建物を建築するにあたって必要となる管理費用である。工事の規模によって異なるが、だいたい建築工事費の4％～10％程度である。

　　c．近隣対策費

　近隣対策費とは、建物の建築による周辺建物への日照や、電波障害等に対する補償費用のことである。工事規模や周辺の状況によって異なるが、住宅地では建築工事費の2～4％程度、商業地では1％～2％程度である。

d．予備費

予備費とは、工事費以外に必要となる費用を賄うものである。「敷地測量費」「地質調査費」「設計変更料」のほか、「地鎮祭や棟上げ」「竣工式」などの式典費が含まれるが、建築工事費の3〜10％程度である。

以上のほか、「不動産取得税」「登録免許税」「不動産仲介手数料やコンサルタントへの支払手数料」などの各種手数料が記載されている。

2．アパートローンに対する借換え推進上の留意点

住宅ローンは、低金利が続いているため、借換えをしてもメリットがあまり出なくなってきている。そのため、最近は借換えをすることも減少傾向にある。アパートローンは、住宅ローンの主な返済原資である給料などと違い、家賃収入であることから、現在まで、収支の見直し提案というものは活発ではなかったが、近年、各金融機関ともにリテール部門に力を入れ始め、法人のみならず、個人もしっかりと取引を構築する動きとなってきた。そのため個人のアパートオーナーなどの囲い込み活動も活発化してきている。

その理由としては、供給過多、ニーズに応えられていない物件も増加するなか、オーナー側として経営改善を行いたいという考えと金融機関の貸出金増強の思惑が合致し、アパートローンの借換えセールスが活発化してきていることが背景にある。

(1) 借換えを提案する要素

アパートローンの借換え提案では、「借換え前後の金利差」「残債の金額」「残りの返済期間」の3つである。特に、金利は、数字となって明確に記されているので分かりやすく、金利差による返済金額の差まで説明する必要がある。

a．借換え前後の金利差

多額の資金を借り入れるアパート経営においては、金利の変動が将来の安定経営に大きな影響を及ぼすことはいうまでもなく、現在の契約と、新契約との間の金利差が大きいほど借換えすると有利となる。一般的には1％以上の金利差があれば有効といわれている。

b．残債の金額

残りのアパートローンの残債金額が大きいほど効果がある。逆に残債が数百万円という場合には、借換えをするほうが何もしないよりもコストがかかることもあるので注意する必要がある。

c．残存返済期間

アパートローンの借換えによって金利が低くなった場合、低くしたことにより毎月の返済額が減る。残存返済期間が長ければ長いほど、この効果が如実に現れることとなり、逆に残存期間が5年など短い場合には、金利圧縮の効果が小さくなる可能性がある。

これらを単純にまとめると、借入金利の差が1％以上、借入金額の残りが1千万円以上、残りの返済期間が10年以上という条件が重なると一般的に借換えの効果が出る可能性が高いと考えられる。

(2) 物件概要の把握

a．不動産登記簿謄本の取得

借換え見込先として抽出したアパートについては、まず不動産登記簿謄本で、まず、どの金融機関等の担保が付けられているのかを確認する。たとえば、「全部事項証明書」で共同担保があれば、ほかにも物件を所有していることを表しており、資産家である可能性も高くなってくる。借換えをする際には、当然に当該物件は担保となるが、担保は、あくまで最悪の事態を想定したものであり、返済原資は家賃収入であることを忘れてはならない。

b．築年数

物件の築年数経過は、担保価値にも影響するが、その物件の管理状況と照らし合わせることもできる。築年数が10年以上経過している物件では、当初金利が高いときに借りているものが多くあり、借換えによってオーナーの負担が少なくなる可能性が高くなっている。

c．周辺物件の家賃相場

当該物件の周辺の家賃相場も把握しておく。オーナーとの話のなかで家賃設定は相場と乖離していないか、相場の推移をどう見ているかなどを聞く必

要がある。近隣不動産業者には、どの辺りが賃貸物件を借りる相談が多いのか、駅から近いところや商業施設に近いところなどでヒアリングする。近い将来にショッピングモールなどの開発計画があるかなども確認しておく。

ショッピングモールができれば、その近隣には、流入するファミリー層が期待される。これにより、オーナーの所有する物件に対してリノベーションを含めた借換え提案もできる可能性がある。

　d．借換え提案時に確認する書類等

借換えをセールスするなかでは、オーナーの現状をしっかりと理解しておく必要がある。したがって、現在借り入れしている金融機関との取引状況はどのようになっているのかを知っておかなくてはならない。まず、そのためのものとして、下記の書類などを利用し確認するのが好ましい。

①**返済予定明細表**……返済予定が記されているもので、「借入時期」「完済予定日」「金利」「毎月の返済額」などが記載されている。複数の借入れをしているオーナーもいるので、該当物件の返済予定表かどうかをしっかり確認しておく必要がある。

②**返済している通帳の写し**……返済を行っている口座の写しを確認する。ここで、毎月返済予定表どおりに返済がなされているか、返済口座にはある程度余裕をもった預金が確保されているかなどを確認する。アパートでは、いつ空室が発生するか分からず、空室が増えてきたとしても返済額は変わらない。そのため、返済金を遅れずに返せるかどうか、返済口座に余裕があるかどうかを確認しておかなくてはならない。

③**家賃の契約書など**……入居者とどのような契約を取り交わしているのかを確認する。修繕に対する管理費や共益費などが記載されており、その分がきちんと口座に残っているか確認をしておく必要がある。予想以上に不足していたとすれば、本来積み立てておかなくてはいけない積立金であるため、積立てができなかった理由を確認しておく必要がある。

　e．シミュレーションによる説明の実施

借換えを提案する際には、シミュレーションを作成して説明するように心

図表2-30　アパートローンの借換え（例）

●1億円の借換えをする場合にかかる費用
- 登録免許税（抵当権抹消および設定）　：約40万円
- 司法書士への報酬費用　　　　　　　　：約40～50万円
- 収入印紙代　　　　　　　　　　　　　：約2万円
- 事務手数料等　　　　　　　　　　　　：約3～5万円
- 融資保証料（借入期間30年程度）　　　 ：約200～300万円

※　金融機関、保証料率など様々で不要のケースもある。また借入れ額に上乗せすることもできることもある。

掛けなくてはならない。このシミュレーションでは、メリットのほか、デメリットも明記するようにする。

借換えセールスでは、オーナーに対して、メリットばかり説明をしてしまいがちであるが、デメリットもある程度強調して書いておくぐらいのほうが将来的にオーナーとトラブルになる可能性が低くなる。

借換えにともなう比較シミュレーションなどは、広告規約にも該当して厳しくなっているので、もし作成する場合には、各金融機関で定められている規定に基づいて作成するようしなくてはならない。

「図表2-30」のとおり、1億円を借り換える場合の諸費用は相当額がかかり、借換え後の収益は、初年度ではすべて賄えないこともありえる。借換え後の金利が現在の金利のままで完済まで続くという保証もない（全期間固定金利を除く）。借換えのメリットおよびデメリットはあくまでも現時点におけるものであり、多額の諸費用も鑑みてオーナー自身が決断するよう金融機関の行職員は、適切な説明することを心がけなくてはならない。

6　既存アパートローンの防衛

アパート経営は、ローンの貸出期間と同じく長期にわたる事業である。融資を行ったからには、オーナーと末永く付き合っていきたいものである。アパートローンのような長期のローンは、金融機関側からすると貸出金ボリュームが

減らないことから非常に重要な位置付けにある。ひるがえせば、取引先のオーナーに対して、ほかの金融機関も借換えセールスを狙っているともいえる。借換えに至るきっかけは、たまたまオーナーの近隣にある金融機関が行った新規取引の開拓活動や、町会などから紹介を受けたりして提案を受けることであったりする。また、オーナー自らがネットで金利や商品内容を調べたり、家族や周囲の人がネット等でほかの金融機関のキャンペーンなどを見つけたりして動機付けとなるケースもある。各方面から動機付けをされたとしても早期に察知して防衛できるよう、金融機関の行職員としてオーナーと日頃よりリレーションを図っておく必要がある。

1．オーナーへの訪問

　借換え防衛の第一歩は、オーナーへの訪問を適度な間隔で行っておくことである。季節の挨拶だけでは、足が遠のいてしまうのが現実である。金融機関の行職員は、訪問をする際、有益な情報を届ける努力をしなければならない。

2．家賃相場、不動産情報

(1) 家賃相場

　アパートの近隣の家賃相場を地元不動産業者から情報を仕入れ、オーナーに情報提供することが必要である。オーナーは、周囲でどんな不動産業者の情報があるのかを気にしているはずである。アパートの周辺の家賃が下がってきているようであれば、オーナーに何らかの形で見せておくことも必要であり、あわせて事業収支計画などの変更についても提案できる可能性が出てくる。

(2) 不動産情報

　オーナーは、今の所有している物件のほかにもどこか不動産購入を考えている可能性がある。オーナーとの会話のなかで、ほかの物件なども気にしているような感じであれば、不動産売買情報なども提供することも検討する。

(3) ほかの金融機関の動向

　様々な情報を得られる今日では、オーナーは、より一層アパートローンなど

について勉強している。他金融機関の動向によっては、金利を引き下げる提案に迫られる可能性もあるが、いったん借り換えられてしまえば、金融機関として入る資金利益はなくなってしまう。

　金利だけで取引をするオーナーもいるが、意外にも借換えの一番大きな理由は、「金融機関の担当者と今は接点がほとんどないから」といったものであることがある。アパートローンの借換え防衛のためには、何よりオーナーとのリレーションを十分に図っておくことが必要である。

(4)　リレーションにおける現状把握

　オーナーとの会話のなかで、情報提供も重要であるが、アパートの状況を把握しておくことも必要である。空室はどうか、家賃の収支はどうかなどを会話のなかに盛り込んでおく。

　たとえば、最近は入居者がいなくて家賃収入が減少傾向を辿りそうだということであれば、想定される状況を加味したシミュレーションをすぐに作成し、オーナーとともに「収支計画（書）」を練り直してみることも必要である。このような施策によりリレーションの強化を図ることが可能である。

　なお、「収支計画（書）」の作成にあたっては、1年や2年の短期的なものではなく、5年から7年の中長期的なものを作成するとよい。

　シミュレーションを作成し、収支のバランスが取れていないと判明した場合は、地元不動産業者の協力を得て空室率を低くする努力をするなど検討していかなくてはならない。ここで大切なのは、収支の金額だけの数合わせではなく、築年数、設備等の状況を加味し、入居を促すよう賃借人の目線に合わせた改善を行い、リレーションを図ることが重要である。

7　競売物件

　不動産競売は、市場価格より安価に不動産を取得することができるため、最近では不動産業者ではなく一般の人も裁判所の不動産競売で物件を取得するケースが増えてきている。利回りを重視するアパート物件は、一般住宅より顕著である。

第4節　アパートローン・土地の有効活用等

　不動産競売物件を落札する際には、まず、以下のいわゆる「3点セット」を裁判所が運営するサイトから情報を入手し判断しなくてはならない。競売物件を入札する際には非常に重要な書類であり、金融機関の行職員もその内容について十分理解しておく必要がある。

(1)　物件明細書

　競売にかかる不動産の表示および買受人（競落人）が負担することとなる他人の権利、物件の占有状況などの特記事項が記載されている。特に「買受人が負担することとなる他人の権利※」の部分が重要である。逆にこの欄に「賃借権の表示」があった場合には、競落したとしても、その占有者の使用を認めなければならない。ただし、賃貸人としての地位を承継するので、その後の賃料は、落札者（新所有者）が受けとることができる。

　　※　買受人が負担することとなる他人の権利とは、物件明細書に「買受人が負担することとなる他人の権利」という欄があり、この欄が「なし」と記載されている場合には、実際に使用（占有）している人がいたとしても、手続きを踏めば法的に退去させることができる。たとえば、アパート1棟を落札し、9部屋のうち7部屋がすでに入居していたとしても、この欄が「なし」であれば、それぞれの賃貸借契約は引き継がないことを意味するので、一斉に退去を求めることができる。逆に、退去を望まない場合には、新たに入居者との間で賃貸借契約を締結し直す必要があるので注意が必要である。

　　　入居者が旧賃貸人に敷金を差し入れていた場合、「買受人が負担することとなる他人の権利」に記載された賃借権は競落人に対抗できる（使用を継続できる）こととなり、この場合競落人が賃貸人の地位を承継される。したがって、賃借人が退去する際の敷金の返還義務をも承継する。

　　　しかし、このような場合は競売にかかるほどの経済状態であることが多いため、旧持ち主から敷金を回収することは難しく、現実的には競落人が敷金を負担することがほとんどである。したがって、アパートを競落しようとする場合に、引き受けなければならない賃借権がある場合、その敷金を自分が負担して支払わなくてはいけないことも金融機関の行職員は想定しておかなくてはならない。

(2)　現況調査報告書

　対象不動産の現在の状況が記載されている。「使用者」「入居状況」「物件の関係者からの聞き取り事項」などである。また、「対象物件の案内図」「土地の公図」「建物図面」「現況（外観・内部）の写真」が掲載されている。

(3)　評価書等

　不動産鑑定士による対象物件の評価額が記載されている。

第5節 リフォームローン

■ 1 リフォームローンのニーズ ■

1．リフォームとは

　リフォームとは、住宅を改築、改装するという意味の「和製英語」であり、本来の英語のでは「改心」「作り直す」の意味となる。英語で住宅を改築したり、改装したりすることは、「リノベーション」と呼ばれる。
　しかし、わが国においてリフォームは、老朽化したり、使い勝手が悪くなったりした部分を新築の状態に近づける工事の意味で使われ、一方、リノベーションは、耐震性向上、バリアフリーなど住宅の性能を新築時よりも高める工事の意味で、分けて使われる。

2．リフォーム工事の種類

　リフォーム工事には、次の4種類がある。
　①**増　　築**：家族の成長などによって、子ども部屋を増やす、2階を作るなど、住宅の床面積の増加をともなう工事
　②**改　　築**：和室、ダイニングなどをLDKにするなど、床面積を変えずに間取りを変える工事
　③**改　　装**：外装（外壁塗装など）、内装（壁のクロスやフローリングの張替え）の模様替えをする工事
　④**修　繕　等**：キッチンのシンクカウンター、浴槽や給湯器、トイレの便座、便器・タンクの交換など設備機器の修理・更新、配管、雨漏り、屋根や外壁のひび割れなどを修繕する工事

これらに加えて、「耐震」「省エネ」「バリアフリー」に対応するためのリフォームが、現在では多くなっている。

3．リフォームニーズの発生要因

では、なぜそのようなリフォームが必要になるのだろうか。理由は、大きく分けて3つある。

1つは、「外壁がはがれる」「キッチン・トイレ・風呂などの水回りに水漏れが発生する」「それらの設備が故障して使えなくなる」といった理由である。これらは建物の経年劣化によるものなので、避けられない。以下は、各設備のおよその耐用年数（通常使用する意）である。

①ガス給湯器・水栓・外壁塗装：10年
②キッチン、トイレ、浴室　　：15年
③給水管、排水管　　　　　　：20年
④屋根の葺替え、外壁の張替え：25年

2つ目は、家族構成の変化や子どもの成長などによって、今の間取りでは「使い勝手」が悪い、対応しにくいといった理由である。たとえば、最初は広いリビングが自慢の2LDKの間取りだったものを、間仕切りして子ども部屋を作るであるとか、その逆に、子どもが独立して老夫婦だけの生活になったことから、子ども部屋をなくして広いリビングにするといったケースである。

3つ目は、その家の価値を高めたいという理由である。これには、「耐震」「省エネ」「バリアフリー」に対応するためのリフォームが該当する。耐震性を高めるのは、「命を守る」ことになり、「省エネ」は「地球環境を守る」ことになる。「バリアフリー」はお年寄りに優しい家である、お年寄りには誰もがなるので「家族の一生を見守る」ことになる。

4．ニーズのキャッチ方法

では、金融機関の行職員として、どうやって、リフォームのニーズをキャッチしたらよいのだろうか。

（1） 築年数の推察からのニーズのキャッチ

　自行に住宅ローンがあれば築年数は分かるし、外見を見れば、「古い」か「新しい」、古ければ「だいたい、10年は経っているだろう」「20年は経っている」といったことが見て取れる。周囲の家が、外壁を塗り替えていたり、屋根を葺き替えていたりするといった光景からも推測ができる。資産運用の相談で訪問した際に、「このお宅は、建てられて何年経っているのですか」とか、「今、金利情勢から住宅ローンの金利は低いのですが、他行で借りておられる住宅ローンは、いつ頃、お借りになったのですか」といった形で、聞き出す方法もある。

（2） 家族構成の変化からのニーズのキャッチ

　家族構成や子どもの成長などによるリフォームニーズは、興味・関心を持って聞くことでキャッチする。まずは、「お子さんは、来年、小学校に入られるのですね。そうすると、子ども部屋が欲しいとお考えなのではないですか」とか「お子様が独立されると、子ども部屋を無くしてリビングを広くしたいとおっしゃるお客様が多いのですが、××様は、いかがですか」などと声かけしてみる。そこで「子ども部屋は欲しいよね」であるといった答えが返って来たら、リフォームのニーズがあるということになる。

（3） 生活様式の変化からのニーズのキャッチ

　さらに、家を建てる時は必要だと思っていた間取りが、現在の生活にマッチしていない場合もある。たとえば、お客様が来た時のために和室を設けたが、あまり使われていないであるとか、その逆で、洋間を設けたが「畳の部屋のほうがくつろげる。和室にしておけばよかったと感じることが多い」といったケースである。これらのニーズは、「お住まいの住み心地はいかがですか」などと声かけし、「やはり、日本人は畳の部屋がいいとおっしゃり、洋室を和室に変えられる方が多いのですが、××様はいかがですか」などとつなげるとよい。第三者のお客様の例を引き合いに出して、お客様の意向を伺う方法である。

（4） 家の価値を高めるニーズのキャッチ

　「家の価値を高める」ニーズについては、「耐震性を高めるために、リフォー

ムされる方が多いのですが、××様は、いかがですか」であるとか、「階段の上り下りがつらいとか、浴室の段差でつまずく、といった心配はありませんか」といった形で声かけし、ニーズをキャッチする。

　このトークは、初めての訪問先には適さない。その場合は、「××様は、まだお若いので必要ないかもしれませんが、階段に手すりをつけられる方が増えているんですよ。どう思われますか」といった形で「第三者」を引き合いに出すか、「バリアフリーに対応するリフォームをされると、税制面での優遇や助成金がもらえる可能性があるのですが、ご存知ですか」などと「制度」から入るとよい。「いや、私も最近は年とってね。この間もお風呂場で転んだばかりなんだよ」という返答なら、大いにニーズがある。お客様と親しい間柄であれば、「階段に手すりが欲しいと感じられることはありますか」とか「バリアフリーという言葉をご存知ですか」という「ストレートにあなたにお聞きしたい」というトークもできる。

5．自己資金とリフォームローンの比較

　リフォームローンのニーズは、リフォームのニーズがあって初めて存在する。しかし、リフォームのすべてに、リフォームローンが必要となるわけではない。なぜなら、設備等の交換の場合、必要資金が数十〜数百万円程度と、自己資金で対応するケースが少なくないからである。この点は、全額を自己資金で賄うケースのほとんどない住宅取得とは、事情が異なる。

　一方、増築をともなう間取りの変更では、1,000万円を超えるケースも出てくる。さらに最近では、中古住宅を購入し、自分でリフォームする人も増えている。築20年以上の中古住宅では、買主の54.6％が300万円以上、29.1％が500万円以上、10.9％が1,000万円以上の資金をかけてリフォームを行っているというデータ（不動産流通経営協会「不動産流通業に関する消費動向調査」2014年度）もある。そこで、金融機関のリフォームローンは、融資金額を10万円以上1,000万円以内などとしている。

　では、リフォームにかかる必要資金が仮に100万円とした場合、預金を取り

崩して使ったほうがよいかといえば、必ずしもそうとばかりといえない。リフォームローンを借りれば、利息を払い、返済する必要があるが、手許の資金を温存しておくことができる。リフォームローンゆえ、低金利で借入れできることを忘れてはならない。

金融機関の担当者は、「リフォームローンで対応したほうがよいと思われるケースがある」ことをお伝えし、お客様が理想のライフプランを実現できるようなマネープランを一緒に考えることが求められる。

2 リフォームローンの商品内容

各金融機関は、リフォームローンの商品性を充実させている。住宅ローンを返済中のお客様が、リフォームを行う際、新たにリフォームローンを組むと、月々返済の金額が大きくなることから、リフォームニーズを切り口に、他金融機関の住宅ローンにリフォーム代金を上乗せして肩代わりする動きもある。つまり、リフォーム費用を、住宅ローンとして、対応するということになる。これは、中古住宅を購入して、自分でリフォームするお客様が増えていることにも呼応する。

1．利用対象者

「ご利用頂ける方」ないしは「お申込み頂ける方」として、一般的には、以下の条件が示されている。

① 年　　齢：借入時の年齢が満20歳以上満65歳以下で、返済完了時の年齢が満70歳未満の方
② 勤　　続：勤続年数（自営業者の方は営業年数）が2年以上の方
③ 年　　収：前年度税込年収（個人事業主の方は申告所得）が200万円以上で安定かつ継続した年収の見込める方
④ 団体信用生命保険：指定の団体信用生命保険に加入できる方
⑤ 所定の保証会社の保証が受けられる人

下限の満20歳は共通するが、上限および返済完了時の年齢は、ばらつきがあ

る。特に返済完了時については満80歳としている金融機関もある。

　年収200万円としている金融機関が多いが、「勤続」も含めて「安定継続して返済原資を得られること」がキーワードになっていることが分かる。

　リフォームローンでも、団体信用生命保険に入れるのは、大きなメリットであり、金融機関によっては、「保証料は当行負担」などとアピールしているところもある（団体信用生命保険への加入を条件にしていない金融機関もある）。

2．資金使途

　資金使途としては、以下のものやリフォーム資金を具体的に列記して表記されている。

　①本人または親族等が所有する住宅のリフォーム資金
　②ご自宅のリフォームに関する資金（賃貸用物件不可）

　たとえば、「自宅の増改築、キッチン・浴室・トイレなど水回りのリフォーム、造園および外構費用、太陽光発電システム等購入・工事資金、ホームセキュリティ設置、耐震工事、システムキッチンの購入」などである。そのなかで「他金融機関リフォームローンの借換え」も、多くの金融機関で対象となっている。

3．融資金額

　融資金額は、一般的に無担保で「10万円以上1,000万円以内」となっている。500万円、1,500万円としている金融機関も見られる。一方、「大型リフォームローン」といった名称で上限を3,000万円などとし、有担保型を用意している金融機関もある。

4．融資期間

　融資期間は、一般的に「6ヵ月以上15年以内」となっている。1年以上としている金融機関もある。有担保型のリフォームローンでは、住宅ローンと同じく最長35年としているものもある。

5．金　利

(1)　変動金利型・保証料込み

　一般的に「当行所定の短期プライムレートに連動する長期貸出金利の最優遇金利を基準として、毎年4月1日、10月1日に見直しを行う」などとしている。この場合、新利率は翌々月の約定返済日の翌日から、上記の変更幅と同じだけ変更して適用される。たとえば、毎月25日が返済日であるとすれば、6月26日、12月26日からということになる。

(2)　固定金利型

　借入時の金利を完済時まで適用する方式である。しかし、リフォームローンに関しては、固定金利型を用意してない金融機関もある。また、固定金利型を選択できた場合でも、返済期間最長15年もしくは10年とするなど、制限を設けている金融機関もある。

　なお、適用金利については、住宅ローンよりも高めとなっている。また、自行で住宅ローンを利用していることや太陽光発電システムの導入など環境配慮型のリフォームなどに対して、金利優遇が用意されているケースが多い。また、ネットで申し込むことで、金利優遇を受けられる金融機関もある。

6．返済方法

　返済方法は、一般的に元利均等返済（6ヵ月ごとボーナス時の増額返済併用可）である。借入金額の50％以内の元金について、「ボーナス返済」を認めるとしている金融機関が多い。住宅ローンでは、ボーナス返済を利用するケースが減少しているが、リフォームローンで少額の場合は、ボーナスで返済を利用して、返済のスピードを上げることの有効性が認められているものと思われる。

7．担　保

　担保は、原則として不要である。ただし、金額の大きいリフォームローンについて、有担保型の商品を用意している金融機関もある。その場合は、リ

フォームを行う自宅が担保の対象となる。

(1) 保証人

保証会社の利用により、原則不要としている金融機関が多く、金融機関の指定する保証会社の保証が条件となっている。

(2) 団体信用生命保険

団体信用生命保険に加入を条件とする金融機関が多い。この場合、保険料は、金利のなかに含まれる。一方で、団体信用生命保険を借入れの条件にせず、「希望される方」は加入することができると、外枠している金融機関もある。

(3) 手数料

手数料については、以下のとおりである。借入れ時の手数料は、不要の金融機関のほうが多い。

①借入れに当たって、手数料が必要

②繰上返済時、別途所定の手数料が必要

(4) 申込み時に用意するもの

申込み時に用意するものは、以下のとおりである。

①印　　鑑

②本人確認のできるもの（運転免許証等）

③年収を確認できる資料のコピー（源泉徴収票等）

④資金使途を証明するもの（見積書、契約書、借換えの場合は現在の借入先からの借入金額の分かるもの等）

⑤リフォーム対象物件の不動産登記事項証明書

以上が、リフォームローンの一般的な商品内容である。

3　キャッシュフローの検証

1. リフォームローンのニーズと返済比率

リフォームローンは個人のお客様が利用するので、返済原資は「給与所得」

（個人事業主は申告所得）である。多くの金融機関は、「年収200万円以上」「勤続2年以上」で、継続安定した年収の見込める人をリフォームローンの対象としている。返済比率については、「図表2-31」のとおり検証してみる。

図表2-31　リフォームローンの借入れ事例

①借入れの目的：クロスとフローリングの張替えのリフォーム資金
②借入金額：100万円
③金利および借入期間：2.1％、5年
④月々の返済額：17,571円
⑤年間返済額：210,852円
⑥年収200万円の場合の返済比率：10.54％

「図表2-31」のとおり、年収200万円であっても、返済比率の数字上は「安心して」貸すことのできるレベルである。

しかし、ここには問題がある。それは、リフォームローンが住宅ローンと違ってまっさらな状態で借り入れるものではなく、すでに住宅ローンの返済があったうえで、借り入れる可能性があることに十分留意しておく必要がある。

2．住宅ローンを加味した借入れの検討

(1) 自己資金で賄う場合

リフォームの時期が予測されるのであれば、しっかりと資金を用意して自己資金でも対応できるかもしれない。それでは、金利もかからないのであるから、自己資金で用意したほうがよいのであろうか。

住宅ローンを返済しつつ、教育資金を準備していくなかで、自己資金となる金額を用意していくことは至難である。「図表2-31」の事例であれば、必要資金である100万円について、必ずしもこの虎の子の資金を放出することが得策でないと思われる。資金使途がリフォームと明確であるから、金融機関は低利で貸出しするのである。

第5節　リフォームローン

もちろん、収入と債務とのバランスにもよるが、もし、リフォームで貯蓄を放出し、急に必要となった資金について高金利の消費性のローンを利用するのであれば、本末転倒である。

(2) 2つのローンを組み合わせた返済比率

前述のとおり、自己資金を使用することが必ずしも得策ではないため、リフォームローンの申込みがされる。「図表2－31」に月々の返済が10万円である住宅ローンを考慮して、「図表2－32」のようにさらに検討を加えてみる。

図表2－32　住宅ローンとリフォームローンを合わせた借入れ事例

①月々の返済額：117,571円（17,571円（リフォームローン）＋10万円（住宅ローン））
②年間の返済額：1,410,852円
③年収400万円の場合の返済比率：35.27％
　年収500万円の場合の返済比率：28.22％

返済比率の上限は、35％～40％が金融機関の1つの目安ではあるが、実際に35％以上を返済にあてる家計は、窮屈である。「図表2－31」では年収200万円でも健全と思われたところが、住宅ローンを考慮したとたん、「図表2－32」のとおり、年収400万円でも厳しい返済計画に迫られることがわかる。変動金利の場合には、金利上昇局面時の余力もない。

(3) 大規模なリフォームを行う場合の返済比率

「図表2－31」「図表2－32」では、リフォームローンの借入れが100万円としているため、それでも余裕がある。これが、もし、大規模なリフォームを行って400万円を借りるケースであればどうだろう。

年収400万円、年収500万円ともに返済比率は40％を超え、借入れ当初に黄色から赤の信号がともる。ここに、将来の金利上昇想定分1％による返済額増10万円を考慮して、年間返済額が約214万円ともなれば、年収400万円の返済比率は約53％にもなる（年収500万円の場合は約42％）。

図表2-33　リフォームローンを400万円にした時の借入れ事例
①借入れ条件：5年返済、年利2.1%
②月々の返済額：170,286円（70,286円（リフォームローン）＋10万円（住宅ローン））
③年間の返済額：2,043,432円
④年収400万円の場合の返済比率：51.08%
　年収500万円の場合の返済比率：40.86%

(4) 借入れ方法の改善による提案

前述による借入れの検討は現在のキャッシュフローによるものである。しかし、もし、将来大きく年収が増加する見込みがないのであれば、将来発生するライフイベントを見直しするなど考慮しなければならない。

そこで、「図表2-34」のとおり、借入れ方法を改善してみる。

図表2-34　リフォームローンの返済期間を15年に変更
①返済期間：5年→10年
②月々の返済額：136,984円（70,286円→36,984円（リフォームローン＋10万円（住宅ローン））
④年収500万円の場合の返済比率：40.86%→32.87%

変動金利の住宅ローンを固定金利に変更して返済額を固定化することも選択肢だが、年収500万円であれば、「変動金利のままで金利1%上昇、その返済額増加分年間約20万円」というシミュレーションでも、返済比率は33.31%となり、35%に収まる。

子ども（1人の場合）の大学進学が7年後であれば、リフォームローンの借入れで使用しなかった100万円および奨学金を合わせて地元の国立大学の進学を目指すことで、貯蓄を含めてキャッシュフローの改善が図れる。また、奨学金が、子どもが社会人になってから返済するものであれば、よりキャッシュフローの強化が図れる。

図表2-35　月々の返済額の減額分で大学進学資金を準備

①月々の返済額の減額分：33,302円→積立て
②積立金額：1年間で399,624円
　　　　　　5年間で1,998,120円
　　　　　　7年間で2,797,368円

(5) 借入れトータルで返済比率を見る必要性

　このように、リフォームローンは、単独で返済の可否をみてはならない。あくまで、「住宅ローン」「教育ローン」「リフォームローン」をセットで見て、返済総額から返済比率を算出する。

　修繕に関するリフォームは、「しなければならない」が、ライフスタイルによるリフォームは、「しない」という選択肢もある。また、それにともなって、子どもと将来について語り合うことも有意義であるし、家計の無駄を見直し、「貯蓄体質」にすべく家族会議を開くことも意味のあることである。結果として、返済のためのキャッシュフロー作りにつながる。

4　リフォームローン利用時に関係する主な税金

1．住宅ローン減税対象のリフォームローン

　「住宅ローン減税」（住宅借入金等特別控除）対象のリフォームローンは、「住宅ローン減税」の対象となる。具体的には、平成31（2019）年6月30日までは、リフォームローンの年末残高（4,000万円が限度、認定住宅は5,000万円が限度）の1％が10年間にわたり所得税額から控除される。対象となるリフォームは、以下の要件のいずれかに該当していることが条件となる。

①増築、改築、建築基準法に規定する大規模の修繕または大規模の模様替えの工事
②マンションなどの区分所有建物の場合は、区分所有する部分の床、階段または壁などの過半について行う一定の修繕・模様替えの工事

③家屋のうち、居室、調理室、浴室、便所、洗面所、納戸、玄関または廊下の一室の床または壁の全部について行う修繕または模様替えの工事

④建築基準法施行令の構造強度に関する規定または地震に対する安全性に係る基準に適合させるための一定の修繕・模様替えの工事

⑤一定のバリアフリー改修工事

⑥一定の省エネ改修工事

このほか、以下のような要件がある。

①自己が所有し、かつ、自己の居住の用に供する家屋（自分が住んでいる家屋）について行うリフォームであること

②リフォームの日から6ヵ月以内に居住の用に供し、適用を受ける各年の12月31日まで引き続いて住んでいること

③10年以上のローンであること

まとめると、「自宅」に関する「リフォーム」が対象で、「10年以上」のローンについて、ローンの年末残高の1％を10年にわたって「所得税額から控除する」となる。

住宅ローン減税の適用を受けるためには、リフォームをした翌年に確定申告を行う必要がある。サラリーマン（給与所得者）の場合は、初回に手続きを行っておけば、2年目からは年末調整によって控除が受けられる。

2．耐震リフォームの投資型減税

自ら居住する住宅の耐震改修工事を行ったときに適用される制度である。昭和56（1981）年5月31日以前の耐震基準で建築された住宅を、現行耐震基準に適合させるために、耐震改修工事を行った場合、控除対象限度額（250万円）を上限として、10％が所得税額から控除される。耐震リフォームの投資型減税の要件は、以下のとおりである。

①減税の種類：投資型減税

②改修時期　：平成23（2011）年6月30日～平成31（2019）年6月30日

③控除期間　：1年（改修工事を完了した日の属する年分）

④**控除対象限度額**：250万円（平成26（2014）年4月1日～平成31（2019）年6月30日まで、それ以前は200万円）

※　「国土交通大臣が定める耐震改修工事の標準的な費用の額－補助金等」の金額が対象

⑤**控　除　率**：控除対象額の10％

⑥**改修工事の要件**：現行の耐震基準に適合させるための耐震改修であること

3．バリアフリーリフォームの投資型減税

　バリアフリーリフォームの投資型減税の対象となる者は、以下のいずれかに該当する者である。
①50歳以上の者
②要介護または要支援の認定を受けている者
③障　害　者
④上記②か③に該当する親族または65歳以上の親族と同居している者

　上記の者がバリアフリー改修工事を行った場合、控除対象限度額を上限として10％の控除がある。バリアフリーリフォームの投資型減税の要件は、以下のとおりである。

①**減税の種類**：投資型減税
②**適用となるリフォーム後の居住開始日**：平成21（2009）年4月1日～平成31（2019）年6月30日
③**控除期間**：1年（改修後、居住を開始した年分のみ適用、ただし、要介護状態等により適用対象工事を行った場合は再適用あり）
④**控除対象限度額**：200万円（平成26（2014）年4月1日～平成31（2019）年6月30日まで）

※　国土交通大臣が定めるバリアフリー改修工事の標準的な費用の額－補助金等の金額が対象

⑤**控　除　率**：控除対象額の10％

4．省エネリフォームの投資型減税

自ら所有し、居住する住宅について、一定の要件を満たす省エネ改修工事を行った場合、控除対象限度額を上限として、10％の控除を受けることができる。

①**減税の種類**：投資型減税
②**適用となるリフォーム後の居住開始日**：平成21（2009）年４月１日～平成31（2019）年６月30日
③**控除期間**：１年（改修後、居住を開始した年分のみ適用）
④**控除対象限度額**：250万円（あわせて太陽光発電設備を設置する場合は350万円、平成26（2014）年４月１日～平成31（2019）年６月30日まで）
　※　国土交通大臣が定める一般省エネ改修工事の標準的な費用の額－補助金等の金額が対象
⑤**控　除　率**：控除対象額の10％

5．バリアフリーリフォームローン型減税（バリアフリー改修促進税制）

バリアフリーリフォームローン型減税の概要は、以下のとおりである。

①**減税の種類**：ローン型減税
②**適用となるリフォーム後の居住開始日**：平成19（2007）年４月１日～平成31（2019）年６月30日
③**控除期間**：改修後、居住を開始した年から５年
④**税額控除額**：次のA・B合わせてローン残高1,000万円が限度
　A　「対象となるバリアフリー改修工事費用－補助金等」と「250万円」のどちらか少ない額×２％（年末ローン残高を上限とする）
　B　A以外の改修工事費相当部分の年末ローン残高×１％
⑤**対象となる借入金**：償還期間５年以上の住宅ローン等

6．省エネリフォームローン型減税

省エネリフォームローン型減税の概要は、以下のとおりである。

①**減税の種類**：ローン型減税
②**適用となるリフォーム後の居住開始日**：平成20（2008）年4月1日～平成31（2019）年6月30日
③**控除期間**：改修後、居住を開始した年から5年
④**税額控除額**：次のA・B合わせてローン残高1,000万円が限度
　A　「対象となる特定断熱改修工事費用−補助金等」と「250万円」のどちらか少ない額×2％（年末ローン残高を上限とする）
　B　A以外の改修工事費相当部分の年末ローン残高×1％
⑤**対象となる借入金**：償還期間5年以上の住宅ローン（リフォームローンは対象となる）

7．「リフォームローン」「省エネ改修」「バリアフリー改修」「耐震改修」の組み合わせ

　上記、「1．住宅ローン減税対象のリフォームローン」～「6．省エネリフォームローン型減税」の制度については、「図表2−36」のとおりとなる。

図表2−36　「リフォームローン」「省エネ改修」「バリアフリー改修」「耐震改修」関係の税制併用可否組み合わせ表

		リフォームローン	省エネ改修 投資型[3]	省エネ改修 ローン型[3]	省エネ改修 固定資産税[3]	バリアフリー改修 投資型[3]	バリアフリー改修 ローン型[3]	バリアフリー改修 固定資産税[3]	耐震改修 投資型[3]	耐震改修 固定資産税[3]
リフォームローン			×	×	○	×	×	○	○	○
省エネ改修	投資型[3]	×		×	○	△[1]	×	○	○	○
	ローン型[3]	×	×		○	×	△[1]	○	○	○
	固定資産税[3]	○	○	○		○	○	○	○	×[2]
バリアフリー改修	投資型[3]	×	△[1]	×	○		×	○	○	○
	ローン型[3]	×	×	△[1]	○	×		○	○	○
	固定資産税[3]	○	○	○	○	○	○		○	×[2]
耐震改修	投資型[3]	○	○	○	○	○	○	○		○
	固定資産税[3]	○	○	○	×[2]	○	○	×[2]	○	

※1　控除限度額を合算して計算。
※2　同一年での併用は不可。
※3　「投資型」…所得税額の特別控除、「ローン型」…改修促進税制、「固定資産税」…固定資産税の減額措置

■ 5 リフォームローン推進上の留意点 ■

まずは、「リフォームの資金計画」「リフォームローンの利用」について、お客様にどのようなアドバイスをすればよいかを考えたい。

1．リフォーム計画の必要性

マンションは、当初から長期修繕計画が策定され、12年周期で大規模修繕が予定されるので、購入者は、購入した時から、毎月、修繕積立金を納付する。

たとえば、給水管や排水管は15年で更生、30年で取換え、コンクリートの補修は12年周期、外壁は12年で塗替、36年で除去・塗装など、各工事項目に「修繕時期の目安」が定められている。つまり、マンションにおいては、リフォームの時期とそのための資金の積立てが、計画的に行われるのである。ある意味では、自分で計画しなくても、マンション管理会社と理事会が決めてくれるので、それにしたがえばよい。

しかし、一戸建てなどの場合は、自分自身が、しっかりと計画を立てる必要がある。住宅ローンを利用しているお客様から、相談を受けたら、住宅は築年数によって必ず経年劣化するので、リフォームが必要となること、それには計画的に資金を貯めていくことが大切であることを説明するとよい。

2．キャッシュフローの確認

修繕というのは「故障、不具合」を元の状態に戻すことなので、予定していないケースもある。浴槽は20年では取り換えるという目安を意識していても、突然、追い焚き機能が壊れたり、お湯が出なくなったり、水漏れが生じたりすることがある。その際は、不慮の出費となるので、手持ちの資金が使われることが多くなる。このようなケースでは、当座の生活資金にしわ寄せが起き、ボーナスが出た時点で補てんされることとなるだろう。

築10年経って、予定どおり水回りの補修を500万円の予算で行うというケースでは、「自己資金」で対応する方法、「リフォームローン」を利用する方法、

「自己資金とリフォームローン」を合わせて対応する方法がある。住宅ローンを完済してからのリフォームならよいが、多くの場合は、返済中のリフォームとなる。この点は、「キャッシュフローの検証」で見たとおり、リフォームローンが単独で存在するのではなく、利用した場合は、住宅ローンの返済と合わせて、返済をしていくことになる。この時、金融機関の行職員は、お客様の家族構成や子どもの年齢を見て、今後のライフプランとそれに必要な資金計画についても、アドバイスをすることが求められる。

3．耐震基準

日本は地震の多い国である。1968年には十勝沖地震があり、それを機に鉄筋コンクリートの帯筋が強化された。1978年には宮城県沖地震が発生し、それを契機として1981年（昭和56年）6月に建築基準法の耐震基準が改正され、現在に至る新耐震基準が施行された。また、1995年には阪神淡路大震災が発生し、「昭和56年」の新耐震基準の前に設計され、建てられた建物が多く被害を受けた。そのような建物は、耐震性が不足していたわけである。それを機に、旧耐震基準で建てられた建物は、耐震診断と改修について努力義務が課された。また、2000年には、木造住宅について、地盤調査が義務付けられている。

建てられた年次によって、適用されている耐震基準は異なっている。耐震基準の変更のターニングポイントを熟知し、建築の状況について不安に思われているお客様がいたら、耐震診断を勧め、ニーズに対応するとよい。

4．環境問題に関する関心

同じく、会話のなかで、環境問題に対する意識の高さがうかがわれる場合がある。このようなお客様は、太陽光発電を自宅に取り付けたいと考える可能性がある。したがって、「へぇ、そうですか」と聞き流すのではなく、「では、省エネ住宅にリフォームしたいというお考えもあるのではないですか」などと、話題を掘り下げ、潜在的なニーズを喚起する。

第6節 消費性ローン

■ 1　消費性ローンのニーズ ■

1．ライフサイクルの検証

人生には、「図表2－37」のようなライフサイクルがある。

図表2－37　ライフサイクル（例）

●概　　要
「独身期（学生、社会人）」→「家族形成期（夫・妻）」→「子育て期（親）」→「家族熟期（再び夫・妻）」→「セカンドライフ期」

●細　分　化
「就職」→「マイカー購入」・「海外旅行」→「結婚」→「子どもの誕生」→「マイホーム取得」→「子どもの成長」→「昇格・昇進・昇給」→「子どもの大学進学」→「子どもの成人式」→「定年退職」→「子どもの独立」→「セカンドライフ」

2．若年層の消費動向

それらの多くは、その人の人生を彩る大切なライフイベントである。しかし、そのすべてに「お金」がかかる。若いうちは、給料が少ないので、同じ月に複数の結婚式に呼ばれたり、飲み会が重なったりするだけで、お金が足りなくなることがある。そんな時、「給料日までの一週間、お金を借りられればいいな」という気持ちになると思うが、そのニーズに応えてくれるのがカードローンである。金利は高いが、計画的に利用すれば、「いざという時、安心」である。最近は、多くの銀行がここに注力し、テレビコマーシャルを打っている。

いまどきの若者は「車を欲しがらない」といわれるが、地方都市では、車がないと不便なので、まだまだ「就職したら、自分の車が欲しい」という人が少なくない。そこで、頼りになるのが「マイカーローン」である。カードローンよりは金利が低く、住宅ローンなどよりは金利が高いが、返済期間が短いので、若い人は「リース代」の感覚で、返済するようである。

3．結婚資金

結婚資金は、「結婚式」「披露宴」「二次会パーティ」「新婚旅行」「新居（入居手続き、引っ越し、家具購入）」「お礼」など、400万円程度必要になる。結婚資金は、祝儀（招待客1人当たり3万円が相場）があるので、実際にはこれほど必要はないが、それでも、自己資金では足りないという場合、銀行によっては「ブライダルローン」が用意されている。これらは、マイカーローンよりは高い金利設定になっていることが多いが、カードローンよりは低い。このブライダルローンのほか、トラベルローンも、実際にかかった費用の範囲内で融資が行われる。ブライダルローンは、最大300万円というのが一般的だが、結婚する若い2人だけでなく、親が借主となることも可能である。

4．家族形成期の消費動向

人生の一大イベントである結婚式が終了すると、ライフステージは、独身期から家族形成期に移行する。まずは夫婦2人の生活になって、やがて家族が増えていくこともあるだろう。出産費用は約50万円だが、加入している健康保険などから原則42万円の出産育児一時金のほか、児童手当も支給される。

つまり、出産費用の問題よりも、「子どもができても、働き続けるか」「いったん退職して、育時に専念するか」というキャリアの選択のほうが重要となる。出産を機に退職し、非正規社員として復職するキャリアと、正社員で働き続けるのとでは、生涯賃金が1億円違う（正社員約2億円、非正規約1億円）という試算もある。これは、お金の問題であるが、それ以上に「生き方」の問題なので、夫婦で話し合って、決断をすることになる。

5．子育て期

　30歳代、40歳代は、会社での仕事が忙しく、昇格、昇進という出世競争の渦中にも入る。その一方で、第二子の誕生、第一子の成長といった「親として幸せを感じる」ことが多くなる。「幼稚園」の入園式や卒園式、「小・中・高」入学式や卒業式は、今では、子どもだけのものではなく、親子のイベントである。マイホームを持つ動機も、一番は自分の家で「子どもの成長」を見守り、「家族の思い出」を作りたいといったものになっている。

　ここからは、住宅ローンの返済をしながら、子どもの大学進学資金を用意しつつ、日々の生活費を支出するという家計運営が必要になる。そうしているうちに、子どもの大学進学というイベントを迎える。

　子どもが地元の大学に進学しない場合は、親元を離れての1人暮らしとなるので、「同居する家族が増えていく」過程から「減っていく」過程への変化が訪れる。それと同時に、「大学への入学金」「学費」「アパートの敷金・礼金」「家賃」「生活費の仕送り」始まる。そこで利用されるのが教育ローンである。

6．家族熟期

　30歳で結婚して32歳で子どもが生まれとすると、子どもが大学に進学するときに親世代は55歳である。さらに35歳でマイホームを建てたとすると、この時点で、築年数はちょうど20年となる。55歳で役職定年という会社もあるので、給料は頭打ちとなるか、減額となるケースが少なくない。そのようななかでの「家賃の支払い」や「仕送り」が求められる。事実、大学生がいる期間、多くの家計は、「赤字」に転落する。ローンを利用して頂く際、キャッシュフロー表を作成してもらうなどして、家計の収支についても関心を高めたい。

　さらに、ここで必要となってくるのがマイホームの経年劣化にともなうリフォームである。金利の見直しとともにリフォーム資金をのせた金額で住宅ローンを借り換えたり、リフォームローンを利用したりすることとなるだろう。

　この年代になると、親の介護に直面するケースも多い。その場合は、「介護

ローン」ないしは「フリーローン」を利用することができる。あまり考えたくない事態かもしれないが、介護の分野にも、ローンが用意されていることは、多くのお客様に知っていていただくとよい。

7．セカンドライフ期

　退職して子どもも独立すると、まさしくセカンドライフが始まる。退職金を手にするが、住宅ローンの返済に回す人もいるだろう。また、年金も年々支給年齢が上がってきている。

　生命保険文化センターの「生活保障に関する調査（2010年）」によると、最低限必要な生活費の平均は月に22.3万円で、ゆとりある老後の生活費の平均は月36.6万円であり、実に14.3万円のかい離がある。厚生労働省の「平成26年度厚生年金保険・国民年金事業の概況」によると、厚生年金保険の受給者は老齢基礎年金部分が54,497円、老齢厚生年金部分が147,513円となっている。国民年金のみの受給者に至っては50,040円である。これは最低限必要な生活費にも達していないこととなる。

　前述のとおり現実には収入と希望のかい離もあり、普段の生活は切り詰めて旅行に行きたいなどのニーズもあろう。これに対応するものとして、年金受給者でも貸出しの対象となるカードローンもある。金融機関も積極的に推進しているわけではないが、ニーズに応えた商品を用意している。

　「老後破綻」という言葉がクローズアップされている。まさに、退職後は年金収入以外には、収入構造の変化を求めることは難しい。加齢にともない責任能力の問題も出てこよう。勤労層の推進する以上に十分に注意を払い、適切な利用を促していく必要がある。

　このように、一生通して、必要となるお金に対し、ローンが用意されている。人生のイベントにはお金が必要だが、自己資金では賄えない場合がある。そんな時に、求められるのが消費性ローンということになる。

◪ 2 教育ローン ◪

1．初年度に必要な大学への進学資金

(1) 学費やアパートの準備等に必要な費用

　中学、高校に進学するのにも教育費は必要であるが、教育ローンの対象としては、「大学進学」が圧倒的に多い。その理由は、「高校までが公立学校中心なのに対して大学は私立学校に行くことが多いこと」「授業料のほか入学金等の諸費用が多額であること」「高校までが親元から地元の学校に通うのに対して大学からは1人暮らしになるケースがあること」などにより、「学費」「下宿費」「生活費」が高額になるからである。

　初年度は、大学に納付するお金だけで、私立だと約130万円になる（「図表2－38」参照）。以下、地方の学生が首都圏の私立大学に進学すると想定して、話を進める。

図表2－38　大学の学費等

学校種	授業料	入学料	施設整備費	合計額
国　立	535,800円	282,000円	－	817,800円
公　立	537,933円	232,422円（地域内）	－	770,355円
		397,909円（地域外）	－	935,842円
私　立	860,072円	264,390円	188,063円	1,312,526円

（出典）文部科学省調べ（平成25年）

　まず、大学に入学する前は、複数の大学の受験をしているので、受験費用がかかっている。その費用も平均252,000円だという（東京地区私立大学教職員組合連合、2014年）。

　続いて、家賃であるが、学生ウォーカーの2015年調査によると、首都圏の平

均家賃は新入学生で月額59,052円、在校生で月額59,288円となっている。初年度の敷金、礼金を3ヵ月分として、約18万円が必要となる。さらに、通学時間は平均で26.6分とのことなので、交通費が必要となる。この交通費は、4年間平均で233,760円（蛍雪時代調べ）になる。これに、「ベッド」「テレビ」「電子レンジ」「冷蔵庫」「パソコン」などの家具や電化製品の初期費用が20万円～30万円程度必要となる。さらに、同じ東京地区私立大学教職員組合連合の2014年調査らよると、仕送りの平均額が91,588円となっている。5月から、大学生の親は、その資金も家計から捻出しなければならない。年間では1,099,056円となる。

以上から初年度に必要となる学費等は、以下のとおりとなる（月々の家賃は仕送りから拠出するものとする）。

初年度に必要となる学費等＝1,312,526円＋252,000円＋180,000円＋58,440円
　　　　　　　　　　　　＋300,000円＋1,099,056円＝3,202,022円

(2) 教育資金の2つのニーズ

入学時に最低限用意しなければならない資金だけでも200万円程度は見ておきたい。それを用意できたとしても、その後、月々の給料のなかから、たとえば10万円程度の仕送りをして、また、6ヵ月後には後期の授業料を支払わなければならない。月々のキャッシュフローから捻出できないのであれば、「預金を取り崩す」とか、「ボーナスを充てる」といった資金計画が必要となる。

もし、これらを教育ローンで用意するとなれば、2つのニーズが見えてくる。まず1つ目が、入学金や授業料など「まとまった資金を用意するのは大変だから教育ローンを使う」というものと、2つめにアパート代や生活費等など「月々のキャッシュフローから教育資金を継続して払い続けるのは大変だから教育ローンを使う」というニーズである。

後述するが、前者は「証書貸付型」、後者は「当座貸越型」の教育ローンが、そのニーズにマッチする。

2．教育ローンの商品性

(1) 国の教育ローン

認知度の高い教育ローンである日本政策金融公庫の「国の教育ローン」について、その商品性について紹介をする。

① **特　　徴**：・入学前のまとまった費用の準備が可能
　　　　　　　・合格発表前でも申込み可能
　　　　　　　・日本学生支援機構の奨学金との併用も可能
　　　　　　　・安心の固定金利、長期返済
　　　　　　　・延べ500万件の融資実績

② **資金使途**：資金使途は、「学校納付金（入学金、授業料など）」「受験にかかった費用（受験料、交通費など）」「自宅外通学に必要な住居費用（敷金、家賃など）」「教科書代」「パソコン購入費」「学生の国民年金保険料」など

③ **融 資 額**：1人につき350万円以内（融資限度内で重複して利用することも可能）

④ **返済期間**：15年以内（利息のみの返済期間を含む）

⑤ **金　　利**：固定金利で2.05％（平成28年2月現在）

⑥ **返済方法**：毎月の返済額は一定（毎月元利均等返済）で、ボーナス月増額返済も併用でき、その場合のボーナス返済分は最大で融資額の1／2。在学期間中は、利息のみの返済（元金据置）とすることが可能

⑦ **保　　証**：連帯保証人、もしくは、（公財）教育資金融資保証基金の保証が必要

⑧ **優 遇 等**：母子家庭または父子家庭の者、世帯年収200万円以内の者、交通遺児家庭の者は、返済期間が18年以内、適用金利が1.65％などの優遇

⑨ **利用対象者**：融資の対象となる学校に入学・在学される者の保護者（主に

生計を維持されている人)で、世帯年収(所得)が、以下に該当する者

お子さまの人数	1人	2人[※1]	3人	4人以上
給与所得の方（世帯年収）	790万円以内	890万円以内	990万円以内	下記参照[※2]
事業所得の方（世帯所得）	590万円以内	680万円以内	770万円以内	

※1　上記金額を超えていても、一定の要件を満たせば、子どもの人数が2人までの者も、申し込みできる。

※2　4人以上については、日本政策金融公庫のホームページ（https://www.jfc.go.jp）を参照のこと。

⑩**必要書類等**：・借入申込書
・世帯全員（続柄を含む）が記載された住民票の写し（原本）または住民票記載事項証明書
・運転免許証またはパスポート
・源泉徴収票または確定申告書（控え）
・「住宅ローン（または家賃）」「公共料金」の両方の支払いを確認できる預金通帳（最近6ヵ月分以上）
・「入学資金」の申込みの場合は合格を確認できる書類（合格通知書、入学許可証など）
・「在学資金」の場合は、「在学を確認できる書類（学生証、在学証明書など）」「使いみちを確認できる書類（授業料納付通知書、見積書など）」の両方の書類
・連帯保証人による保証を希望する場合は、予定連帯保証人の源泉徴収票または確定申告書（控）

⑪**返済の目安（借入金額200万円・元利均等返済）**：
・5年返済の場合：月額35,700円
・10年返済の場合：月額18,600円

※　10年返済の場合で、在学期間4年間、据え置いた場合、在学中の毎月の返済額は約3,500円となる。

以上のように、もともと「家庭の経済的負担の軽減」「教育の機会均等」を目的として創設されたローンであるため、所得の多い人は借りることができないなど、金融機関とは異なる商品内容となっている。

　この教育ローンは、日本政策金融公庫の支店だけでなく、銀行や信用金庫などの金融機関でも、取扱いが行われている。民間金融機関の教育ローンも、商品性が向上しているが、適用金利に関しては、国の教育ローンに優位性がある。また、「教育ローン」といえば、「国の教育ローン」のことをいう時代が長く続いたため、現在でも、圧倒的な認知度を誇っている。

(2) 奨学金との比較

　教育ローンは保護者が借りるのに対し、学生本人が借りて就職してから返済する仕組みなのが、独立行政法人日本学生支援機構の第二種奨学金である。2015年11月現在、適用金利は固定金利型で0.53％、変動金利型で0.1％（年利3％を上限とする。在学中は無利息）と教育ローンよりも低い。

　同機構の奨学金は第一種と第二種があるが、第一種は「特に優れた学生および経済的理由により著しく修学困難な者」が対象となり、第二種はそれより緩やかな基準によって選考された学生に貸与が行われる。奨学金の選考には「学力基準」と「家計基準」があり、第一種は第二種よりも高い学力基準が要求されているというのが、ここでいう「緩やか」の意味である。

　貸与月額は、「国公立」「私立」「自宅通学」「自宅外通学」に関係なく、3万円、5万円、8万円、10万円、12万円のなかから選択される。なお、この奨学金は大学経由で申し込むことになっている。

(3) 民間の教育ローンの商品性

　民間金融機関の教育ローンは、大きく分けて、次の2つのタイプがある。

① 「当座貸越型」……在学中は専用ローンカードにより、反復継続的に借入れができる。卒業時に証書貸付に切り替えられ、返済が行われる

② 「証書貸付型」……受験費用、入学金、授業料、入学時の転居関係費用など必要資金を一括して借り入れ、翌月から返済が行われる

　当座貸越型は、「後期の授業料をローンカードで借りて支払い、12月のボー

ナスで返済」「ゼミ合宿の費用を借り、満期の定期預金で返済」「4月に前期の授業料を借り、7月のボーナスで返済」といった形で利用される。証書貸付型は、入学時にまとめて必要となる資金の利用などに適している。

①資金使途：「受験費用」「入学金」「授業料」「入学時の転居関係費用」などの学費にかかわる費用のほか、「毎月の仕送り金」「寮費・アパート代」「教科書・パソコンなどの教育関連費用」など

②融資額：一般的に「10万円以上300万円」「500万円」「800万円」「1,000万円以内」など（下限は10万円）

③返済期間：返済期間は、「6ヵ月以上10年、15年以内」など（当座貸越期間は借入れから卒業予定月の末日までとして卒業後に証書貸付に切替え等の取扱い）

④金利：・変動金利……毎年4月1日と10月1日の金融機関所定の短期プライムレート連動長期貸出金利の最優遇金利を基準として、年2回見直しを行う。見直し後の新利率は、翌々月の約定返済日の翌日から適用する。その場合、短期プライムレート連動長期貸出金利の変更幅と同じだけ引上げ、または引下げ
・固定金利……借入時の金利を完済時まで適用

⑤返済方法：・当座貸越型……随時返済（毎月の指定返済日に利息のみを支払う）
・証書貸付型……元利均等返済（毎月決まった金額（元金＋利息）を支払う）

⑥保証：原則として連帯保証人は不要で、金融機関所定の保証会社の保証が条件

⑦利用対象者：・大学、短大・高等専門学校、高等学校などに入学または在学する子どもを持つ保護者で一定の条件を充たす者
・申込み時の年齢が満20歳以上かつ最終返済時の年齢が満80歳以下
・勤続年数1年以上（営業年数2年以上）で前年度税込年収

　　　　　　　200万円以上の者
　　　　　　・金融機関所定の保証会社の保証が受けられる人
⑧**申込みの際に必要な書類等**：・本人確認資料（運転免許証、健康保険証、
　　　　　　　　　　　　　　　　住民票謄本等）
　　　　　　　　　　　　　　・所得を証明する書類
　　　　　　　　　　　　　　・資金使途確認資料（入学金、授業料などの
　　　　　　　　　　　　　　　金額を確認することができる書類）
　　※　学生本人が申込者となる場合
　　　①満20歳以上の場合：印鑑証明書（連帯保証人1名）
　　　②学生本人が満20歳未満の場合：戸籍謄本
　　　　　　　　　　　　　　　　　　同意書
　　　　　　　　　　　　　　　　　　印鑑証明書（親権者全員の分）

　このように民間金融機関の教育ローンも、商品性が向上して利用しやすくなっていることが分かる。経済的な理由で進学をあきらめる学生をなるべく少なくするために、教育ローンの存在をもっと多くのお客様に伝える必要がある。

　以上は1人の場合で、2人の子どもが同時に大学生というケースもある。その場合、多くの家計は赤字となり、月々のキャッシュフローでは仕送りや学費を賄えないため、教育ローンを利用する機会も増えよう。

　教育ローンには、家計のキャッシュフローを改善させる効果も期待できる。預金はそのままにして教育ローンを借りて4年間の据え置いたのち、教育費がいらなくなった分で返済することで家計は安定する。また、子ども本人が借りて返済するタイプの教育ローンであれば、親世代は、子どもが卒業した時点で、老後の資金作りに専念することができる。

■　3　マイカーローン　■

1．マイカーローンニーズ

　マイカーローンは、自動車を購入した時の購入代金や修理、車検の時の費用

に対して金融機関等が融資するものである。主に購入代金に対しての融資で、これは新車、中古車を問わない。

　自動車の購入にローンを利用した者の比率は全体で11.6％、年代別にみると、20代以下が8.2％、30代以下が13.4％、40代以下が14.3％、50代以下が7.1％、60代以下が2.7％というデータ（日経BP）がある。2006年の調査ではあるが、それでも、「マイカーローンは住宅ローンと違って、自己資金で充当する人が多い」ということと、「30代、40代という働き盛りの世代の利用率が高い」ということの2点は変わらないと思われる。若い人は、自己資金が足りないケースが多く、中年層は、家計のやりくりを考えて、手許の資金をマイカー購入に一括充当しないほうがよいと考えて、マイカーローンを利用するということである。購入する車の価格も相対的には、若い人は低く、中年層は高くなる。

　若い人については、月々の給料のなかから貯蓄するのは難しいが、借金は返せてしまうというメリットもある。つまり、貯蓄は「できたらしたほうがいい」という感覚だが、借金は「返さなければならない」ということである。よって、前者は優先順位が後回しとなりやすいが、後者は「まずは返済」となる。

　マイカーローンの利用は、「そもそも、自己資金では車を買えないから、ローンを組んで購入する」だけではなく、「手元の資金を使えば購入できないこともないが、近い将来予定しているライフイベントの資金が不足したりする可能性があるので、ローンを利用することで、家計の流動性を高めるとともにそれらの資金ニーズに備えたい」というメリット、さらには「お金を貯めるのは大変だが、ローンの返済はできる」といった3つのニーズを喚起し、マイカーローンの獲得につなげていくことが、推進のポイントにもなる。

2．マイカーローンの商品概要

　金融機関の取り扱っているマイカーローンの商品概要を見ていきたい。

(1) 利用対象者
①申込み時に満20歳以上、満70歳未満の者

②前年度税込年収が200万円以上（個人事業主は所得金額）で安定した収入の見込まれる者
③所定の保証会社の保証が受けられる者

　①については、申込時の年齢を満65歳未満、完済時の年齢を71歳未満とする金融機関もある。②については、勤続年数１年以上などとする金融機関、特に年収基準等は明示せず、「継続して安定した収入の見込まれる者」などと表記している金融機関も少なくない。

(2) **資金使途**

　資金使途については、「自家用車の自動車」「オートバイの購入資金（新車、中古車）およびその付帯費用」（購入時の税金、保険料含む）や、「車検費用」「修理費用」「運転免許証の取得資金」「付属機器の購入資金」などまで、幅広く自動車関連のニーズに対応している。

　また、他金融機関のマイカーローンの借換えに対応している金融機関がある。住宅ローンでは、他金融機関の肩代わりが、業者営業と並ぶ推進施策の柱であるが、マイカーローンも、他金融機関の肩代わりが活発化する可能性がある。

　なお、まだマイカーローンの残債が残っているうちに新しい自動車が欲しくなり、今乗っているその車を下取りに出して、新たにローンを組んで購入するというお客様もいる。その際、ネックになるのが、マイカーローンの残債である。このネックに対し、買換え時の下取り車のマイカーローン残高も、資金使途とすることで、対応している金融機関もある。

　一方で、「個人間の売買」や、「ディーラーの見積書、契約書」等によって確認できない資金、営業用自動車などは、マイカーローンの対象にならない。

(3) **融資金額**

　融資金額は、「10万円以上300万円以内」「500万円以内、1,000万円以内」などである。また、500万円を超える場合は、融資金額を前年の税込み年収の範囲内とするであるとか、マイカーローンを含めた無担保融資の総借入額が前年度年収の50％以内であることなど一定のしばりを設けている金融機関もある。

(4) 融資期間

融資期間は、「6ヵ月以上10年以内」などである。最短期間は6ヵ月ないしは1年としている金融機関が多い。最長期間については7年以内などと10年よりも短くしている金融機関もある。

(5) 融資利率

融資利率等は、以下のとおりである。

ａ．変動金利型の場合

短期プライムレートに連動する長期貸出最優遇金利を基準金利とし、それに一定の利率を上乗せして設定される。適用金利は、基準金利の変更にともない、その変動幅と同じだけ変動するものとする。変更後の利率は、基準金利の変更日以降、最初に到来する約定返済日の翌日から適用される。適用金利は、カードローンなどよりは低いが、住宅ローンよりは高い。

なお、多くの金融機関はインターネット経由での申込みに注力しているため、金利競争が行われている。

ｂ．固定金利の場合

固定金利については、用意していない金融機関が多いが、設定している金融機関では、キャンペーンによる優遇幅の大きい金利の設定も見られる。ただし、変動金利よりは、利率は高い。

(6) 返済方法

返済方法は、元利均等返済で、指定の預金口座から引き落としとなる。6ヵ月ごとのボーナスによる増額返済も融資金の40％以内で認められる（50％とする金融機関もある）。

(7) 担　　保

担保は、不要である。

(8) 保　　証

原則として連帯保証人は不要で、金融機関所定の保証会社の保証が条件となる。保証料は原則として融資利率に含まれる（一部金融機関では別枠）。

(9) 手数料

融資金額に応じて印紙代が必要である。また、借入れにあたっての手数料は不要であるが、繰上げ返済を行う際は、金融機関によって手数料が必要な場合と必要でない場合がある。

(10) 必要書類

融資に際し必要となる書類は、以下のとおりである。
①本人確認資料（運転免許証、健康保険証など）
②年収の確認できる書類（源泉徴収票等）
③自動車の見積書、売買契約書等

3．残価設定ローン

上記のマイカーローンのほか、金融機関によっては「残価設定ローン」の取扱いを行っている。たとえば、200万円の自動車を購入して200万円を借りる際、3年後の自動車の価値を80万円とみなして据置き、120万円分を3年間で返済するローンを組むというものである。

融資期間は3年ないしは5年とする金融機関が多い。「月々の返済が抑えられる」といったメリットがある一方、「残価分についても利息の支払いが必要であること」であるとか、「3〜5年のローン終了時に、「支払いを継続する」「買い換えをする」「完済する」という3つのなかから選択しなければならないこと」といったデメリットもある。「3年で買い換えるつもりだったが、やはり乗り続けることにした」といった場合には、普通のマイカーローンで借りたほうが、残価設定ローンで借りた場合よりも支払い利息を抑えることができたことになる。

短いスパンで、自動車を買い換えて行きたいというお客様にとっては、魅力のある商品設計だと思われる。自行庫で取扱いがなかったとしても、知識として、こういうタイプのローンがあることは知っておくことが大切である。

4．ディーラーのローンと金融機関のマイカーローンの違い

ディーラーでローンを組む場合は、次のようなメリットが考えられる。
①購入する場所で申込みをするため手間がかからない
②金融機関のマイカーローンよりも一般的に審査が通りやすい
③ディーラーは、土日祝日でもオープンしているので、平日でなくても、申込みが可能
④審査結果が出るまでのスピードが速い
⑤ディーラーのローンを利用することを条件に、購入する自動車の値引きが行われる場合がある

資金使途を証明する書類を用意する必要がないし、金融機関に出向く必要もない。売買契約と合わせてローンの申込みをするため、一回で手続きが済む。実際には信販会社と提携し、その審査となるため、比較は難しい。しかし、後述のとおり、ディーラーのローンを利用した場合、自動車の所有権はディーラーにあるため、返済が滞った場合、ディーラーは当該自動車を売却して返済に充当することができる。よって、その分、金融機関よりも審査が通りやすいという分析がある。

一方で、次のようなデメリットがある。
①ローンの完済までは、ディーラーが所有者となる
②購入する自動車が決まるまでは、仮審査ができない
③ディーラーも低金利のキャンペーンを行うことがあるが、車種が限定されることが多く、一般的には金融機関のマイカーローンに比べて金利が高い
④繰上げ返済が全額返済に限られる、もしくは回数制限があるなど、金融機関に比べて融通が利かないケースが多い

金融機関のマイカーローンのメリットは、上記の裏返しになるが、以下のとおりとなる。
①自動車の所有者は、ローンに関係なく、購入時点でお客様となる
②外国車、高級車に限らず、新車、中古車、車種に関係なく、同じ金利が適

用され、一般的に、ディーラーのローンより低い

③繰上げ返済は、全額だけでなく、一部の返済も可能で、回数制限もない

　また、ディーラーローンに優位性があるとされる「手間がかかる」といった点についても、インターネットでの仮審査などでかなり解消されている。スピードについては、自動車を購入しようと思った段階で、仮審査の申込みをし、借入可能額を把握しておくという方法もある。「あなたなら200万円まで借入可能です」という審査を受けて、自動車を選ぶことが可能というわけである。

5．自動車購入時に必要な税金・諸費用

　マイカーローンは、車検や修理費用などにも利用することができるが、自動車を購入する際に利用するのが一般的である。自動車を購入した場合、車両本体価格だけでなく、税金や諸費用が必要となる。

　マイカーローンは、車両本体価格、カーナビなどのオプションパーツに加え、これらの税金、保険料についても利用することができる。

(1) 税　　金

　自動車にかかる税金には、以下のものがある。

①**自動車取得税**：自動車を購入する際、徴収される税金（地方税）で、税率は車両取得価額の３％（軽自動車は２％）

　　※　2017年４月に消費税が10％に増税になるのにあわせて廃止される見込み。代わって環境性能課税の導入が検討されている。

②**自動車重量税**：自動車の重量に応じて徴収される税金（地方税）で、車検の有効期間の年数分（新車の場合は３年間分）を前払い（減免なしの場合、車両重量１ｔから1.5ｔの自動車は36,900円）

③**自動車税**：自動車を所有していることに対して課される税金で、税率は排気量によって毎年一回、支払い（減免なしの場合、総排気量１ℓから1.5ℓの自動車は34,500円）

④**消　費　税**：自動車購入時に、「車両本体価格」「オプションパーツ」「登録手数料」に課税

(2) 諸費用

諸費用には、以下のようなものがある。

①**車庫証明取得代行費用**：自動車を購入する際に必要となる「自動車保管場所証明書（車庫証明）」の代行費用（相場は10,000～20,000円ほど、印紙代含む）

②**登録代行費用**：自動車の所有者名義を管轄の陸運局に登録するのに要する代行費用（相場は15,000～30,000円程度）

③**納車費用**：購入した自動車をディーラーから自宅まで届けてもらうのに要する費用（相場は5,000～15,000円程度）

④**自動車リサイクル料金**：自動車リサイクル法の施行にともない、廃車時に自動車を廃棄してもらうための費用（普通乗用車で10,000～18,000円程度）

⑤**自動車損害賠償責任保険料**：すべての自動車が加入しなければならない保険の保険料（自家用自動車は、36ヵ月で39,120円）

6．自動車を所有することでかかる維持費

　自動車重量税は自動車の重量に応じて課税されるが、購入時だけでなく所有している期間も、車検のつど、次回車検までの期間分を支払う必要がある。

　自動車税は、毎年4月1日現在の所有者に対して排気量に応じて課税され、道路整備費用の負担に使われる。自動車を購入した際は、その月の翌月から翌年3月までの自動車税を月割計算で支払うが、それ以降は、毎年支払う。

　また、新車で購入した場合は、登録から3年、それ以降も2年に一度、車検を受ける。そのほかにも、12ヵ月ごとに法定点検が義務付けられている。

　自賠責保険についても、加入が義務付けられている保険であり、車検の際に次回車検までの期間分の保険料を支払う必要がある。それに加え、任意で保険に入るのが一般的であり、その保険料も見ておかなければならない。これらの資金についても、大抵のマイカーローンは資金使途として対応している。

7．エコカー減税

　地球環境の保全に向けて、環境性能の高い自動車については、自動車取得税、自動車重量税を減税する「エコカー減税」が行われている。自動車取得税については平成29（2017）年3月31日、自動車重量税が平成29（2017）年4月30日までの適用期間となっているが、非常に重要なテーマであるので、継続的に優遇措置がとられる可能性が高い。

　現時点では、「排出ガス性能及び燃費性能に優れた自動車に対して、それらの性能に応じて、自動車重量税と自動車取得税を免税・軽減する」とし、次のような規定がされている。

①電気自動車、燃料電池自動車、天然ガス自動車、プラグインハイブリッド自動車、クリーンディーゼル乗用車については、自動車取得税を非課税とする（これらの自動車は次世代自動車と呼ばれ、平成32年度燃費基準を20％クリアーしている）

②ガソリン車（にハイブリッド車含む）について、平成32年度燃費基準を20％超過していれば自動車取得税は非課税、10％超過していれば80％軽減、達成していれば60％軽減。平成27年度燃費基準を10％超過していれば40％軽減、5％超過していれば20％軽減する

③平成32年度燃費基準を20％超過していれば、自動車重量税を免税、10％超過していれば75％軽減、達成していれば50％軽減、平成27年度燃費基準を5％超過していれば25％軽減する

　このテーマは、今後、ますます重要になってくると思われるので、制度が変わったとしても、関心を持ち続けることが大切である。

8．マイカーローンの推進方法

　マイカーローンの推進方法は、以下のとおりである。しかし、なかには、日中在宅していることが少ない主なターゲットである現役世代に対しては、有効でなくなっているものもある。また、ディーラーからの紹介なども、個人情報

保護の関係で難しくなっている。

①お客様の自宅を訪問した際、駐車場を見て自動車をチェックする。「外観を見る」「車検証のステッカーを見て年式を見る」などにより「買換え時期」を推測し、お客様に聞く

②お客様の乗っている自動車のモデルチェンジがあれば、その話題をふり、買換えの意向を探る

③エコカー減税の話題を出して、ハイブリッド車などへの買換え希望がないか、聞く

④ディーラーとリレーションを深め、マイカーローンを希望されるお客様を紹介してもらう

⑤過去のマイカーローン利用者ないし現在のマイカーローン利用者に、買換えの意向を聞く

そこで、多くの金融機関が力を入れているのが、インターネットチャネルによる推進である。具体的には、仮審査の申込みをネットで受け付けし、3～5日で結果を連絡する。仮審査を通ったら、店頭に来店してもらい本申込みをし、指定日に融資を実行して購入先であるディーラーに振込みを行うといったパターンとなる。土日祝日でもローンセンターでの本申込みを可能としている金融機関も少なくないので、お客様は、休みの日に、手続きをすることができる。

また、購入する車種が決まっていない段階でも、仮審査の申込みを行い、自分の借入れ可能額を事前に把握することのできる金融機関もある。200万円まで借入れ可能という審査結果が出たら、その範囲内で、余裕を持って車選びができる。金融機関のホームページを見ると、返済のシミュレーションができるツールが用意されているものが多い。それらを使って、返済計画を立てることが、24時間可能なので、フェイス・トゥ・フェイスのような時間的制約を受けない。

ネットを通して仮審査をし、マイカーローンを申し込む場合は、金利が優遇されるケースが多い。今後、ますますネットという非対面チャネルを使った推進が活発になっていくことが予想される。

したがって、お客様を自金融機関のホームページに誘導することも、重要な対面チャネルでの営業になる。一方で、お子さんが2人いて乗っているのが軽自動車であれば、「ワンボックスカーに買い換えたいという希望があるのではないか」と推察し、話題にしてみるといった感性も無くしてはいけない。対面チャネルと非対面チャネルと両輪で、お客様のマイカー取得ニーズを取り込んでいくことが推進のポイントといえる。

◾ 4　カードローン ◾

1．カードローン推進強化の背景

　今、多くの金融機関がカードローンの推進に力を入れている。その理由は、2006年12月の改正貸金業法成立（2010年完全施行）により、消費者金融業者、クレジット会社、信販会社などのノンバンク系金融業者に対し、個人の借入総額を年収の1／3以内に規制する「総量規制」が導入されたことによる。くわしくは次の項目で取り上げるが、当時、ノンバンク系のキャッシングにより、多重債務者が増加し、自己破産や返済に行き詰っての自殺が社会問題となっていた。それを是正するために、「貸金業の適正化」「過剰貸付けの抑制」などを目的とした改正貸金業法が策定されたわけである。一方、銀行等の金融機関は、この規制を受けないため、ノンバンクに代わる貸し手としての役割がクローズアップされることになった。

　改正貸金業の施行にともない、金融庁は「健全な消費者金融市場の形成」を金融機関に要請し、「借り手の目線に立った10の方策」を作成している。そこには、「銀行・信金等が消費者向け貸付けに必ずしも十分に取り組んでいない実状が考えられる」「中長期的に健全な消費者金融市場を形成する観点から、消費者向け貸付けについて、銀行・信金等による社会的責任を踏まえたうえでの積極的参加が望まれる」としている。

　このような流れと、「法人融資の伸び悩み」「住宅ローンの採算性低下」といった金融機関のおかれた環境が、収益性の高いカードローン分野への推進強

化につながっているものと思われる。

2．カードローンの商品性

　カードローンは、設定される金額や信用力に応じて、複数の金利設定がされている金融機関が多い。都市銀行では、以下のような利用限度額と金利等を設定している。

　①利用限度額が10万円以上100万円以内で、手持ちのキャッシュカードに借入機能を追加
　②利用限度額が10万円以上500万円以内で、ATMでの借入だけでなく振込みによる借入れも選択可能
　③200～1,000万円の間に6つの利用限度枠を設定して3～7％という金利が適用、もしくは「10万円」「20万円」「30万円」「50万円」「100～1,000万円」という8つの利用額設定をして3.5～14％の金利が適用。後者については、審査結果によってプランが決定

　なお、金利については、利用限度額が大きいほど低く設定されている。以下、一般的な商品性を見ていく。

(1)　利用対象者

　利用対象者は、「借入時の年齢が満20歳以上70歳未満の者で保証会社の保証が受けられる者」などとなっている。上限を、60歳以下、65歳未満など、もう少し低くしている金融機関もある。また、「安定した収入のある方」といった表記も多い。同時に「アルバイト、パート、年金受給者である者も申し込み可能」と明記している所もある。

　ある金融機関では、カードローンの年代別利用率を紹介しているが、それによると、40歳代が3割で最も多く、次いで30歳代、50歳代、20歳代となっている。また、男女比では男性が7割、女性が3割というデータを紹介している。

(2)　資金使途

　資金使途は、「自由（ただし、事業性資金を除く）」である。目的別ローンと違い、資金使途が自由である点が、カードローンの最大の特徴といえる。多く

の金融機関が「こんな時に使う」というモデルケースを紹介している。

たとえば、「結婚式が重なった」「急な転勤で引っ越しが必要となった」「忘年会の幹事を引き受けたが、代金を立て替えることになった」「給料日まであと数日だが、手許にお金が欲しい」などである。「車を買う」「結婚式をあげる」といったことであれば、目的別ローンを利用したほうが、金利面などのメリットが大きい。したがって、カードローンは、上記のように、日常生活の収支のやりくりで足りなくなった資金を用立てるイメージでの利用となる。

(3) 融資金額

融資金額は、「10万円以上500万円以内（ご利用限度額は、この範囲内でが設定）」などである。金額の上限は、300万円の金融機関もあれば、1,000万円としているところもある。

新規申込み時は30万円のみとし、6ヵ月経過後、限度額の増額（上限100万円）を申し込むという商品もある。この商品は、返済用預金口座のキャッシュカードに借入れ機能を追加するので、銀行以外にコンビニでも借入れを受けることができる。また、返済用口座の残高が、公共利用金の支払い等の引き落としで不足する場合、利用限度額の範囲で、自動的に融資が行われる。したがって、「お金が足りず、引落しが不能となる」事態を防止することができる。

(4) 借入期間

借入期間は、原則として「１年（原則として、審査を行い更新）」である。

(5) 融資利率

融資利率は、「年４～14％」などとなっている。利率に幅があるが、利用限度額に応じて、段階的に利率が設定されているケースが多い。

たとえば、100万円以下は年14％、400万円超500万円以下は年４％といった設定である。なお、「金融情勢等により、融資利率は変更する場合がある」という表記がされている。

(6) 融資方法

融資方法は、「専用のローンカードによりATMにて借入れ」を行う。そのほか、「インターネットバンキングによる借入れ」「口座への振込み」といった方

法も可能な金融機関がある。前述のとおり、公共料金の引落しなどに対し、口座に残高が不足する際は、自動融資される機能を付与している金融機関もある。

(7) 返済方法

返済方法は、「定例返済（毎月指定日返済）と随時返済」となっている。定例返済では、「毎月10日に、利息を組み入れ、利息組入れ後の残高に応じた金額を返済用口座から自動引き落としとする」といった方法が一般的である。

たとえば、利息元加後の残高が10万円以下の場合は、定例返済が2,000円、40万円以上50万円以下は10,000円といった月々返済額設定となっている。随時返済では、ATMによる返済、振込み、インターネットバンキングによる返済などがある。

(8) 担　　保

担保は、原則として、「不要」となっている。

(9) 保　　証

保証は、原則として連帯保証人は不要で、「金融機関所定の保証会社の保証」が条件となる。保証料は、金利のなかから支払われるので、お客様の負担はない旨の表記と、保証料は当行が負担しますといった表記とが見られる。

(10) 手 数 料

手数料は、「不要」である。

(11) 遅延損害金

遅延損害金は、「年19.9％」などとなっている。カードローンは金利が高いので、不意の出費や短期間の不足額の用立てに利用し、借入れを常態化させることなく、給料日に返済するといったことが望ましい。計画的に、上手に利用すれば、一次的な家計の収支のずれをカバーするなど効能が多い。10万円を30日借りた場合、利息は1,200円（年利14.6％）などとホームページにシミュレーション例を載せている金融機関もある。このような返済の仕方が理想だと思われる。

3．カードローンの推進方法

カードローンは非対面チャネルのインターネット経由での申込みが主流であり、各金融機関は、ネットでの推進に力を入れている。

インターネットであれば、申込みを行うと、最短30分で審査結果がEメールまたは電話で連絡される。すぐに資金が必要であれば、必要資金を指定口座に即日振り込んでもらうこともできる。通常でも、審査結果の通知を受けた後に契約の手続きをし、最短1日でローンカードを受け取ることが可能となっている。申込みは、24時間365日可能とホームページにうたっている金融機関も多い。テレビ窓口を設け、運転免許証があれば、申し込んでから最短40分でローンカードが発行されると表記されている金融機関もある。

このように、現在では、インターネットを通してカードローンを申込み、審査のうえ、ローンカードの発行、ないしは融資金の振込みを即日受けることができる体制が整えられている。つまりは、インターネットで申込みから借入れまでが完結するということである。

5　貸金業法

1．改正貸金業法施行の背景

貸金業法は、消費者金融などの貸金業者の適正な運営の確保と、貸金業者から借入れをする人の利益の保護を図ることを目的とし、1983年に制定された法律である。その後、2006年12月に改正貸金業法が成立し、2010年からは完全施行されている。2006年当時、消費者金融やクレジットカードのキャッシングによって、多重債務者が増加、それにともなって返済が不能となり、自己破産する人や自殺に追い込まれる人が社会問題となっていた。

2006年には5社以上の消費者金融から融資を受ける多重債務者が230万人にも及び、その平均残高も200万円に上っていた。また、多重債務を苦に自殺する人も1,973名となり、まさに社会問題化していた。その原因として、貸金業

者の「高金利、過剰与信、過酷な取立て」が指摘された。このような状況を是正すべく、成立したのが改正貸金業法であった。結果として、2014年には、多重債務者は17万人、多重債務による自殺者は688名に減少している。

2．改正貸金業法

改正貸金業法は、「貸金業者の業務の適正化」「過剰貸付の抑制」「金利体系の適正化」などを定めている。

(1) 貸金業の適正化

下記のとおり、「貸金業への参入条件の厳正化」を行った。

① 総資産5,000万円以上の貸金業者でなければ貸金業を営むことができない
② 貸金業務取扱主任者について資格試験を導入し、試験に合格し、主任者登録を受けた者を営業所ごとに配置することを義務付け

このほか、「貸金業協会の自主規制機能を強化する」「貸金業者の行う取立てなどの行為を厳しく規制する」「規則違反に対し業務改善命令を出すこととする」などが決められた。

(2) 過剰貸付の抑制

過剰貸付の抑制として、以下の制度が設けられた。

① **指定信用情報機関制度の創設**……従来、顧客の信用情報を収集・管理する機関が業態ごとに5つ存在していたのを、指定信用情報機関に集中させた。貸金業者が借り手の総借入残高を把握できる仕組みが整備された
② **総量規制**……貸金業者が個人に貸し付ける場合には、指定信用情報機関の信用情報を利用した返済能力調査が義務付けられた

個人の貸付けについて、「自社からの借入残高が50万円超となる貸付け」、または、「総借入残高が100万円超となる貸付け」の場合には、貸金業者に年収等を証する資料の取得が義務付けられた。調査の結果、総借入残高が年収の3分の1を超える貸付けなど、返済能力を超えた貸付けが禁止された。

以上は貸金業協会のホームページからの紹介だが、従来は、消費者金融などが年収の制限もせず、各社の審査によって融資を行っていた。それが、多重債

務の原因となったという分析のもと、借入総額を年収の1／3以内にするという総量規制につながった。この規制が消費者金融に与えた影響は大きく、この後の項目で取り上げる過払い金の問題と合わせて、経営の根幹を揺るがすことになった。一方で、銀行等金融機関は、総量規制の対象ではないため、消費者金融で借りることのできなくなった個人が、銀行等金融機関にカードローンを申し込むという動きが見られた。これが、今日、銀行等金融機関によるカードローンへの注力の背景である。

(3) 金利体系の適正化

借り手の目線に立った10の方策では、消費者向け貸付けについて、「銀行・信金等による社会的責任も踏まえたうえでの積極的参加が望まれる」「今後の健全な消費者金融市場の形成は、改正貸金業法の完全施行の円滑な実施にも資する」と明記している。また、方策として、「銀行・信金等が消費者向け貸付けを行う際の適切な審査や取立ての防止等について、所要の態勢整備を求める」などとしている。つまり、金融機関が消費者向けの貸出を増やしていくことを期待し、そのための態勢整備を求めているわけである。

その前提として、総量規制は「貸金業者から行われる個人の借入れに適用」され、「銀行など、貸金業者以外からの借入れは対象外」となっている。さらに、借入残高が年収の1／3を超えていても、「住宅ローン」「自動車ローン」「有価証券担保貸付け」「不動産担保貸付け」等は借入れ可能とされている。

一方で、消費者金融各社は、「貸出金の減少」「金利の低下」「過払い金の支払い」など、大変な逆風に見舞われた。改正貸金業法の完全施行は、大きな出来事であった。

6 出資法と利息制限法

1．出資法と利息制限法の概要

「貸金業規制法」「出資法」「利息制限法」は、貸金業関連3法と呼ばれている。以下では、「出資法」「利息制限法」について解説する。

(1) 出資法

　出資法は、「出資の受入れ、預り金及び金利等の取締りに関する法律」の略称で、「出資の受入れ」「手数料」「金利」等について定めたものである。2010年6月に改正されるまで、出資法では、金利の上限が29.2％とされていた。これを超える利率を定めたり、取ったりした場合には厳しい罰則規定があった。2010年の改正では、その上限が20％に引き下げられた。現在でも、20％を超える利率で契約した場合には、罰則規定がある。

(2) 利息制限法

　利息制限法は、「金銭を目的とする消費貸借上の利息の契約及び賠償額の予定について、利率（ないしは元本に対する割合）の観点から規制を加えた法律」である。「債務者を、強い立場の債権者の要求する法外な高利から保護する」ことが目的である。

　金額に応じ、「20％」「18％」「15％」という上限金利が定められ、それを超える利率を設定した場合には、その超過分を無効にするということである。

2．出資法と利息制限法の違い

　2010年6月に出資法の上限金利が20％に引き下げられるまでは、利息制限法では、「10万円未満は20％」「10万円以上100万円未満は18％」「100万円以上は15％」の金利が上限とされ、出資法では29.2％が上限とされるという状態が続いていた。

　たとえば、消費者金融が100万円の融資を行う際、利息制限法では年15％が上限だが、出資法では29.2％が上限となっていた。そこで、消費者金融会社は、出資法の上限利率である29.2％を採用し、金利設定をした。このような利息制限法と出資法の上限金利の差のことを、「グレーゾーン金利」と呼んでいた。違法（黒）でも、合法（白）でもないが、グレーだという解釈であった。

3．2010年6月の改正貸金業法の施行と出資法、利息制限法の改正

　ここで、改正貸金業法のうち、前項で触れなかった「金利体系の適正化」に

ついて、見ていきたい。改正貸金業法により、以下のとおり、「金利体系の適正化」が行われた。

　①貸金業法上の「みなし弁済」制度（グレーゾーン金利）を廃止し、出資法の上限金利を20％に引下げ（これを超える場合は刑事罰の対象）
　②利息制限法の上限金利（年20％～年15％）と出資法の上限金利（年20％）の間の金利での貸付けについては行政処分の対象

　ここで、グレーゾーンははっきりと否定されたわけである。同じ2010年6月には、出資法は、年29.2％であった上限金利を年20％に引き下げられた。

　これにともない、利息制限法においても、営業的金銭消費貸借に関し、出資法の上限利率が年20％に引き下げられたのにともない、民事上は適法であるのに、刑事上は処罰の対象であるという事態が生じないようにするため、みなし利息の範囲および賠償額の予定について特則が定められた。

4．過払い金

　2010年6月以降、年20％を超える金利は認められなくなり、グレーゾーンも廃止された。しかし、2010年6月以前に消費者金融各社から借入れを行っていた人については、利息制限法を超える部分の利息を返還してもらえることになった。いわゆる「過払い金の還付」である。その計算においては、多く払い過ぎていた利息を、過去の元金返済に充当したとされるので、返還される金額の多い人も出てきた。

　このように、改正貸金業法は、貸金業者に大きな影響を与えた。この法律が保護しようとしたのは債務者であり、業者ではない。「貸金業法」「利息制限法」「出資法」は、いずれも債務者を保護する目的があるが、誰から保護するのかといえば、業者からである。

　しかし、業者と債務者は、決して対立する関係にあるわけではない。銀行等金融機関は、消費者ローンの推進において、WIN-WINを目指すことを、あらためて心に刻む必要がある。

第3章

個人事業主への融資

第1節　個人事業主の資金ニーズの概要
第2節　資金使途別ニーズ
第3節　財務分析による検証
第4節　個人事業主に関係する主な税金
第5節　法人成り
第6節　信用保証協会による保証と代位弁済
第7節　事例を使った融資妥当性の検証

第1節　個人事業主の資金ニーズの概要

1　個人事業のライフサイクル

個人事業のライフサイクルは、おおまかに区分すると以下の4つの区分となる。
①創業期
②安定期
③拡大期
④衰退期

このうち、前述の①～③の特徴について、見ていく。

2　創業期

創業期は業種によって様々であるが、まずは、事業をスタートするために必要な最低限の設備が必要になってくる。たとえば、店舗が必要な業種であれば物件の確保がまず必要になり、加えて、「事業に必要な各種設備・備品」「そのほかにも人の確保」など、事業を開始する際に必要な資金は、一時期に集中して必要になってくる。

創業期は資金需要が旺盛であるが、事業として実績のない者への融資になるので、信用保証協会付きの融資などで保全が確保できる場合を除き、一般的に金融機関で融資での対応は非常に難しくなる。したがって、自己資金で対応するのが一般的である。

ただ、緻密な事業計画が実現性の高いレベルで策定されており、かつ保全が確保できる担保が取得できるのであれば検討することも可能であるが、創業期の融資は慎重を要する。

■ 3　安 定 期 ■

　創業後に必要になってくるのは、運転資金である。製造業では、製品をつくるため「原材料を仕入れ」「一定の期間で製品を作り」「販売」して事業を行っている。販売に至るまでには、在庫であった期間もあっただろうし、また、掛けで販売すれば、すぐに代金が回収できるわけではない。

　その間にも、「従業員への給料の支払い」「光熱費の支払い」「家賃の支払等の固定費の支払い」はしなければならない。そのほかにも、「原材料の支払い」「外注費の支払い」などが先行していく可能性がある。

　このように、販売代金の回収までに先行する様々な支払いを行うための必要な資金を、「運転資金」という。創業後間もない頃は、この運転資金の需要がある。この時には、まだ利益の蓄積もないので、事業主個人の資金でまかなったり、金融機関などから資金調達をしたりする。いずれにしても、創業資金で相応の資金を投資した後、事業が開始されれば、この運転資金が必要になってきます。この資金繰りの厳しい時期を乗り切り、事業も順調に推移、何年も経過していけば創業後の「安定期」に入っていく。

■ 4　拡 大 期 ■

　安定期が続くとさらに事業を拡大する「拡大期」に入っていく。たとえば、店舗を持つ業種であれば、店舗を増やしていくといった時期になる。この時期には、順調に積み上がった利益をさらに事業拡大に投資していく。事業拡大の際には、新たな設備投資なども必要になるし、その後の運転資金も必要である。

　この時期には、既存事業の実績があるため、金融機関も「定性分析」「定量分析」「損益分岐点分析」などをして積極的な対応がしやすくなる。個人事業主の事業資金ニーズをうまく取り上げるためには、おおまかにどのような時期に該当しているか、そして、一般的な資金ニーズ、さらに業種別の資金ニーズを把握したうえで、事業実態をヒアリングしていくことが重要である。

　資金ニーズを発掘できたときには、まず「何にいくらどうして必要なのか」

を検証することが必要になる。次に、資金使途の特徴なりに「計画どおり返済可能なのか」を検証する。

　また、事業が順調に推移し拡大してくると、最終的に「法人成り」を検討するケースが一般的である。税務上、相対的に、累進税率の所得税より法人税のほうが、税制上有利だからである。この章では、前述のような個人事業主の融資推進に必要な項目について、確認をしていく。

第2節 資金使途別ニーズ

◾ 1 運転資金 ◾

1．運転資金とは

　運転資金とは、日常の営業活動を円滑に進めていくために必要となる諸々の支払いを行うための資金である。

　たとえば、製造業の場合で考えてみると、「製品ができ上がり」「販売し」「その販売代金が実際に資金として手に入る」までには、下記のような様々な支払いが先行する。

　①製品に必要な原材料等の支払い
　②製造に関わる従業員の給与
　③下請業者への支払い
　④工場や倉庫に関わる諸経費（賃料・光熱費等）
　⑤製造部門以外の本社等間接部門の従業員給与、諸経費　等

　販売代金が回収されるまでに、上記のような支払いが先行することになるため、一定の資金が手元にないと支払いが滞ることになる。この販売代金等の回収までの間、営業活動を行うために必要な資金のことを運転資金という。

2．経常運転資金の算出方法

　経常運転資金は、以下の算式で求められる。

> 経常運転資金＝平均月商×（売上債権回転期間＋棚卸資産回転期間－買入債務回転期間）

または、以下の算式に置き換えられる。

> 経常運転資金＝売上債権＋棚卸資産－買入債務

経常運転資金を構成する各種項目の内容は、以下のとおりとなる。

> 平均月商＝年間売上げ÷12ヵ月
> →（例）年　商24,000万円。24,000万÷12ヵ月＝2,000万円

> 売上債権回転期間＝売上債権（売掛金＋受取手形＋割引手形）÷月商
> →（例）売掛金2,000万円、受取手形1,000万円、割引手形が3,000万円。
> （2,000＋1,000＋3,000）万円÷2,000万円＝3.0ヵ月

> 棚卸資産回転期間＝棚卸資産（商・製品＋半製品＋仕掛品＋原材料等）
> 　　　　　　　　÷月　商
> →（例）棚卸資産3,000万円。3,000万円÷2,000万円＝1.5ヵ月

> 買入債務回転期間＝買入債務（支払手形＋買掛金）÷月　商
> →（例）支払手形2,000万円、買掛金1,000万円。
> （2,000万円＋1,000万円）÷2,000万円＝1.5ヵ月

上記をまとめて、経常運転資金を算出すると、以下のとおりとなる。

> 経常運転資金＝2,000万円×（3.0ヵ月＋1.5ヵ月－1.5ヵ月）＝6,000万円

または、貸借対照表の数値をそのまま抽出すると、以下のとおりとなる。

> 経常運転資金＝売上債権6,000万円＋棚卸資産3,000万円－買入債務3,000万円
> 　　　　　　＝6,000万円

3．経常運転資金の変動要因

　経常運転資金は一定ではない。企業というのは生き物であり、毎日変化を続けているためである。それは「2．経常運転資金の算出方法」で見たように、4つの要素の変動によって生じる。

　経常運転資金の増加は、「月商の増加」「売上債権の増加」「棚卸資産の増加」「買入債務の減少」などによってもたらされる。4番目の買入債務の減少というのは、「買掛期間の短縮」「支払手形サイトの短期化」などである。したがって、これまで手形支払いしていたものを、現金仕入れに変更すると、経常運転資金が増加（資金繰りが苦しくなる）してくる。

　一方、経常運転資金の減少は、「月商の減少」「売上債権の減少」「棚卸資産の減少」「買入債務の増加」などによってもたらされる。

図表3－1　増加経常運転資金額の計算

●A社の財務情報
- 売　上　高　　　　：120,000千円（月　　商：10,000千円）
- 売上債権回転期間：4.0ヵ月
- 棚卸資産回転期間：2.0ヵ月
- 買入債務回転期間：3.0ヵ月

※　ただし、来期新たな取引先が増え、月商で2,500千円（売上債権回転期間が3.0ヵ月）増加になる見込みである。

新たな取引先の条件を加味すると、売上債権は、以下のように変化する。
- 前期売上債権回転期間：4.0ヵ月
- 前期収支ズレ：4.0＋2.0－3.0＝3.0ヵ月
- 前期経常運転資金：10,000千円×3.0ヵ月＝30,000千円
- 新たな売上債権回転期間：(10,000千円×4.0ヵ月＋2,500千円×3.0ヵ月)÷(10,000千円＋2,500千円)＝3.8ヵ月
- 新たな収支ズレ：3.8ヵ月＋2.0ヵ月－3.0ヵ月＝2.8ヵ月

- 新たな経常運転資金：2.8ヵ月×（10,000千円＋2,500千円）千円＝35,000千円
- 増加運転資金額：35,000千円－30,000千円＝5,000千円

図表3－2　経常運転資金所要額の計算

● B社の取引状況（各種設備機器販売店経営）
- 入　　金：20日締め翌月末回収
- 在　　庫：2ヵ月間の売上原価分を保有
- 支　払　い：40％現金、60％掛仕入。買掛金は月末締め翌月末支払い
- 売上見込み：月商1,500千円（全額掛け取引）

※　商品の仕入れ価格は平均して売価の80％である
※　1ヵ月は30日、売掛期間・買掛期間の1日未満の端数は切上げとする

「売掛期間」「売掛金平均残高」「平均月商」は、以下のとおりとなる。
- **売掛期間**：（40日＋69日）÷2 ＝54.5日→55日
- **売掛金平均残高**：平均月商1,500千円×55日÷30日＝2,750千円
- **在庫平均残高**：1,500千円×原価率80％×2ヵ月＝2,400千円

●売掛期間関係

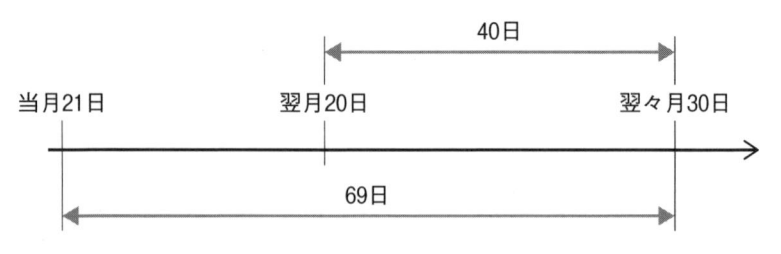

```
                    ←────── 40日 ──────→
当月21日         翌月20日              翌々月30日
───┼───────────────┼──────────────────────┼───→
    ←────────────── 69日 ──────────────→
```

また、「買掛期間」「平均月商」は、以下のとおりとなる。
- **買掛期間**：（30日＋59日）÷2 ＝44.5日→45日
- **買掛金平均残高**：1,500千円×原価率80％×掛け仕入割合60％×45日÷30日
  ＝1,080千円

●買掛期間関係

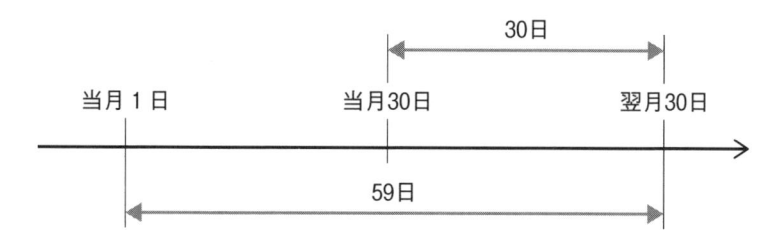

```
         当月1日        当月30日              翌月30日
                         ←——— 30日 ———→
         |————————————————————————————→
         ←——————— 59日 ———————→
```

よって、経常運転資金所要額は、以下のとおりとなる。

経常運転資金所要額：2,750千円＋2,400千円－1,080千円＝4,070千円

「図表3－2」の事例では、「平均月商」「回収条件」「支払条件」から「売掛金の平均残高」「商品（在庫）」「買掛金の平均残高」を求め、さらに「経常運転資金所要額（＝売上債権＋棚卸資産－買入債務）」を求めている。その際、回収条件から（20日締め翌月末回収）から、売掛金・買掛金として計上される最長期間と最短期間を求めて、その単純平均を平均売掛期間・平均買掛期間とみなしている。

◾ 2　設備資金 ◾

1．設備資金とは

　企業が生産・販売活動や経営組織の推進・拡張のために、不動産・機械などを購入する資金のことをいう。設備資金には以下のものがある。

・**拡大投資資金**　：店舗の増設、工場の拡大等の資金
・**合理化投資資金**：省力化・コストダウンのために使用した資金
・**更新投資資金**　：老朽化・陳腐化した設備の更新資金
・**研究開発資金**　：将来のための新製品・新技術の開発資金
・**開発投資資金**　：本社屋・福利厚生施設などを建設するため資金

2．設備投資推進上の留意点

　設備投資は、企業がその成長と発展のために、多額の資金を長期的に投下するものである。

　金額が多額で、期間は長期にわたるため、収益計画が当初予定と大幅に乖離した場合は、最悪の場合、事業の継続性を失うこともある。

　したがって、設備投資の妥当性・投資後の収益計画の検証、返済能力の検討など、慎重に行う必要がある。

(1) 妥 当 性

　機能の優れた設備を導入しても、その運用面での体制や販売面での体制が整っていないと、当初計画どおりの利益の実現は困難となる。企業全体で、「生産」から「物流」「販売」「アフターフォロー」にいたるまでの一連の事業活動が策定され、体制面も含めて担保されているか、すなわち、設備投資計画全体の妥当性について十分に検討する必要がある。

(2) 返済能力の検討

　運転資金は、販売代金が回収されるまでに支払いが先行するため、販売代金が回収されれば、短期的に解消される。設備資金の場合は、ゼロから投資を先行させ、その投資によって得られた新たな収益の一部を返済に充当するものである。したがって、当期経常利益、減価償却費といった内部留保により賄われる必要があり、既存借入金の返済負担と合わせて検討を行う。

収益返済能力＝（既存借入金＋新規設備資金の返済額－運転資金－余剰資産）
　　　　　　÷（当期経常利益＋減価償却費－税金）

　この場合、新たに発生する当期経常利益、減価償却費は新規設備の投資計画で掲げられた予定値を用いるが、その計画の妥当性は、既存の財務諸表の収益力の実績と比較検討し、十分に検討する必要がある。

3 肩代わり融資

1．肩代わり融資の危険判断

　取引先が新たな銀行と取引する際には、何らかの理由があるはずである。「メイン行が取引縮小・回収撤退の方針をとっている」「融資条件で折合いが合わずに交渉が難航している」「取引をめぐって何らかのトラブルとなっている」などが考えられ、ネガティブな理由が含まれていることも少なくない。

　こういった理由を探るとともに、まったくの新規取引先として相応しいのかを冷静に判断する必要がある。

2．肩代わり融資の留意点

　肩代わりというのは、これから発生し、また、継続する信用供与になるので、将来の信用度に重きをおくべきである。

　そこで、第1に、現時点では業界平均並みかもしくは平均以上のレベルであることはもちろん、将来についても、そのレベルが維持できる見込みであることが必要である。

　第2に、もし、現時点は業界平均レベルを下回っていたとしても、企業の自助努力や金融機関、親会社からのサポートにより、近い将来、業況等の状況の改善が見込まれる等の条件が整う企業であれば、肩代わり融資の検討をすることができる。

第3節 財務分析による検証

1 企業の見方

　企業を見る場合、「実体面は定性分析」「財務面は定量分析」と2面から行う。このうち、定量分析の中心は、「収益性」「安全性」「成長性」の3つ側面からの財務分析である。さらに、「時系列比較」「業界平均比較」などにより「企業経営の現状把握」「問題点の発見」につながる。以下で、くわしく解説する。

2 収益性の見方

1．財務面は定量分析

　企業を見る場合は、「実体面（ヒト・モノ・環境）」「財務面（カネ）」の2面から判断する。このうち、「実体面は定性分析」で、「財務面は定量分析」で分析を行う。定性分析は数字で表現できない分野が多いのに対し、定量分析は計数による分析が中心となる。

　財務面は、「収益性」「安全性」「成長性」の3部門を分析する。3部門のウエイトは同じではなく、このうち「収益性」は最も重要な部門であることから、目安として、全体のウエイトを100とすると「収益性」は50となる。その理由の1つとして、いくら安全性を高めても収益性は向上しないが、収益性を向上させれば内部留保が充実し、自己資本が充実するので、結果として安全性は向上するからである。なお、残りのウエイトは、「安全性」のウエイトが30、「成長性」のウエイトが20の順となる。

2．収益性は総資本経常利益率

　収益性は、企業が事業に投下した総資本がどれだけ経常利益をあげたかということで判断する。個人事業主の青色申告書には、損益計算書と貸借対照表（資産・負債）が添付されている。総資本とは、貸借対照表の期末の合計金額のことである。

　損益計算書は、個人事業主の場合、売上（収入）金額、（雑収入を含む）から、売上原価をマイナスした１回目の差引金額が出てくる。しかし、経費のなかには、支払利息・割引料が含まれ、また、青色事業専従者給与が含まれていないため、それらを加減すると青色申告特別控除前の所得金額になる。これが通常の経常利益と同じになる。

　したがって、個人事業主の収益性は、以下の計算式で算出する。

> 個人事業主の収益性＝青色申告特別控除前の所得金額÷売上（収入）×100

　また、財務分析では２つの比較方法を用いる。１つは時系列比較で、対象企業の３期間を比較し、「良化傾向」「悪化傾向」「横ばいか」のチェックをする。もう１つは業界平均比較で、直近の財務内容と業界平均を比較する方法である。これにより、対象企業について、「業界平均よりかなり高いか（低いか）」「業界平均よりやや高いか（低いか）」「業界平均並みか」をチェックする。

　たとえば、総資本経常利益率が良化傾向にあり、業界平均より高い場合は、それがどのような理由で高いのかを掘り下げる。この総資本経常利益率は、以下の計算式で算出する。

> 総資本経常利益率＝売上高経常利益率×総資本回転率×100

　したがって、収益構造というのは、「売上高経常利益率」と「総資本回転率」という２つの要素を有していることがわかる。収益性を判断する場合には、これらの分析を行う。

3．売上高経常利益率の分析

売上高経常利益率は、個人事業主の場合、以下の計算式で算出する。

売上高経常利益率＝損益計算書の青色申告特別控除前の所得÷売上(収入)

売上高経常利益率は、3期間時系列比較を行って判断する。つまり、3期間を通じて「良化傾向」「悪化傾向」「横ばい」の判断をする。また、「かなり高いか（低いか）」「やや高いか（低いか）」「業界平均並みか」について、業界平均と比較してチェックを行う。もし、ここで売上高経常利益率が低い場合は、経費が多すぎないか、原価率が高いのではないかということを掘り下げていく。

4．総資本回転率の分析

総資本回転率は、総資本（総資産）がどれだけ売上高をあげたか、総資本が有している売上高の獲得力を示すものである。以下の計算式で算出される。

総資本回転率＝売上高÷総資本×100

たとえば、売上高が5,000万円で総資本が2,500万円の場合、総資本回転率は2回転になるが、これは総資本の2倍の売上げを上げたということを意味する。総資本回転率は、総資本が増大したり、売上高が減少したりすると低下する。

したがって、総資本回転率を改善するには、総資本（総資産）の中身をチェックし、遊休資産、低稼働資産などを排除し、総資本を小さくしたり、売上高を増やしたりすることが必要になってくる。

「図表3－3」について、A社の収益性（総資本経常利益率）は良化傾向にあり、第12期は業界平均よりかなり高い。収益性（総資本経常利益率）が良好な原因は売上高経常利益率が良化傾向にあり、業界平均よりかなり高いためである。ただし、総資本回転率は、第10期以降直近12期まで横ばいであり、改善の余地が残されている。

収益性の判断は、総資本経常利益率を時系列比較する、もしくは業界平均比

図表３－３　Ａ社の収益性の比率比較表

(単位：％、回)

	第 10 期	第 11 期	第 12 期	業界平均	差　　異
総資本経常利益率	4.4	6.6	8.8	4.4	＋4.4
売上高経常利益率	2.2	3.3	4.4	2.2	＋2.2
総資本回転率	2.0	2.0	2.0	2.0	0

較して行う。総資本経常利益率は、２期連続して良化しているので良化傾向と判断でき、また、業界平均より4.4ポイントも高いことから「かなり高い」という評価となる。

　次に、なぜ総資本経常利益率が高いのかを、２つの要素についてチェックしてみる。まず、売上高経常利益率は、11期、12期と２期連続して良化しているので、良化傾向と判断できる。１期だけ良化した場合は、「前期に比べて良化」というような表現となる。

　次に総資本回転率を見ると、第10期以降直近の第12期までは業界平均並みである。平均並みというのはよくもなければ、悪くもないという状況であるから「改善の余地がある」という評価になる。

　一般に収益構造は、以下のタイプ等、様々なものに分けられる。

　①利益率も回転率も高い良好型

　②高い利益率で低い回転率をカバーしている利益率型

　③高い回転率で低い利益率をカバーする回転率型　　など

比率分析で収益性の手がかりを得られたら、次は損益計算書、貸借対照表の内容をよく見て、企業側に不明な点をヒアリングしていく。

◧　３　安全性の見方　◨

１．長期安定性と短期支払い能力の分析

　企業の安全性には、長期安定性（企業の持続力）と短期支払能力（今日・明日の資金繰り）がある。長期安定性を示す代表的な比率は「自己資本比率」で

あり、それと関連する比率が「固定比率」と「固定長期適合率」である。また、短期支払い能力を示す比率は、「流動比率」である。これら安全性の4大指標により、貸借対照表から安全性の手がかりを把握する。

2．自己資本比率

これは、総資本のなかにどれだけ自己資本（他人に返済しなくていい資本）があるかを見る比率である。個人事業主の場合は、自己資本に近いのは元入金となる。この元入金は利益が出れば出るほど増加するが、反対に利益が減ると元入金も減少する。

以下のとおりの計算式で、算出される。

$$自己資本比率＝自己資本（元入金）÷総資本×100$$

自己資本をよくするには、まず第1に、利益を増やすか、個人事業主の資本を事業に投入するかを検討する。そして第2に、総資本（総資産）から遊休資産や低稼働資産を排除し、スリム化する。

3．固定比率

貸借対照表には、いくつかのルールがある。健全な財政状態（資産の運用と調達状態）を実現するには、以下の4つのルールを順守しなければならない。

①自己資本をできるだけ増やすこと
②設備（固定資産）は自己資本で賄うこと
③設備が自己資本で賄えない場合は固定負債（主として長期借入金）で賄うこと
④流動資産は流動負債以上にあること

この4つのルールに基づいた比率が、「自己資本比率」「固定比率」「固定長期適合率」「流動比率」の4大比率である。

このうち、固定比率は、以下の計算式で算出される。

> 固定比率＝固定資産÷自己資本(元入金)×100

　たとえば、固定比率が150％の場合は、固定資産が元入金の1.5倍ということであるから、固定資産に比べて元入金（自己資本）過少、自己資本（元入金）に比べて、固定資産（設備）過大ということになる。

4．固定長期適合比率

　個人事業主の多くは、「固定資産のすべてを自己資本（元入金）」で賄うのは無理がある」「不足分は長期借入金等の固定負債で賄えばよいではないか」という考え方をもっている場合がある。その場合には、以下のとおり、固定長期適合率を算出する。

> 固定長期適合比率＝固定資産÷(自己資本(元入金)＋固定負債(主として長期借入金))×100

　固定長期適合率とは、経営の長期にわたる安全性の指標である。この比率で大切なことは、100％を超えてはならないということである。たとえば、「固定資産が2,000万円」「元入金が1,200万円」「長期借入金が400万円」の場合、「固定長期適合率は125％」となる。この長期資金の不足分が25％、金額にして400万円もあるということになる。
　つまり、この不足分400万円は、買掛金や短期借入金など、1年以内に返済しなければならない流動負債で賄うことになっているため、不健全ということになる。

5．流動比率

　1年以内に支払いを要する流動負債（支払手形・買掛金・短期借入金・未払い金・前受け金・預かり金など）を、1年以内に現金化される流動資産（現金・預金、受取手形、売掛金、棚卸資産、前払い金など）がどれだけ上回っているかを見るのが流動比率である。

しかし、この比率がいかに高くても、流動資産のなかに不良資産（不渡手形、不良売掛金、不良在庫など）が多い場合は、見かけ倒しのものになってしまい、資金繰りは忙しくなるということになる。算式は、以下のとおりである。

> 流動比率＝流動資産÷流動負債×100

4　成長性の見方

1．売上高（収入）増加率で見る

　成長という概念は、「拡大」だけでなく、「質的向上」も含まれる。しかし、財務面の成長性は、まずは売上高増加率で判定する。売上高増加率は、以下の計算式で算出する（当期売上高8,000万円、前期売上高1億円とする）。

　この場合は20％減となり、成長性はかなり低いということになる。

> 売上高増加率＝（当期売上高(8,000万円)÷前期売上高(1億円)－1）×100
> 　　　　　　＝▲20％

2．経常利益（青色申告特別控除前利益）増加率を見る

　売上高は伸びているが、経常利益の増加率がマイナスという企業を見かけることがある。これは、利益のともなわない見せ掛けの成長である。そこで、この経常利益増加率によって分析する。

> 経常利益増加率＝（当期経常利益÷前期経常利益－1）×100

3．総資本増加率を見る

　成長性を分析するにあたり、総資本増加率が必要となるのは、成長するには、どうしても総資本の拡大が必要となるからである。総資本増加率は、計算式で算出される。

> 総資本増加率＝(当期総資本÷前期総資本－1)×100

◼ 5 損益分岐点と信用判断 ◼

1．損益分岐点とは

　損益分岐点とは、事業における売上高とそれに要した総費用が一致する点をいい、損益が０になる売上高である。また、損益分岐点の分析は、「損益」「費用」「売上高」の３つの要素の関係について分析するものである。

2．費用分解

　損益分岐点売上高を求めるには、まず総費用を「固定費」と「変動費」に分解する必要がある。「固定費」は、売上高の増減に関係なく一定額は必要とされる費用であり、「労務費」「人件費」「減価償却費」などがこれに該当する。一方、変動費は、売上高の増減に比例して増減する費用であり、「材料費」「外注費」「仕入高」などが該当する。

　この「固定費」と「変動費」であるが、各費用を見ていくと「水道光熱費」「通信費」「車両燃料費」などのように変動費にも固定費にもとれる費用が出てくる。これらは、準変動費（または準固定費）といわれるが、これらについても、「変動費」「固定費」のいずれかに分けなければ、損益分岐点は算出できない。実務上は、固定費か変動費かの区分があいまいな費用は固定費に参入し、損益分岐点を高めに計算することが多い。

3．損益分岐点の基本算式

　「売上高」と「総費用（変動費＋固定費）」「利益（経常利益）」の関係は、「図表３－４」のとおりである。損益分岐点は、実際の売上高から総費用（変動費＋固定費）を引いた利益が０の点で、このことから損益分岐点売上高を求める。基本の計算式を導くと以下のとおりとなる。

図表3－4　売上高と総費用の関係

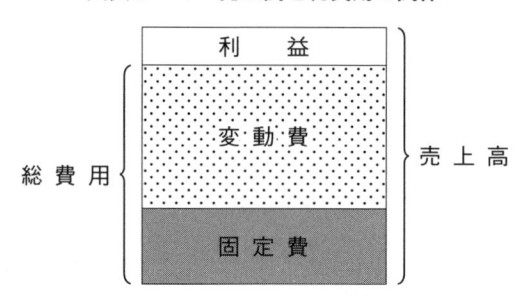

（総費用＝固定費＋変動費、売上高＝固定費＋変動費＋利益）

損益分岐点売上高＝固定費÷（１－（変動費÷売上高））

たとえば、ある企業について、「売上高100百万円」「変動費50百万円」「固定費30百万円」である場合、損益分岐点は60百万円になる。

損益分岐点売上高＝固定費30百万円÷（１－（変動費50百万円÷売上高100百万円）
**　　　　　　　　＝60百万円**

4．限界利益率

以下の計算式のとおり、売上高から変動費を差し引いた利益を限界利益という。

限界利益＝売上高－変動費

限界利益は売上高から変動費を差し引いて求めるため、売上高に応じてストレートに増減する。限界利益がプラスであれば、売上高が増えれば増えるほど、利益は増すことになる。逆に限界利益がマイナスならば、売れば売るほど損失が大きくなる。利益は、売上から総費用（変動費＋固定費）を差し引いたものなので、限界利益は、「図表3－5」のように表される

損益分岐点では「限界利益＝固定費」となる。売上高が損益分岐点を上回る

図表3－5　売上高と限界利益の関係

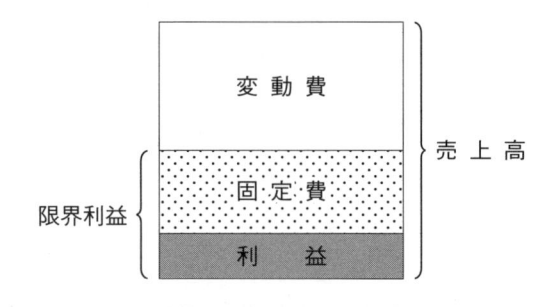

限界利益＝固定費＋利益

と、限界利益は「固定費＋利益」となり、企業収益はプラスとなる。さらに売上高に占める限界利益の割合を計算すれば、固定費の回収および利益計上の可能性（売上げの増減に対する利益感応度）を知ることができる。これを限界利益率といい、以下の計算式で算出される。

限界利益率＝（1－変動費÷売上高）×100

限界利益率が高いほど、高収益体質の企業といえる。限界利益率を損益分岐点売上高の基本式に挿入すると、以下のとおりとなる。

損益分岐点売上高＝固定費÷限界利益率

5．損益分岐点比率

損益分岐点比率は、以下の計算式で算出される。

損益分岐点比率＝損益分岐点売上高÷売上高×100

実際の売上高に対して損益分岐点売上高が何パーセントであるか知ることにより、損益分岐点の位置がわかる。損益分岐点の位置は、低ければ低いほどよく、利益が出やすい体質である。反対に損益分岐点が高い場合は、売上げを大

きく上げないと利益が出にくい低収益体質といえる。

6．業種別の損益分岐点および関連比率

　図表は業種ごとの「変動費比率」「固定費比率」「損益分岐点比率」を調査したものである。業種により、「費用構成」「収益体質」「不況耐久力」に大きな差異のあることがわかる。

図表3－6　各業種別の「変動費比率」「固定費比率」「損益分岐点比率」

	変動費比率 %	順位	固定費比率 %	順位	損益分岐点比率 %	順位
建 設 業	63.5	4	35.6	8	97.5	2
製 造 業	58.4	5	39.1	7	93.9	8
運 輸 業	32.2	10	65.5	2	96.6	3
卸 売 業	82.6	1	16.0	11	91.9	10
小 売 業	69.7	2	29.2	10	96.4	4
情報通信業	34.4	9	62.5	4	95.3	7
不動産業・物品賃貸業	36.6	7	57.4	6	90.7	11
専門・技術サービス業	36.7	6	60.8	5	96.1	5
宿泊業・飲食サービス業	34.5	8	65.4	3	99.8	1
生活関連サービス業・娯楽業	64.9	3	32.4	9	92.1	9
その他のサービス業	30.5	11	66.7	1	96.0	6
全業種平均	62.2	－	35.8	－	94.8	－

（出典）同友館『中小企業実態基本調査に基づく経営原価指標』（2012年）

（1）　変動費比率（変動費／売上高）

　変動比率の高い業種は、上位から「卸売業」「小売業」「生活関連サービス業・娯楽業」の順となっている。特に卸売業は、商品を仕入れて小売店などに卸す、薄利多売の産業であるため、営業費用に占める仕入原価の割合が高く、全業種のなかでも比率の高さ（82.6％）が際立っている。つづく「小売業」も仕入原価が高いため、69.7％となっている。

よって、変動比率の高い業種の収益力向上のポイントは、分母の「売上高」の増加を図るとともに、変動費の大半を占める仕入単価の引下げを図ることであるといえる。

(2) 固定比率（固定費／売上高）

固定比率の高い業種は、上位から「その他のサービス業」「運輸業」「宿泊業・飲食サービス業」の順となっている。いずれも人的サービス提供型、労働集約型の業種であるため、営業比に占める人件費・労務費（固定費）の割合が高い。固定比率の高い業種の収益力向上のポイントは、分母の「売上高」の増加を図るとともに、固定費の多くを占める人件費の削減を図ることにある。

対策としては、「業界平均に照らした人件費水準の適正化」「職場別・工程別人員配置の適正化」「機械化・IT化等による省力化」「正社員削減」「弾力的な雇用形態への切替え」「外注の活用」などがあげられる。

(3) 損益分岐点比率

損益分岐点比率は、100％を下回っているほど売上高から変動費および固定費を差し引いた残りの利益（経常利益）が大きいことを示しているため、損益分岐点の位置が低いほど不況時の耐久力は高いとされている。損益分岐点比率の低い業種は、低い順に「不動産・物品賃貸業」「卸売業」「生活関連サービス業・娯楽業」の順となっており、いずれも大型の設備や施設などの装置によって製品やサービスが生産される装置産業である。一方、損益分岐点比率の高い業種は、上位から「宿泊業・飲食サービス業」「建設業」「運輸業」の順となっており、いずれも不況耐久力が弱いといわれている産業である。

7．損益分岐点比率と必要売上高の算出

損益分岐点比率と必要売上高について、事例を使って検証してみる。

「甲銀行融資渉外担当のA君は、担当先の輸入雑貨販売業を営むB社から経営について相談を受けた。B社は近隣のターミナル駅構内に設けられたショッピングモールや駅前の大型店に押され、売上げが低迷していた。そのため、1年前に甲銀行から融資を受けて店舗を改装したが、効果が上がっていなかった。

A君の前任者は改装後に損益分岐点を低下させるため、新聞の折込みチラシを減らすようアドバイスし、店主は現在まで年間の広告宣伝費（固定費）を2,000千円に抑制してきた。ただ、今後はインターネット上のショッピングサイトに加入して仮想店舗の展開を予定しており、仮想店舗の運営にかかる広告宣伝費等の固定費が、3,000千円増加する見込みである」

図表3－7　「損益分岐点比率」と「必要売上高」の算出

●B店の現在のデータ
・年間売上高：80,000千円
・固 定 費　：15,000千円（広告宣伝費を含む）
・変動比率　：80％
　B店の損益分岐点比率（小数点第2位を四捨五入）、および固定費増加（18,000千円に増加）後に4,500千円の利益を計上するための必要売上高（変動費率は固定）を算出する

　損益分岐点比率：93.8％
　必要売上高　　：112,500千円

　損益分岐点は、企業の売上高や生産高とそれに要した総費用とが一致する点をいい、利益がゼロになる売上高ないし生産高をいう。売上高や生産高がこの点を超えれば利益が生じ、それに達しなければ損失が発生することになるので、この損益分岐点の把握は重要である。

　損益分岐点の算出に際しては、費用を固定費（売上高と連動していない費用）と、変動費（売上高と連動している費用）に分解する。

　損益分岐点売上高は、「固定費÷（1－変動比率）」で算出するから、「図表3－7」について、B店の固定費は15,000千円、変動比率は80％であるので、以下の計算式のとおり、算出される。

$$15{,}000千円 \div (1 - 0.8) = 75{,}000千円$$

　したがって、B店の損益分岐点比率は、以下の計算式のとおり、算出される。

75,000千円÷80,000千円≒93.8%

次に、「図表3－7」における必要売上高を求めてみる。

広告宣伝費等の固定費3,000千円を増やすと、固定費は18,000千円となる。これにより損益分岐点売上高は90,000千円（＝固定費18,000千円÷限界利益率（1－0.8））になり、損益分岐点比率は112.5％（≒損益分岐点売上高90,000千円÷80,000千円×100）になって、赤字が発生してしまう。

そこで、固定費増加（3,000千円）をカバーし、しかも利益4,500千円を実現するには、次の算式により売上高を112,500千円にする必要がある。

（15,000千円＋3,000千円＋4,500千円）÷（1－0.8）＝112,500千円

次に以下の例を使って、改めて「損益分岐点売上高」と「必要売上高」を考えてみたい。

「甲銀行融資渉外担当のA君は担当先のミニスーパーS店から、新店舗出店資金の借入れについて相談を受けた。

S店の周辺では、5年前に大型スーパーが進出したほか、コンビニエンスストアもこの5年で新たに3店が出店するなど競合が激しく、これらの出店に押される形で、S店は売上高、利益とも低迷していた。危機感を抱いた店主は、2年前に甲銀行から融資を受けて店舗を改装したが、目に見える効果は上がっていなかった。原因としては、改装により客単価はあがったものの、来店客数の減少になかなか歯止めがかからない状態にあったことにある」

ミニスーパーS店の経営状況は、「図表3－8」のとおりである。ここでまず、既存店の損益分岐点売上高を考えてみたい。

損益分岐点売上高は、前述のとおり、「固定費÷（1－変動比率）」の算式で求めることができる。S店の財務情報（固定費41,440千円、変動費率72％）より、S店の損益分岐点売上高は、以下の計算式のとおり、算出される。

41,440千円÷（1－0.72）＝148,000千円

図表３－８　「損益分岐点売上高」と「必要売上高」の算出

●ミニスーパーＳ店の財務状況
　◆既　存　店
　・売　上　高：175,000千円
　・固　定　費：41,440千円
　・変　動　費：72％
　◆新　店　舗
　・固　定　費：42,000千円
　・変　動　費：72％
　◆既存店と新店舗を合計した利益計画
　28,000千円

　損益分岐点売上高　　：148,000,000千円
　新店舗の必要売上高※：223,000千円
　　※　変動比率は新店舗および既存店のいずれも同じであり、既存店の売上高も変化しないものとする。

　次に新店舗と既存店での合計で28,000千円の利益を計上しようとした場合における新店舗の必要売上高を考えてみる。

　目標達成の必要売上高は、「（固定費＋目標利益）÷（１－変動比率）」の算式で求めることができる。Ｓ店の現状の利益は、以下の計算式のとおり、算出される。

$$175,000千円－（175,000千円\times0.72）－41,440千円＝7,560千円$$

　変動比率は新店舗および既存店のいずれも同じであり、既存店の売上高も変化しないものとすると、新店舗とＳ店の合計で28,000千円の利益を達成するためには、新店舗において「28,000千円－7,560千円＝20,440千円」の利益を計上する必要がある。

　よって、新店舗の必要売上高は、以下の計算式のとおり、算出される。

$$（42,000千円＋20,440千円）÷（１－0.72）＝223,000千円$$

第4節 個人事業主に関係する主な税金

■ 1 所得税の基本 ■

個人事業主との取引推進を図るうえで欠かせないのが、所得税の知識である。その体系は、以下のとおりである。

① **所　　得**※：勤労・事業等による収入金額から、その収入を得るためにかかった必要経費や所定の控除額を差し引いた後の金額

　※　法人の場合は、1事業年度に得た所得に対して課税される。

② **所 得 税**※：個人が1月1日から12月31日までに得た所得に対して課税（暦年単位課税）

　※　このほか、平成49年分までは、復興特別所得税（所得税額の2.1％）がかかる。

③ **住 民 税**：前年中の所得の金額を基準として1年遅れで（翌年度）課税

■ 2 10種類の所得 ■

1．給与所得（総合課税）

給与所得は、給料・賃金・賞与およびこれらの性質を有する給与等による所得である。

> 給与所得＝収入金額－給与所得控除額

2．不動産所得（総合課税）

不動産所得は、不動産、不動産のうえに存する権利（借地権）、船舶または航空機の貸付等による所得である。

> **不動産所得＝総収入金額※－必要経費**
> ※ 総収入金額には、地代、家賃、更新料、名義書換料、礼金、権利金のほか、敷金・保証金等で返還を要しない部分の金額を含む。

3．事業所得（総合課税）

　事業所得は、農業、製造業、卸・小売業、サービス業等の事業から生じる所得である。なお、事業所得の内容については、別途、詳細に解説する（P288参照）。

> **事業所得＝総収入金額－必要経費**
> ※　参　考：不動産貸付業者が不動産を貸付→不動産所得事業用
> 　　　　　　固定資産（不動産など）を譲渡→譲渡所得

4．雑所得（総合課税）

　雑所得は、ほかのいずれに該当しない所得である。例としては、以下のものがある。
　①割引債の償還差益、為替差益、公的年金等、年金方式で受け取る退職金
　②定期積金の給付補填金、生命保険・損害保険契約等に基づく年金（個人年金）
　③作家以外の人が受け取る原稿料・印税等

> **雑所得（公的年金等以外）＝総収入金額－必要経費**
> **雑所得（公的年金等）　　＝公的年金等の収入金額－公的年金等控除額**

5．配当所得（総合課税）

　配当所得は、法人から受け取る利益の配当・余剰金の分配、基金利息、証券投資信託の収益分配金等による所得である。

> 配当所得＝収入金額－その元本を取得するために要した負債の利子

6．一時所得（総合課税）

　一時所得は、営利を目的とする継続的な行為以外等から生じる所得である。労務等や資産譲渡の対価としての性質を有しない一時の所得ともいえる。例としては、以下のものがある。
　①生命保険契約に基づく一時金、損害保険契約に基づく満期返戻金
　②懸賞、福引の賞金品、競馬・競輪の払戻金、法人から受け取る金品、立ち退き料等

> 一時所得※＝総収入金額－その収入を得るために支出した金額－特別控除（最高50万円）
> ※　総所得金額の計算にあたっては、一時所得の1／2の金額を算入する。

7．譲渡所得（総合課税）

　譲渡所得で総合課税となるものは、土地・建物・株式等以外の資産（棚卸資産などを除く）を譲渡した場合の所得である。

> 譲渡所得※＝総収入金額－（取得費＋譲渡費用）－特別控除（最高50万円）
> ※　総所得金額の計算にあたっては、長期譲渡所得（保有期間5年超の資産の譲渡による所得）については、その1／2の金額を算入する。

　土地・建物等の資産を譲渡した場合の譲渡所得は、申告分離課税となる。なお、保有期間により税率・取扱いが異なる。譲渡した年の1月1日現在で5年以下保有した土地・建物等を譲渡した場合の所得は、短期譲渡所得となる（税率：39.63％（地方税・復興特別所得税含む））。また、譲渡した年の1月1日現在で5年超保有した土地・建物等を譲渡した場合は、長期譲渡所得となる（税率：20.315％（地方税・復興特別所得税含む））。

> 譲渡所得（土地・建物等）＝総収入金額－（取得費＋譲渡費用）－特別控除※
> ※ 収用等の5,000万円特別控除、居住用財産譲渡の3,000万円特別控除などがある（最高で5,000万円）。

また、株式等を譲渡した場合の譲渡所得は、申告分離課税となる。

> 譲渡所得（株式等）＝総収入金額－（取得費＋譲渡費用＋借入金利子）

8．退職所得（申告分離課税）

退職所得は、退職一時金、一時恩給、退職により一時に受け取る給与等による所得である。これには解雇予告手当、社会保険制度等に基づく一時金（国民年金基金、確定拠出年金等）も含む。

> 退職所得＝（収入金額－退職所得控除額）×1／2
> ※ 特定役員退職金（役員等勤続年数が5年以下である者の受ける一時金）については、退職所得を「収入金額－退職所得控除額」で計算する。

9．山林所得（申告分離課税）

山林所得は、取得後5年を超える山林の伐採、または譲渡による所得（申告分離課税）である。

> 山林所得＝総収入金額－必要経費※－特別控除（最高50万円）
> ※ 必要経費は、山林の植材費・取得費、管理費用、譲渡費用等である。

10．利子所得（源泉分離課税）

利子所得は、預貯金・公社債の利子、公社債投資信託の収益分配金、貸付信託・金銭信託の収益分配金等による所得である。これらのうち特定公社債等に対する課税方式は、上場株式等と同様に申告分離課税である。特定公社債等以外

第4節　個人事業主に関係する主な税金

図表3－9　10種類の所得

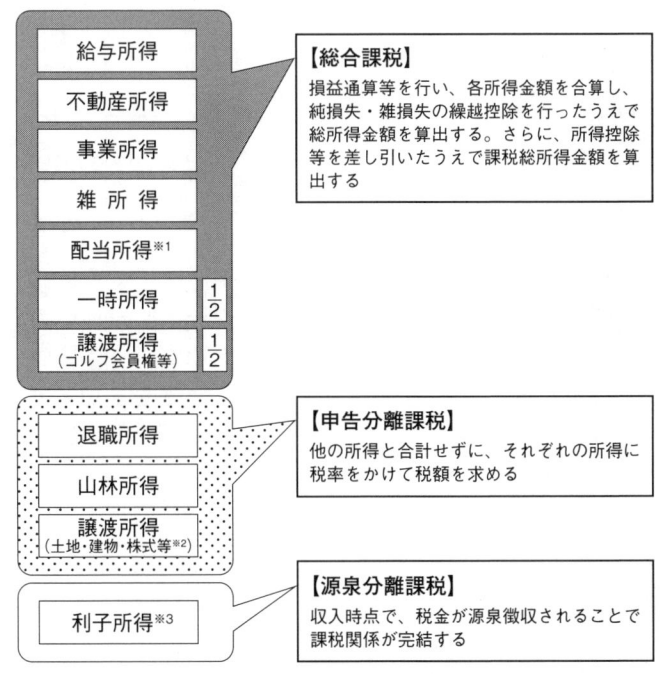

給与所得 不動産所得 事業所得 雑所得 配当所得※1 一時所得（×1/2） 譲渡所得（ゴルフ会員権等）（×1/2）	【総合課税】	損益通算等を行い、各所得金額を合算し、純損失・雑損失の繰越控除を行ったうえで総所得金額を算出する。さらに、所得控除等を差し引いたうえで課税総所得金額を算出する
退職所得 山林所得 譲渡所得（土地・建物・株式等※2）	【申告分離課税】	他の所得と合計せずに、それぞれの所得に税率をかけて税額を求める
利子所得※3	【源泉分離課税】	収入時点で、税金が源泉徴収されることで課税関係が完結する

※1　総合課税のほか、確定申告不要制度や申告分離課税も選択できる。
※2　上場株式等については、申告分離課税のほか申告不要制度（特定口座利用分）、または非課税（NISA口座利用分）も選択できる。
※3　特定公社債等の利子は、申告分離課税のほか申告不要制度も選択できる。

の一般公社債等と預貯金等の利子等については、利子等を受け取る際に、所得税15.315％、住民税5％が源泉徴収されて課税関係が終了する（源泉分離課税）。

利子所得＝収入金額（源泉徴収前）

3　個人所得税体系

1．納付税額の計算

個人の所得税の課税体系は、「図表3－10」のとおりである。

図表 3-10 所得税の課税体系（総合課税される所得）

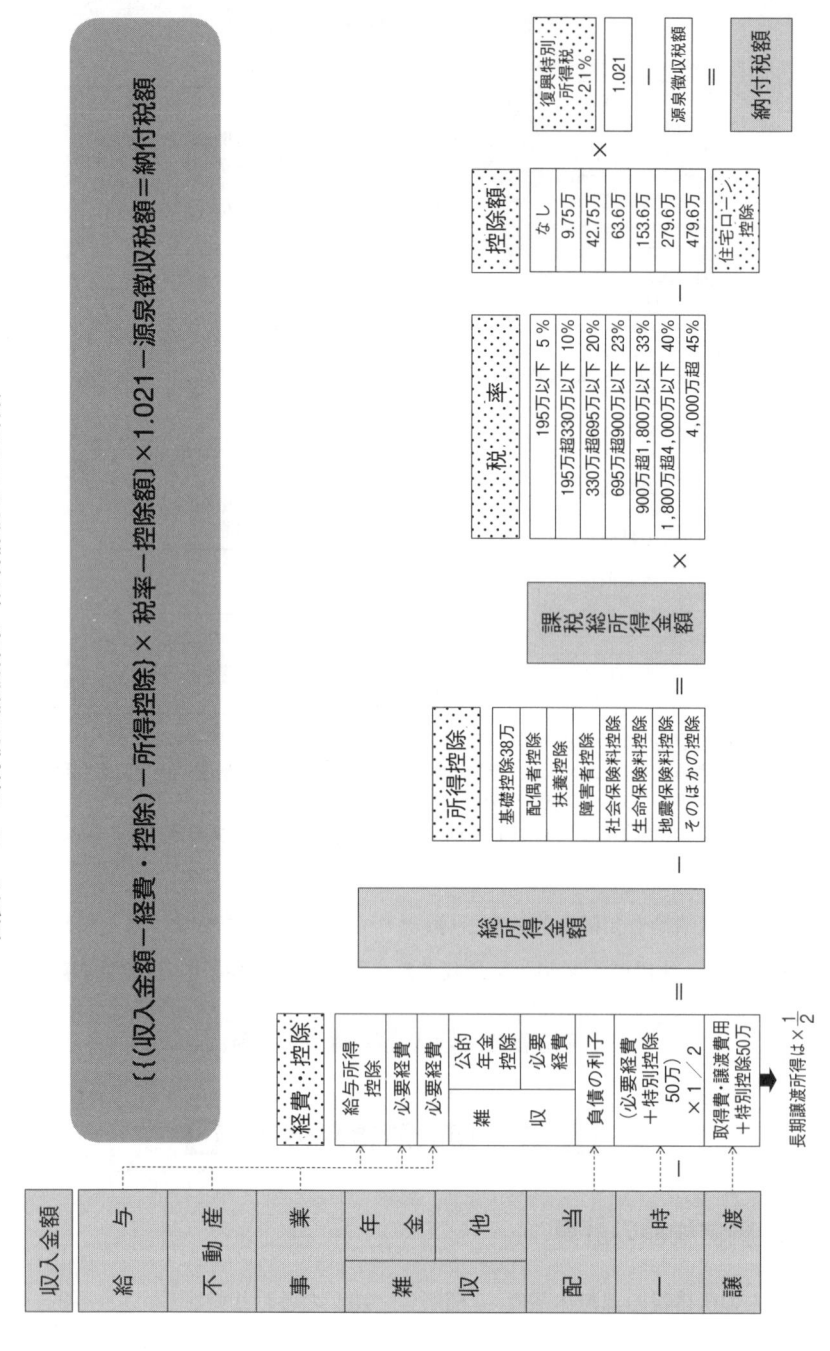

$$\{\{\{(収入金額-経費・控除)-所得控除\} \times 税率-控除額\} \times 1.021-源泉徴収税額=納付税額$$

収入金額		経費・控除		総所得金額		所得控除		課税総所得金額		税率		控除額			
給与	→	給与所得控除				基礎控除38万				195万以下	5%		なし		
不動産	→	必要経費				配偶者控除				195万超330万以下	10%		9.75万		
事業	→	必要経費				扶養控除				330万超695万以下	20%		42.75万		
雑 年金		公的年金控除				障害者控除				695万超900万以下	23%		63.6万		
収 他		必要経費				社会保険料控除				900万超1,800万以下	33%		153.6万		
配当		負債の利子				生命保険料控除				1,800万超4,000万以下	40%		279.6万		
一時		(必要経費+特別控除50万)×1/2				地震保険料控除				4,000万超	45%		479.6万		
譲渡		取得費・譲渡費用+特別控除50万				そのほかの控除							住宅ローン控除		

長期譲渡所得は×1/2

復興特別所得税2.1% → 1.021

源泉徴収税額 = 納付税額

納付税額は、「図表3-10」のとおり計算される。なお、所得控除を差し引く前に行われる損益通算および純損失の繰越控除と純損失の繰戻控除については、別途解説する。

2．損益通算

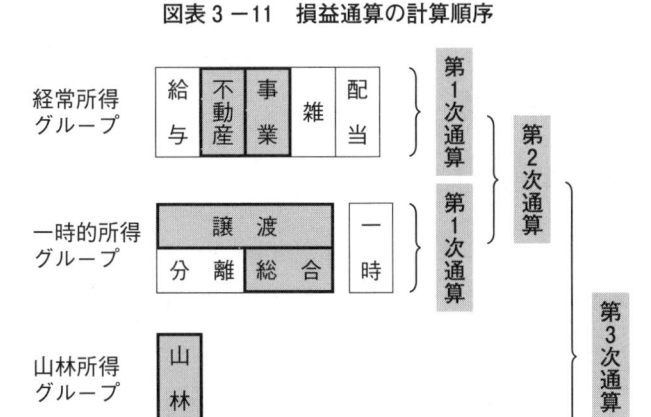

図表3-11　損益通算の計算順序

経常所得グループ	給与	不動産	事業	雑	配当	第1次通算	
一時的所得グループ	譲渡（分離・総合）			一時		第1次通算	第2次通算
山林所得グループ	山林						第3次通算
退職所得グループ	退職						

※網カケ部分は、その損失をほかの所得と通算できる所得である。

各所得金額（申告分離課税のものを除く）がすべてプラス（黒字）であれば、それらを合計して総所得金額を算出する。しかし、一定の所得金額にマイナス（損失・赤字）があれば、それをほかの所得金額から差し引くことになる。これを損益通算といい、この損益通算には一定のルールが設けられている。

まず、経常的に発生する経常所得グループ（不動産・事業・給与・雑・配当）内と、臨時的に発生する一時的所得グループ（譲渡・一時）内でそれぞれ第1次通算を行う。経常所得または一時的所得いずれかのグループに赤字が残るときは、黒字のある他のグループと第2次通算し、それでもまだ赤字が残るときは、山林所得、退職所得の順で第3次通算を行う。

3．純損失の繰越控除

純損失の金額とは、損益通算の規定を適用してもなお控除しきれない部分の金額をいう。損失発生年分が青色申告の場合には、その純損失の金額を翌年以降3年間を限度に繰り越して控除する。損失発生年分が白色申告の場合には、純損失の金額のうち、変動所得の損失に係る金額と被災事業用の損失に係る金額のみを、翌年以降3年を限度に繰り越して控除する。青色申告については、次の「◾ 4　事業所得 ◾」で詳説する。

4．純損失の繰戻還付

青色申告者は、その年に純損失の金額が生じた場合には、損失申告書とともに還付請求書を提出することにより、前年分の所得税額を限度に一定金額の還付を受けることができる。この還付は青色申告者だけに認められている。

◾ 4　事業所得 ◾

事業所得は、本節「◾ 2　10種類の所得 ◾」の「3．事業所得」でも概略を説明したが、ここではくわしく見ていくことにする。事業所得とは、農業、製造業、卸・小売業、サービス業等の事業から生じる所得で、以下のとおり所得の金額を算出する。

事業所得＝総収入金額－必要経費

※1　青色申告の場合は、さらに65万円または10万円の青色申告特別控除額を控除することができる。
※2　必要経費は売上原価、収入を得るために必要な販売費および一般管理費、その他事業所得を生ずべき事業について生じた費用である。

1．売上原価

売上原価は、以下のように計算される。

> 売上原価＝年初商品棚卸高＋年中商品仕入高－年末商品棚卸高

2．減価償却

　減価償却における通常の場合の資産と少額償却資産の取扱いは、以下のとおりである。

(1) 通常の場合

　車両や機械装置等の有形減価償却資産に対する減価償却の方法には、定額法と定率法がある。定額法は毎年均等額となるように償却費を計算する方法で、定率法は毎年一定の割合で逓減するように償却費を計算する方法である。納税者はいずれかを選定して、税務署長に届出なければならない。届出がない場合は、定額法により計算されることになる。

(2) 少額償却資産

　使用可能期間が1年未満または取得価額が10万円未満の減価償却資産については、取得価額の全額を業務の用に供した年分の必要経費に算入する。

　また、青色申告者である中小企業者が平成18年4月1日から平成28年3月31日までの間に、取得価額30万円未満の減価償却資産を取得した場合には、取得価額の全額を業務の用に供した年分の必要経費に算入することができる。ただし、算入の上限は、年間300万円に制限されている。

3．青色事業専従者給与、事業専従者控除額

　一定の要件のもとに生計を一にする親族に支払った給与に関しては、次のような特例が認められている。

(1) 事業を営む者が青色申告者である場合

　青色申告者が、青色事業専従者に給与の支払いをした場合において、その金額が労務の対価として相当であれば、その親族に支払った青色事業専従者給与は必要経費に算入できる。

　青色事業専従者とは、事業主と生計を一にする親族（年齢15歳未満の者を除

く）で、もっぱら青色申告者の営む事業に従事するものをいう。

　この特例を受けようとする者は、原則としてその年の3月15日までに「青色事業専従者給与に関する届出書」を所轄税務署長に提出しなければならない。この規定は「給与」を必要経費に算入する特例であり、支払先が青色事業専従者であっても、店舗使用料、借入金利子などは原則どおりの取扱いとなり、必要経費には算入されない。また、不動産所得の場合は、その不動産の貸付けが事業的規模（5棟10室以上の形式基準を満たすもの等）でなければ認められない。

(2) 事業を営む者が白色申告者である場合

　事業主が白色申告者で一定の要件を満たす事業専従者がいる場合には、事業専従者控除が認められる。事業専従者控除額は、以下のとおりである。

> 各事業専従者につき、次に掲げる金額のうちいずれか低い金額
> ①86万円（その事業専従者が配偶者以外の場合は50万円）
> ②その従事している事業に係る所得の金額（この規定の適用前）÷（事業専従者の数＋1）

4．社会保険診療報酬の所得計算の特例

　医業または歯科医業を営む者が受け取る社会保険診療報酬による事業所得の金額の計算にあたり、社会保険診療報酬の金額が年間5,000万円以下であるときは、「図表3－12」により求めた金額を、事業所得の金額の計算上、実額経費に代えて必要経費とすることができる。

図表3－12　概算経費率の速算表

社会保険診療報酬	概算経費率
2,500万円以下	社会保険診療報酬×72%
2,500万円超　〜　3,000万円以下	社会保険診療報酬×70%＋ 50万円
3,000万円超　〜　4,000万円以下	社会保険診療報酬×62%＋290万円
4,000万円超　〜　5,000万円以下	社会保険診療報酬×57%＋490万円

5．青色申告

　一般の記帳制度より水準の高い記帳を行い、正確な申告をしようとする者に対して、税務上の特典が与えられている。このような申告をするものをいわゆる青色申告者として、一般の申告をする者（いわゆる白色申告者）と区別している。

(1) 青色申告をできる者

　青色申告者とは、「不動産所得」「事業所得」「山林所得」がある者で、青色申告書の提出について所轄税務署長の承認を受けたものをいう。

(2) 青色申告者の特典等

　主なものは、以下のとおりである。

①青色事業専従者給与の必要経費算入

②青色申告特別控除

③減価償却費の特例（一定の耐用年数の短縮・特別償却・割増償却など）

④各種引当金の繰入れ、各種準備金の積立て

⑤棚卸資産の評価における低価法の選択

⑥純損失の繰戻還付・繰越控除

(3) 選択の手続き

　原則として、適用とする年の3月15日までに青色申告承認申請書を提出し、その承認を受ける。ただし、その年の1月16日以後新規に業務を開始した場合には、業務開始日から2ヵ月以内に申請する。

(4) 備え付ける帳簿

　次の帳簿を備え、取引を記録し、帳簿を保存しなければならない。

①正規の簿記で記帳する者の場合……正規の簿記（複式簿記）で記帳した「総勘定元帳」「仕訳帳」などで、年末に貸借対照表、損益計算書を作成する。

②簡易簿記で記帳する者の場合……正規の簿記によらず、「現金出納帳」「売掛帳」「買掛帳」「経費帳」「固定資産台帳」を備えている場合には、簡易

な記帳でよく、貸借対照表の作成が不要となる

③**現金主義で記帳する者の場合**……前々年の不動産所得の金額および事業所得の金額（青色事業専従者給与の控除前）の合計額が300万円以下の青色申告者で、所轄税務署長に届出をしたもの（小規模事業者）は収入および支出について現金主義により所得計算をすることができる）。

6．住民税、事業税および消費税の申告との関係

　所得税の確定申告書を提出すれば、その年の住民税や事業税の申告書も提出したものとみなされる。なお、消費税にかかる確定申告書については、別途提出しなければならない。また、所得税の確定申告書の提出期限はその年の翌年3月15日であるが、消費税の確定申告書はその年の翌年3月31日である。

　ここで、来年から青色申告に切り替える場合の事業所得の計算について、事例にあてはめて見ていきたい。なお、Aさんは、そのほか青色申告の要件を満たしているものとする。

図表3-13　個人事業主Aの課税賃料

・売　上　高　：25,000千円
・人　件　費　：7,500千円
　※　Aさんの妻（青色事業専従者となる予定）に支給する年間給与3,000千円を含む。
・減価償却費：1,600千円
・経　費　等　：10,000千円
　※　生計を一にする父親に対して支払う地代1,200千円を含む。

　人件費には、Aさんの妻の人件費を含めることはできない。代わりに青色事業専従者給与として計上する。また、経費等のなかに生計を一にする父親に対して支払う地代を含めることはできない。なお、青色申告特別控除を650千円差し引くことができる。以下をまとめると、次のようになる。

　・売　上　高　　　　：25,000千円
　・必要経費　　　　　：14,900千円

人 件 費：4,500千円（7,500千円 − 3,000千円）

減価償却費：1,600千円

経 費 等：8,800千円（10,000千円 − 1,200千円）

・差引金額　　　　　：10,100千円
・青色事業専従者給与：3,000千円
・青色申告特別控除　：650千円
・所得金額　　　　　：6,450千円

7．個人事業主の事業承継

　個人事業の承継方法は、相続による承継以外では大きく分けて2つに分けられる。それは、個人事業のまま承継させる方法と、個人事業を法人（法人成り）にしてから承継させる方法である。その2つの方法の違いは、「図表3－14」のとおりである。

図表3－14　個人および法人の事業の承継

事業承継場面	個　　人	株式会社等
許　可　等	建設業の許可および経営審査事項は承継できない（後継者が新たに許可申請を要する）	後継者が代表取締役になった旨の届出をすればよい
事業用の資産・負債	生前承継である場合、必ずしも承継を要しない（承継する場合、贈与・相続に関する税金の問題が発生することがある）	会社を承継する場合は、株式を承継することになるので、株価によっては贈与税や相続税が課税される
従　業　員	従業員は先代との雇用契約を解除（退職）し、改めて後継者と雇用契約を締結する	従業員は会社との雇用契約なので、代表取締役の交代があっても影響なし
後継者の給与	専従者給与が事業主となった場合、事業主の給与は必要経費にならない	代表取締役の給与は、会社の経理上は経費になり、給与所得控除の適用もある
繰越欠損金	繰越損失は承継できない	繰越欠損金の控除に影響なし

消費税	後継者が事業を承継した年、および翌年は免税事業者となる	代表取締役の交代があっても、納税義務者は会社であることに変化なし
社会保険への加入	従業員のみが対象 事業主、家族従業員は国民健康保険等へ加入	役員・従業員は全員加入しなければならない
金融機関からの借入金	個人事業を承継する場合、先代は廃業となるので、借入金は一括返済し後継者は改めて借入人の申込みとなる 債務引受の方法もあるが、課税上の問題がある（贈与税）	代表者の交代があっても、会社が債務者で、あることに変わりは無い
営業上の信用度 企業イメージ	先代は廃業となるので、後継者は自身で信用やイメージを作り上げていかなければならない。したがって承継時期が難しい	先代は会長職として会社にとどまることができるので、後継者と共に会社としての信用やイメージを保つことができる したがって、徐々に承継させることができる
退職金共済等	個人事業の承継は先代の廃業となり、退職共済に加入していれば共済金を受け取ることになり、後継者は共済契約を承継することはできない	退職共済に役員は加入できないが会社契約の生命保険は退職金原資として活用できるとともに、会社のリスク対策資金準備としても有効

第5節 法人成り

1 法人成りの目的

　個人事業としての規模が拡大してくると、所得税が累進税率であるため、4,000万円超の所得には最高税率45％が課される。それ以外に10％の住民税がかかるため、合計55％の税率が課されることになる。一方、平成28年4月1日以降の法人実効税率は、中小法人の場合、「400万円以下は21.42％」「400万円超～8百万円以下は23.2％」「800万円超は33.80％」となっており、税制面で法人のほうが有利である。この税制面のメリットを享受することが法人成りする最大の理由である。そのほかには、厚生年金保険への加入などの社会保障面、金融機関からの借入れ時などの対外的な信用面がある。以下に、法人成りする場合のメリット、デメリットをあげる。

2 法人成りのメリット

　代表的な法人成りのメリットは、以下のとおりである。
① 個人事業主およびその家族は厚生年金保険に加入できないが、法人成り後は役員およびその家族も加入することができる
② 個人の責任の範囲が限定される。個人の場合は無限責任であるが、法人の場合は有限責任になる
③ 個人事業主よりも会社組織であるほうが社会的信用が高く、事業を拡大していくうえで優秀な人材を確保しやすくなる。また取引条件として法人であることが必要な場合があり、取引を拡大できる可能性がある
④ 突然経営者が死亡した場合であっても、法人成りをしておけば、個人財産と会社財産が区分されているため、金融機関の預金が凍結されるようなこ

とがない
⑤経営者または経営者の家族に対する退職金を損金の額に算入することができる
⑥経営者またはその家族が所有する事業用不動産の賃料は、たとえ同一生計であっても通常の額（社会通念上相当額）である限り、損金の額に算入することができる
⑦資本金1,000万円未満の会社は、原則として、設立後2期間は消費税の免税業者になり、消費税が課税されない
⑧個人事業の場合には、事業者の死亡（または廃業）とともにその事業は終了するが、法人の場合には株式（または出資）の移転により、事業を他社に引き継ぐことができる。また、「非上場株式等の贈与税の納税猶予の特例」や「非上場株式等の贈与者が死亡した場合の相続税の課税の特例」などを利用して事業承継時の税負担を軽減することもできる
⑨法人成りすることによって、従来必要経費に算入できなかった個人事業主への給料が法人成り後は役員報酬として損金に算入できる
⑩個人事業主を被保険者とする生命保険料は必要経費に算入できないが、法人成り後は役員を被保険者とする一定の生命保険料を損金に参入できる
⑪個人事業における準損失の繰越控除は3年間しかできないが、法人の場合、青色欠損控除は9年間にわたって行うことができる

3　法人成りのデメリット

代表的な法人成りのデメリットは、以下のとおりである。
①法人化により、提出書類の作成等の事務負担が増加して複雑化する
②法人化により、社会保険や労働保険等の支払い負担が増える
③日常経費の料金が、個人の場合よりも高めに設定されているケースがある
④支出した交際費は全額経費とならず、損金算入限度額までとなる

4 法人成り後の所得金額等

　個人事業主Aの売上高等は、「図表3-15」のとおりである。この個人事業主Aの青色申告特別控除と事業所得について考えてみたい。

図表3-15　個人事業主Aの売上高等

●法人成りにあたっての前提
- 出 資 者：事業主A氏1人（資本金3,000千円）
- 役　　員：A氏（代表取締役）・B氏（A氏長女（取締役））の2人
- 給与支払額（年額）：A氏へ8,400千円・B氏へ3,000千円
- ※　A氏・B氏を除くほかの従業員に対する給与等の支払いは、個人事業のときと同額で引き継がれ、販売管理費に含まれる

●売上高等
- 売 上 高　　　　　　　　　：64,800千円
- 売上原価・販売管理費　　　：49,400千円
- 青色事業専従者給与　　　　：2,400千円
- 青色申告特別控除前の所得金額：13,000千円
- 社会保険料　　　　　　　　：1,580千円
- ※　現時のAさんを世帯主とした国民健康保険および国民年金から、法人が保険料を一部負担する協会けんぽ管掌の社会保険および厚生年金保険に加入する

　収入金額から支出金額を差し引いて法人の所得金額を算出する方法では、以下のとおりとなる。

- ①収入金額　　　：13,000千円＋2,400千円＝15,400千円
- ②支出金額　　　：8,400千円＋3,000千円＋1,580千円＝12,980千円
- ③法人の所得金額：15,400千円－12,980千円＝2,420千円

　また、売上高から売上原価・販売管理費等を差し引く方法でも算出できる。
64,800千円－（49,400千円＋8,400千円＋3,000千円＋1,580千円）＝2,420千円

第6節 信用保証協会による保証と代位弁済

◨ 1　制度概要 ◨

　中小企業は大企業と比較して担保力や信用力が不足しがちなため、金融機関からの借入れができない場合がある。そこで、そのような中小企業者の債務保証を行い、融資を受けやすくする機関として信用保証協会がある。現在、全国51ヵ所に設置されている。

　具体的には、担保力などが不足する中小企業者が、民間金融機関から事業資金を借り入れる際に、信用保証協会がその借入債務を保証し、万一、債務者であるその中小企業が返済不能になった場合、その中小企業者に変わって債務を返済する仕組みになっている（代位弁済）。その後、当該債務者は債務を信用保証協会に返済する。経営の安定に必要な資金等、中小企業者の実情に応じた特別保障制度なども各都道府県の協力により設けられている。

　なお、2007年10月から信用保証協会と民間金融機関とが適切な責任分担を図ることを目的とする責任共有制度が導入されている。責任共有制度とは、従来、原則として信用保証協会は借入額の100％を保証していたところ、信用保証協会の責任割合が原則として借入額の80％に変更したものである。ただし、セーフティネット保証や創業関連の保証、小口零細企業保証等など一部の保証については、当面の間、100％保証が継続されている。

　責任共有制度においては、民間金融機関は、借入額の80％を信用保証協会が保証する「部分保証方式」、または銀行の過去の利用実績に応じた一定の負担金を支払う「負担金方式」のいずれかを選択することとなる。

2 保証の種類（東京都の例）

1．一般融資の保証

　信用保証協会は、金融機関の一般貸付、手形割引等の保証を行っている。また、都内の中小企業者向けの融資の促進を図るため、取扱い金融機関に資金を預託し、金融機関がそれを原資としてその何倍かの額を中小企業に保証付で融資する「短期資金特別保証制度」や、季節資金の円滑化を目的として「季節資金特別保証制度」を実施している。そのほかに、「長期経営資金保証制度」や「当座貸越根保証」なども実施している。

2．流動資産担保融資保証制度（ABL保証）

　流動資産担保融資保証（ABL保証）とは、中小企業者が保有している売掛債権（「売掛金債権」「割賦販売代金債権」「運送料債権」「診療報酬債権」「工事請負代金債権」など）を担保として金融機関が融資を行う際、信用保証協会が債務保証を行う制度である。

3．東京都制度融資の保証制度

　東京都は、都内の中小企業者向け融資の促進を図るため、取扱い金融機関に資金を預託し、金融機関がそれを原資としてその何倍かの額を中小企業に融資する制度を実施している。この融資の主な種類は、以下のとおりである（2016年2月現在）。
　①小規模企業向け融資
　②創業融資
　③産業力強化融資
　④経営支援融資
　⑤企業再生支援融資
　⑥災害復旧資金融資

⑦環境保全資金融資あっせん

4．特別区・市町村制度融資の保証制度

都内の23区・市町村が行っている各種の制度融資についても、必要に応じ、保証付とするようになっている。

5．中小企業金融安定化特別保証制度

金融環境の変化や取引金融機関の破綻等により、資金調達に支障をきたしている中小企業者を対象に、金融取引の安定化を目的として実施している保証制度である。

6．経営安定化関連保証（セーフティネット保証）

一定要件を満たす中小企業者の発行する社債（私募債）に対し保証し、中小企業の資金調達の多様化を図ることを目的とした保証制度である。

7．経営力強化保証制度

金融機関が認定経営革新等支援機関と連携して中小企業者の事業計画の策定支援や継続的な経営支援を行い、中小企業の経営力の強化を図るために、2012年10月より「経営力強化保証」を実施している。

3　免責事項

長引く経済不況のなか、2011年3月の東日本大震災後、経済環境は少しずつ回復の兆しを見せはじめてはいるものの、信用保証協会保証付融資も増加している。企業の倒産時に保証否認が発生しないよう、信用保証協会の免責事由について十分学習しておく必要がある。

1．免責事由に該当する事例

免責事由に該当する事例は、以下のとおりである。

①保証料の分割払いを信用保証協会に対して事前に承認を得ずに行った場合
②保証付融資の実行金を日本政策金融公庫の代理貸付金の返済に充当した場合で信用保証協会に対し事前に承認を得なかったとき
③信用保証書の貸付条件が一括貸付となっている場合で融資を分割実行したとき
④信用保証協会の事前承認を得ずに、保証付融資により既存のマル保証付融資の一部弁済に充当した場合
⑤信用保証書の有効期限(原則として信用保証書発行日から60日間)を過ぎて、融資を実行した場合
⑥一時的でも設備資金条件となっている保証付融資を経費等に充当した場合
⑦保証付融資の全部または一部で不渡手形を買い戻した場合(旧債振替扱い)

2．免責事由に該当しない場合

前述のとおり、融資の実行に際して充分注意を払う必要があるが、以下の場合には免責事由に該当しない。

①保証条件とされていた保証人を徴求するほかに、金融機関が独自に条件とされていない不動産担保を追加的にとった場合
②建築業者への代金支払期日までに余裕があったために、融資先が当該実行金で通知預金口座を開設し、支払期日に同預金を解約して建築業者に支払った場合等

◼ 4 信用保証協会の創業向け融資制度およびその取扱い ◼

信用保証協会の創業向け融資制度およびその取扱いについて、事例で検証しながら考察する。

1．事　例

甲銀行融資渉外担当のA君は、預金取引先のBさん(32歳)より開業資金について借入れの申し出を受けた。Bさんとその妻は、これまで別々の美容室に

勤めていたが、このたび独立を決断し、2人で大都市近郊の私鉄駅前に美容院を開業することになった。このため、美容機器の購入資金・当面の運転資金として、10,000千円を借り入れたいとのことであった。

Bさんと妻には担保となるような資産はなく、また、この事業に従事する妻が保証人となることを申し出ていることから、A君は信用保証協会の創業融資（事業開始前）をBさんに紹介し、信用保証協会に信用保証の申込みを行うことにした。

その後、1ヵ月で信用保証協会の保証が共同経営者となる妻を連帯保証とする条件を付帯することにより決定し、融資が実行された。

なお、融資実行後のBさんとの取引内容は、「図表3－16」のとおりになる。

図表3－16　Bさんと甲銀行の取引内容および保証内容等

・証書貸付　　　　　：10,000千円
・カードローン（妻）：700千円（極度額：1,000千円）
・普通預金　　　　　：2,000千円

保証制度名	保証限度額	対象資金	担保・保証人等
創業融資 （事業開始前）	2,500万円	創業資金	無担保・原則第三者保証人不要

2．創業融資（事業開始前）

各都道府県にある信用保証協会が信用保証をする「創業融資（事業開始前）」という制度がある。保証される金額は「図表3－16」のとおり、最大2,500万円である。ただし、自己資金に1,000万円を加えた金額の範囲内となる。

この制度において、創業資金とは、創業または創業により行う事業の実施のために必要となる設備資金および運転資金をいう。制度の概要は、以下のとおりである。

①手形交換所から取引停止処分中の措置がなされていないこと

②融資限度額は、最大2,500万円（自己資金に1,000万円を加えた金額の範囲内）
③設備資金も対象となり、原則として無担保扱い
④１〜２ヶ月以内に開業する個人または法人が対象
⑤許認可事業を開始される人は、原則として事業に必要な許認可を受けていることが必要

なお、この制度において、創業する事業の過去の勤務経験は求められていない。

３．本件融資実行後の対応

　信用保証協会の保証の性質は、民法上の連帯保証であるとされている。信用保証協会と金融機関との間で締結されている基本契約などを除いて、民法が適用される。信用保証協会の保証条件と異なる取扱いを行った場合は、保証協会の免責事由に該当する可能性がある。

　たとえば、以下の取扱いを行った時には、どんなリスクが想定されるのであろうか。

①機器購入代金の支払い方法が２回の分割払いとなり、債務者から分割実行の申し出があったので、信用保証協会の承諾を得ず分割実行に応じた
②機器購入代金が予定より安価であったため、融資金の一部である残預金を債務者の妻のカードローンの返済に充当した
③機器販売業者の請求書は確認したが、代金領収書（写）を徴求しなかった
④契約締結時に連帯保証人となる債務者の妻と面談し、本件融資条件および保証内容をくわしく説明したうえで、その妻に融資契約書の保証人欄へ自署・捺印してもらった
⑤信用保証協会の保証期間は10年だったが、契約締結時に債務者から返済期間を８年に短縮してもらいたいとの申し出を受け、信用保証協会の承諾を受けずに８年で融資実行した

①と⑤のように、信用保証協会の事前承諾なしに、保証条件と異なる取扱い

を行った場合には、信用保証協会の免責事由に該当することになる。いずれの場合も信用保証協会の事前承諾が必要である。

②のように、信用保証協会の保証条件以外の資金使途に流用した場合には資金使途違反となり、信用保証協会の免責事由に該当し、代位弁済が否認されるリスクがある。

③請求書のみで代金領収書を徴求しなかった場合には、資金使途証明資料未徴求となり、信用保証協会の免責事由に該当し、代位弁済が否認されるリスクがある。

④契約締結時に連帯保証人となる債務者の妻と面談して保証意思の確認および必要な説明を行い、所要の手続きを行ったことは適切な対応といえる。

渉外担当者は、取引先と何気に行った行為が後になって免責事由に該当し、代位弁済が否認される恐れがあるリスクを意識して、業務に取り組む必要があるだろう。

第7節 事例を使った融資妥当性の検証

1 事例1（ゴルフ用品店の運転資金・青色申告ほか）

甲銀行融資渉外課のA君は、6年前にオープンした個人経営のFゴルフ用品店を定期的に訪問し、情報を収集し何か提案できないか機会を窺っていた。

Fゴルフ用品店は、駅前の好立地に位置しており、営業時間も通勤時のサラリーマンの時間に合わせて夜遅くまで開店しているため、来店客が増加傾向にある。また、オーナー店長であるGさんの商品知識とわかりやすい説明から固定客も着実に増加している。Gさんは、売り場を充実させるために取扱商品の種類を増やし、将来的にはインターネット販売を展開していくことも考えている。A君はFゴルフ用品店に事業発展の余地があると考え、運転資金融資の提案を検討するためGさんから下記の財務情報を入手した。

図表3－17　Fゴルフ用品店の財務情報(1)

- 平均月商　　：4,000千円
- 買掛金残高：平均月商の2ヵ月分
- 売掛金残高：平均月商の3ヵ月分
- 商品在庫　：平均月商の2ヵ月分

1．増加運転資金の検討

Fゴルフ用品店の事業が順調に推移し、売上げが現在の平均月商の150％となった場合の増加運転資金の額を検証してみる。

増加運転資金所要額は、以下の計算式で算出される。

> 増加運転資金所要額＝月商増加分×(売上債権回転期間＋棚卸資産回転期間
> －買入債務回転期間)

在高方式による運転資金所要額の計算の場合は、以下の計算式で算出される。

> 運転資金所要額＝売上債権①＋棚卸資産②－買入債務③

①**売上債権**：受取手形残高＝平均月商×手形回収率×受取手形サイト

　　　　　　　売掛金残高＝平均月商×平均売掛金サイト

②**棚卸資産**：商品残高＝平均月商×売上原価率×商品在庫期間

③**買入債務**：支払手形残高＝平均月商×売上原価率×手形支払率×手形支払サイト

　　　　　　　買掛金残高＝平均月商×売上原価率×平均買掛サイト

以上から、以下の計算で増加運転資金が求められる。

- **売掛金残高**：4,000千円×3ヵ月＝12,000千円
- **商品在庫**　：4,000千円×2ヵ月＝8,000千円
- **買掛金残高**：4,000千円×2ヵ月＝8,000千円

現在の所要運転資金は、以下の計算で求められる。

(12,000千円＋8,000千円)－8,000千円＝12,000千円

したがって、平均月商が150％となることから、売上げが150％に増加した際の増加運転資金は、以下の計算で算出することができる。

12,000千円×150％＝18,000千円

18,000千円－12,000千円＝6,000千円

2．経営方針についての相談

Gさんからの相談について、A君が答えた以下の回答の検証を行ってみたい。

①**法人成り**……個人資産と会社資産を明確に区分できるとともに税制上のメ

リットがあると回答した

②**インターネット販売の展開**……販売価格の設定だけでなく代金の回収方法についても十分な調査をすべきであると回答した

③**品揃えの拡充**……各商品の安定的な仕入ルートの確保が必要であるとともに、資金負担が増加するため、資金繰りの悪化に注意すべきであると回答した

④**将来的な多店舗展開**……新規出店により家賃や人件費等の固定費が増加する一方、売上げが増加して損益分岐点が引き下がるため、利益率を高めることができると回答した

⑤**商品在庫の回転率を上昇させる方法**……在庫の陳腐化によるデッドストック化を防ぐために、定期的なバーゲンセールを開催するのもひとつの方法であると回答した

　①の法人化し、事業主とその家族等が役員または従業員になることによって、個人事業者であるときは一体となっていた保有資産およびその所得を、個人の部分と事業の部分に形式上分離することができるとともに、法人の所得と各人の給与等として所得の分散を図ることも可能となる。また、青色申告にかかる特典のほか、特定の中小企業者等に適用される優遇税制等も活用できるようになるため、法人化した場合の税制上のメリットもある。

　②のインターネット販売の導入は、販路拡大につながる24時間販売が可能である、即時性が高いなど、数々のメリットもあるが、ホームページの閲覧率を上げるために顧客の興味を惹く情報を定期的に提供しなければならなかったり、販売価格の設定次第で売れ行きが大きくかわってしまったりするため、実店舗の販売以上に細目に価格動向をチェックしていかなければならないこと等を負担に感じる事業者もいるであろう。また、ポータルサイトの利用条件や代金回収の方法など、実店舗による販売と異なる留意点等もあり、十分な調査を行う必要もある。

　③の品揃えの拡充は、店舗経営において時流に合わせた品揃えを拡充することも重要であるが、各商品の安定的な仕入ルートの確保が難しかったり、無理

な拡充が資金繰りの悪化につながったりする場合もあり、十分な対策をとる必要がある。

④の新店出店は、固定費は増加するが店舗が増えた分に比例して、売上が増加するとは必ずしもいえない

⑤の商品在庫の回転率の上昇は、在庫の陳腐化によるデッドストックを防ぐために、定期的なバーゲンセールを開催し在庫を整理するのもひとつの手段である。

3．青色申告制度と同制度を考慮した所得金額の計算

さらに財務情報を確認していくと、「図表3－18」のような状態であった。

図表3－18　Fゴルフ用品店の財務情報(2)

・売上げ（年商）：48,000千円
・売上原価　　　：20,000千円
・経　　費　　　：13,200千円
　　家　　賃　　：4,800千円
　　人　件　費　：6,000千円
　　その他経費　：2,400千円
　（うち減価償却費：800千円）
・青色事業専従者給与：3,600千円（Gさん妻）

Gさんが青色申告者となったことを前提に控除後の所得金額を計算してみる。Gさんの青色申告特別控除前の所得金額は、以下のとおりになる。

売上げ48,000千円－（売上原価20,000千円＋経費合計13,200千円）－青色事業専従者給与3,600千円－青色申告特別控除650千円

＝10,550千円

◼ 2 事例2（自動車整備業の運転資金の変動ほか）◼

　甲銀行融資渉外担当者のＡ君は、担当先の自動車整備業を営む個人事業主Ｔさんから、運転資金3,000千円の申込みを受けた。この申込み資金額は、主要取引先である中古車販売業㈱Ｚ社やそのほかの取引先との取引条件の変更による所要額である。

　個人事業主Ｔさんの売上げは以下のとおりであり、この取引条件の変更にともなう当期の各指標の動きは、「図表3－19」のようになる。

・**前期の売上げ**：22,800千円
・**今期の売上げ**：19,800千円

図表3－19　個人事業主Ｔさんの事業の各指標

項　　目	前　　期	当　　期
売上債権回転期間	2.0ヵ月	2.5ヵ月
棚卸資産回転期間	3.0ヵ月	3.2ヵ月
買入債務回転期間	1.8ヵ月	1.5ヵ月

1．取引条件の変更にともなう運転資金の変動

(1) 売上債権

　売上債権は、以下の計算式で算出する。

> 売上債権＝平均月商×売上債権回転期間

　これにより、前期および当期の売上債権は、以下のとおり算出される。

・**前期の売上債権**：22,800千円÷12ヵ月×2.0ヵ月＝3,800千円
・**当期の売上債権**：19,800千円÷12ヵ月×2.5ヵ月＝4,125千円

　よって、当期の売上債権は325千円増加していることがわかる。

(2) 棚卸資産

次に、棚卸資産は、以下の計算式で算出する。

> 棚卸資産＝平均月商×棚卸資産回転期間

これにより、前期および当期の棚卸資産は、以下のとおり算出される。

- **前期の棚卸資産**：22,800千円÷12ヵ月×3.0ヵ月＝5,700千円
- **当期の棚卸資産**：19,800千円÷12ヵ月×3.2ヵ月＝5,280千円

よって、当期の棚卸資産は、420千円減少している。

(3) 買入債務

買入債務は、以下の計算式で算出する。

> 買入債務＝月商×買入債務回転期間

これにより、前期および当期の買入債務は、以下のとおり算出される。

- **前期の買入債務**：22,800千円÷12ヵ月×1.8ヵ月＝3,420千円
- **当期の買入債務**：19,800千円÷12ヵ月×1.5ヵ月＝2,475千円

よって、当期の買入債務は、945千円減少している。

(4) 所要運転資金

所要運転資金は、以下の計算式で算出する。

> 所要運転資金＝平均月商×(売上債権回転期間＋棚卸資産回転期間－買入債務回転期間)

これにより、前期および当期の所要運転資金は、以下のとおり算出される。

- **前記の所要運転資金**：22,800千円÷12ヵ月×(2.0ヵ月＋3.0ヵ月－1.8ヵ月)
  ＝6,080千円
- **当期の所要運転資金**：19,800千円÷12ヵ月×(2.5ヵ月＋3.2ヵ月－1.5ヵ月)
  ＝6,930千円

よって、当期の運転資金は、850千円増加している。

図表 3-20　個人事業主Tさんの前期と当期の動き

	前期 I	当期 II	II － I
売上高（平均月商）	1,900	1,650	▲250
売上債権	3,800	4,125	325
棚卸資産	5,700	5,280	▲420
買入債務	3,420	2,475	▲945
所要運転資金	6,080	6,930	850

2．運転資金需要の分析

以下のとおり、各指標を分析して、融資の妥当性を検証する。

(1) 所要運転資金増加額による分析

所要運転資金の増加額は、「1．取引条件の変更にともなう運転資金の変動」で算出したとおり、850千円（6,930千円－6,080千円）である。これに対して、Tさんからの所要運転資金申込金額は3,000千円であり、融資担当者としては、資金使途をよく確認する必要がある。

(2) 売掛債権回転期間による分析

売掛債権回転期間は、売上債権の回収期間を月数で示した指標で、以下の計算式で算出される。

$$売掛債権回転期間 = 売上債権 \div 月商$$

売上債権回転期間が長期化する原因としては、回収不能の売上債権の増大や、回収期間の延長などが考えられる。

(3) 買入債務回転期間による分析

買入債務回転期間は、買入債務の支払期間を月数で示した指標で、以下の計算式で算出される。

$$買入債務回転期間 = 買入債務 \div 月商$$

買入債務回転期間が短期化する要因としては、買入債務の圧縮（粉飾）や現金仕入の拡大などが考えられる。

(4) 運転資金の増加要因による分析

運転資金の増加要因は、売上高（平均月商）の増減とともに、売上債権回転期間・棚卸資産回転期間・買入債務回転期間の変化が大きな影響を与える。なお、当期の運転資金は、「1．取引条件の変更にともなう運転資金の変動」で算出したとおり、前期に比べて850千円（6,930千円－6,080千円）の増加となる。

以上から、当期と前期を比較すると、当期は売上債権回転期間が長期化（回収までの期間が長くなった）し、買入債務回転期間が短期化（支払いまでの期間が短くなった）している。この変化は当期に運転資金が必要になった要因でもある。しかしながら、所要運転資金増加額と融資金の申込金額には開きがあり、資金使途を正確に把握する必要がある。

第4章

管理・回収・法的整理

第1節　債権の管理
第2節　債権の回収
第3節　法的整理

第1節
債権の管理

■ 1　融資先(個人)の変動(融資先の死亡) ■

1．住宅ローンの場合

　住宅ローンについては、その大半が団体信用生命保険によって回収されることになる。団体信用生命保険は、金融機関を保険契約者兼保険金受取人、借入人を被保険者とする生命保険であり、ローンの残高相当額を保険金とするそのしくみは、「図表4－1」のとおりである。

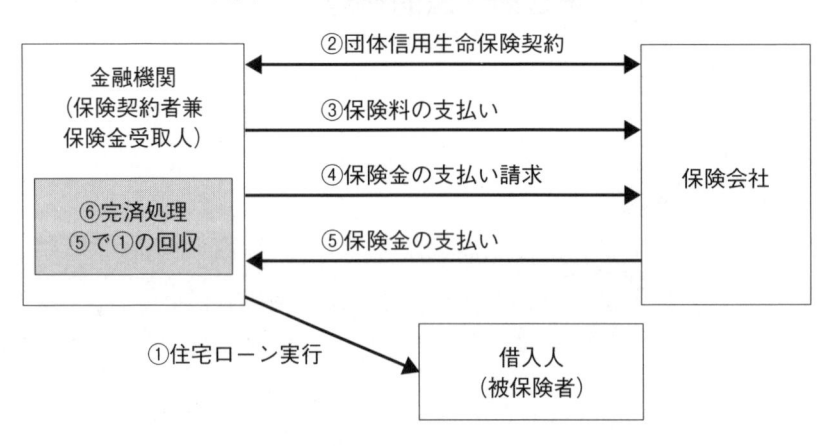

図表4－1　団体信用生命保険の関係図

```
┌──────────┐  ②団体信用生命保険契約   ┌──────┐
│  金融機関   │ ←──────────────── │          │
│(保険契約者兼│  ③保険料の支払い         │          │
│ 保険金受取人)│ ────────────────→ │          │
│            │  ④保険金の支払い請求     │ 保険会社 │
│┌────────┐│ ────────────────→ │          │
││⑥完済処理││  ⑤保険金の支払い         │          │
││⑤で①の回収││ ←──────────────── │          │
│└────────┘│                          │          │
└──────┬───┘                          └──────┘
       │ ①住宅ローン実行
       ↓
  ┌──────────┐
  │  借入人     │
  │ (被保険者)  │
  └──────────┘
```

①金融機関が、顧客に住宅ローンを実行する
②金融機関と保険会社が団体信用生命保険契約を締結する
③金融機関が、保険会社に保険料を支払う。多くの場合、保険料は、ローン

金利に含まれており、借入人が個別に負担することは少ない（任意型の団体信用生命保険や【フラット35】は別）
④借入人が死亡した（高度障害になった）場合は、金融機関が保険会社に保険金の支払いを請求する
⑤保険会社は審査のうえ、保険金を支払う
⑥金融機関は、受け取った保険金で住宅ローンを完済する

団体信用生命保険の法的構成としては、以下のとおりとなる。
①金融機関は、保険金受取人として保険金を受領するのであって、保険会社が代位弁済するわけではない（保証会社の代位弁済とは異なる）
②したがって、保険会社が金融機関に代わって住宅ローン債権を取得するわけでも、相続人等に求償債権を取得するわけでもない
③金融機関は、受領した保険金をもって、住宅ローン債権の回収に充当して、住宅ローンを回収（団信完済という）する
④金融機関は、保険金の受領をもって、相続人に対して有する住宅ローン債権について債務免除をする

2．団体信用生命保険で完済しないローン等

　団体信用生命保険で完済しないローンや事業性の融資は、債務承継（相続）の問題となる。住宅ローンや個人事業主に対する事業性の融資は、相続の発生が期限の喪失事由ではないので注意が必要である。
　これに対し、カードローン等は、相続の発生が期限の利益の喪失事由になっていることが一般的であり、利用停止の措置をした後で、相続手続を行うことになる。

(1) 債務の相続に対する基本的な考え方
　債務の相続に対する基本的な考え方は、以下のとおりである。
a．当然分割承継説による分割承継
　「図表4-2」で、X金融機関が被相続人であるYに対して有していた貸

図表4-2　貸金債権(債務)の相続割合

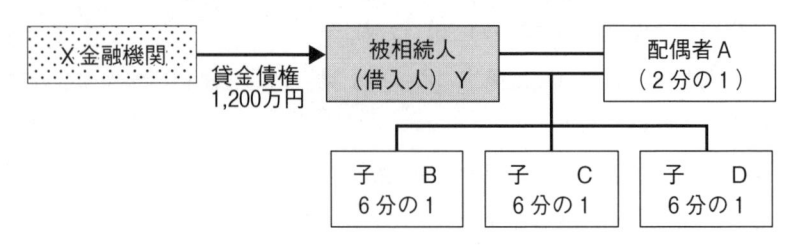

```
┌─────────┐  貸金債権    ┌─────────┐           ┌─────────┐
│ X金融機関 │───────────→│ 被相続人 │───────────│ 配偶者A │
└─────────┘  1,200万円   │(借入人)Y│           │(2分の1) │
                         └────┬────┘           └─────────┘
                              │
          ┌───────────────────┼───────────────────┐
     ┌─────────┐         ┌─────────┐         ┌─────────┐
     │ 子  B   │         │ 子  C   │         │ 子  D   │
     │ 6分の1  │         │ 6分の1  │         │ 6分の1  │
     └─────────┘         └─────────┘         └─────────┘
```

金債権は、Yの死亡によりどのように相続されるのか。この点、各相続人が、法定相続分にしたがって承継することになる(民法899条)。判例上は、「相続人数人ある場合において、相続財産中に金銭の他の可分債権あるときは、その債権は法律上当然分割され各共同相続人がその相続分に応じて権利を承継する」とされている(最一判昭和29年4月8日民集8巻4号819頁)。

したがって、Yの死亡と同時に、何らの手続きをすることなく、Aが600万円、B、CおよびDが各200万円を分割して債務承継する。

　b．遺産分割協議における「債務」の相続

では、遺産分割協議において、相続人であるA、B、CおよびDが、「BがYの事業や不動産を承継するので、借金であるX金融機関からの借入れも承継する」としたような場合、X金融機関はどのようにすればよいのか。相続人が積極財産である預貯金等ではなく、消極財産である借入金について、遺産分割協議をした場合に、債権者であるX金融機関がそれに拘束されるかという点が問題となる。

この点、X金融機関は、遺産分割協議に同意をしない限り、拘束されないので、どのような合意や協議が相続人であるA、B、CおよびDで為されたとしても、当然分割承継説によって貸付金の弁済を請求できることになる。

(2)　相続の方法

上記で述べたとおり、債務の承継は法定相続分により当然分割承継が為されるが、相続人によっては、「負債は承継したくない」という場合もあろう。そこで、相続人として、どのような形で相続をするのかが問題となる。

a．単純承認

単純承認とは、「相続人は、単純承認をしたときは、無限に被相続人の権利義務を承継する」（民法920条）というもので、「相続人が第915条第１項の期間内に限定承認又は相続の放棄をしなかったとき」には自動的に、単純承認になる（民法921条２号）。民法915条１項の期間とは、「相続人は、自己のために相続の開始があったことを知った時から３ヵ月以内に、相続について、単純若しくは限定の承認又は放棄をしなければならない」とされている期間であり、ことを「熟慮期間」と呼んでいる。

つまり、自己のために相続の開始があったことを知った時から３ヵ月以内に何もしなければ、単純承認になるということである。

b．限定承認

限定承認とは、「相続によって得た財産の限度においてのみ被相続人の債務及び遺贈を弁済すべきことを留保」したうえで行う相続の承認のことである（民法922条）。被相続人の積極財産の範囲内で、消極財産を弁済するわけであるから、被相続人が連帯保証債務を負っている可能性がある等、積極財産が多いのか消極財産が多いのか不明のときに用いられる。

なぜなら、積極財産のほうが多いことがわかっているのであれば、単純承認をすればよいし、消極財産のほうが多いことがわかっているのであれば、放棄をすればよいからである。

しかし、実際の利用件数は極めて少ないのが現状である。これは、限定承認が「相続人が数人あるときは、限定承認は、共同相続人の全員が共同してのみこれをすることができる」（民法923条）とされ、手続きも財産目録の作成（民法924条）、相続債権者および受遺者に対する公告および催告（民法927条）、相続債権者に対する弁済（民法929条）等非常に煩雑だからである。

限定承認が為された場合は、Ｘ金融機関は、Ｙの積極財産が多ければ、全額の弁済を受けられるが、Ｙの消極財産のほうが多ければ、原則として債権額按分で弁済を受けることになる。

限定承認とは、相続人に対して、弁済する責任を積極財産の範囲内に限定

する制度であって、相続債務自体は相続人に承継されているわけであるから、保証・物上保証（担保権）はその影響を受けない。

したがって、X金融機関が、相続人のうちBを連帯保証人としていたような場合には、限定承認があったとしてもBに対しては、1,200万円の全額の請求をすることができるし、Yの自宅に抵当権を設定したような場合には、1,200万円を被担保債権として競売することができる。

c．相続放棄

消極財産のほうが多い場合、相続人は、相続放棄をすることができる。相続放棄の方式は、民法で定まっており「相続の放棄をしようとする者は、その旨を家庭裁判所に申述しなければならない」とされている（民法938条、921条2号）ため、それ以外の方式では相続放棄をしたことにならない。よって、遺産分割協議書に、「何も相続しない」「相続放棄する」と記載したとしても（これを、「事実上の相続放棄」という）、家庭裁判所で相続放棄の申述をしていない限りは、法的に相続放棄をしたことにはならない。

相続放棄が為された場合は、「相続の放棄をした者は、その相続に関しては、初めから相続人とならなかったものとみなす」（民法939条）とされるため、「図表4－2」の例で、Aが相続放棄をした場合は、法定相続人はB、CおよびDの3名になり、法定相続分が、各3分の1となる。Bが相続放棄をした場合は、法定相続人は、A、CおよびDとなり、法定相続分は、Aが2分の1、CとDが各4分の1となる。

相続放棄が為されたか否かは、家庭裁判所が、相続放棄の申述を受け付けした際に発行する「相続放棄申述受理証明書」で確認をする。もっとも、相続放棄申述受理証明書は、あくまで、相続放棄の申述を受理したことだけを証する書面であって、相続放棄自体が有効であることを証する書面ではない。

家庭裁判所によっては、熟慮期間が経過した後でも相続放棄の申述を受理することがある。このような場合は、X金融機関は、通常どおり貸金返還請求訴訟を提起して、その訴訟において相続放棄の有効性を争うことができる。

したがって、相続放棄申述受理証明書の提出があった場合は、相続放棄の

申述が為された日を確認することが重要となる。

3．相続の手続き

(1) 相続手続きの前提

金融機関において相続手続を行う前提として、以下の手続きが終わっている必要がある。

a．法定相続人の確定

被相続人の戸籍を出生まで遡って、相続人の確定をする必要がある。被相続人に子供がおらず、その親も死亡している場合には、兄弟姉妹が相続人になる（第3順位相続）ため、被相続人の親についても出生まで遡らないと、相続人の確定ができない。また、兄弟姉妹がすでに死亡している場合には、甥・姪が代襲相続することになり、相続人の数が多くなりやすい。

このような場合は、相続人の確定を慎重かつ迅速に行う必要がある。そうしないと甥・姪が死亡し、さらに、第2次相続が発生して相続人が増えるという悪循環に陥ることがあるからである。

b．遺言書の有無の確認

遺言書があっても、相続人全員の合意で遺産分割協議が為されれば、遺産分割協議が優先するのが原則であるが、遺言執行者がいるような場合には、遺言執行者も遺産分割協議に参加する必要がある。遺言書において、遺言執行者が指定されていることもあり、注意を要する。

特に、貸金庫のなかに遺言書が保管されている場合があり、貸金庫取引がある場合には、相続発生後、できるだけ早い段階で、相続人全員が立ち会ったうえで開扉して中身を確認する。

c．遺産分割協議の成立見込の確認

相続人間で遺産分割協議が成立する見込みがあるのかを見極める。金融機関として、相続人全員を相手として相続手続を行うか、一部相続人のみを相手として相続手続を行うかの判断をする必要があるからである。

(2) 重畳的債務引受

　金融機関と相続人の間で話し合いができない場合には、当然分割承継説にしたがって、法定相続分で請求をすることになる。この場合、保証契約や抵当権への影響はない（貸金等根保証契約や根抵当権の元本が確定することもあるが、相続発生のときにすでに発生していた貸金債権については、被担保債権として保全される）。

　一方で、与信管理上、特定の者に債務引受を行う場合があり、重畳的債務引受については、以下のとおりである。なお、重畳的債務引受は、併存的債務引受ともいわれることがあるが意味は同じである。

a．重畳的債務引受とは

　相続人全員の話し合いが成立しない場合（一部相続人とのみ相続手続を行う場合）、信用保証協会の保証付融資の場合、与信の関係で相続人全員に債務を承継してもらう必要がある場合には、重畳的債務引受を行う。

　重畳的債務引受では、①相続人の１名を債務承継者として、ほかの相続人の法定相続分を引き受けさせる、②ほかの相続人も引き続き法定相続分を債務として負担するというものであり、ほかの相続人が反対していても、一部相続人（債務承継者）のみでも手続きが可能である。

　重畳的債務引受における債務承継のイメージは、「図表４－３」〜「図表４－５」のとおりである。なお、債務承継者は、Ｂとする。

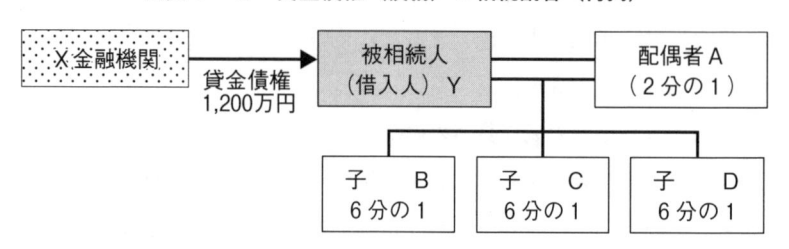

図表４－３　貸金債権（債務）の相続割合（再掲）

```
┌─────────┐  貸金債権  ┌─────────┐       ┌─────────┐
│ Ｘ金融機関 │ 1,200万円 │ 被相続人 │───────│ 配偶者Ａ │
└─────────┘           │（借入人）Ｙ│       │（２分の１）│
                       └─────────┘       └─────────┘
                             │
             ┌───────────────┼───────────────┐
        ┌─────────┐    ┌─────────┐    ┌─────────┐
        │ 子　Ｂ  │    │ 子　Ｃ  │    │ 子　Ｄ  │
        │ ６分の１ │    │ ６分の１ │    │ ６分の１ │
        └─────────┘    └─────────┘    └─────────┘
```

図表４－４　借入人Ｙの死亡直後の債務承継額

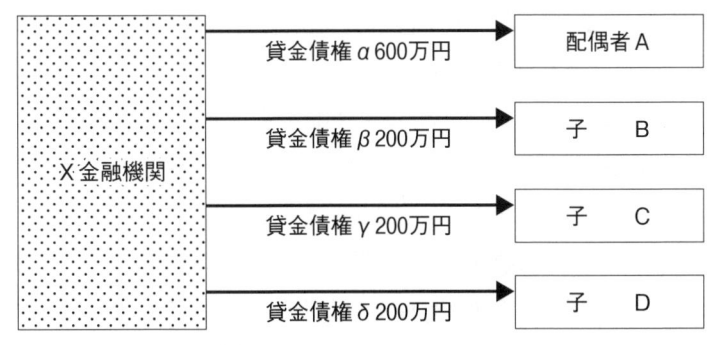

```
X金融機関 ──貸金債権α600万円──→ 配偶者A
         ──貸金債権β200万円──→ 子　B
         ──貸金債権γ200万円──→ 子　C
         ──貸金債権δ200万円──→ 子　D
```

※　分割は、当然分割承継説による。

図表４－５　子Ｂが重畳的債務引受により債務を引受

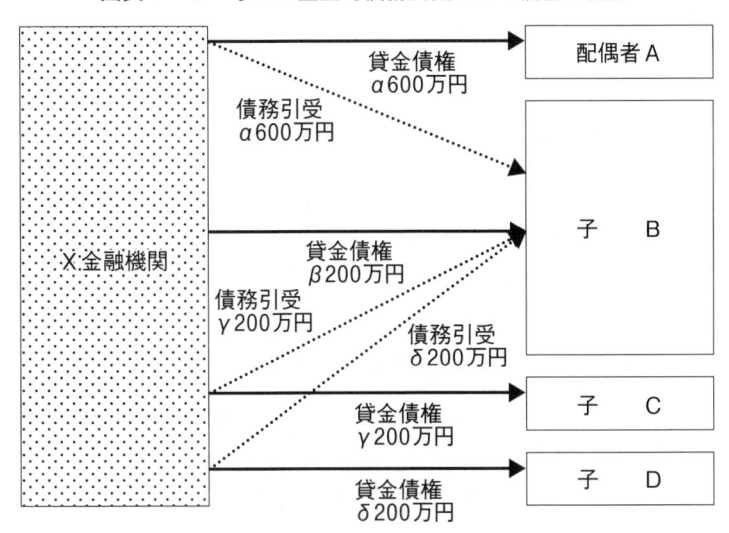

```
X金融機関 ──貸金債権α600万円──→ 配偶者A
         ┄債務引受α600万円┄┄→ 子　B
         ──貸金債権β200万円──→ 子　B
         ┄債務引受γ200万円┄┄→
         ┄債務引受δ200万円┄┄→
         ──貸金債権γ200万円──→ 子　C
         ──貸金債権δ200万円──→ 子　D
```

ｂ．重畳的債務引受の法的構成

　重畳的債務引受の場合、従前の相続人であるＡ、Ｃ、Ｄも法定相続分に応じて分割承継した債務者として残るので、Ｂが引き受けした債務との関係が問題となる。この点、Ｂが引き受けした債務とは、「連帯債務」関係に立つものとされる（最判昭和41年12月20日（判時475号33頁）。連帯債務関係であ

るから、ほかの相続人について生じた事由のうち、「更改」(民法435条)、「免除」(民法437条)、「時効の完成」(民法439条) 等について、絶対的効力があり、Bにも効力が及んでしまう。

したがって、特に時効の管理は、全相続人を対象に行う必要がある。

(3) 免責的債務引受

相続人全員の話し合いが成立し、全相続人を相手として、相続手続を行う場合であって、与信上1名のみを債務承継者とすれば充分であるような場合には、連帯保証人、物上保証人の同意を得て、免責的債務引受を行う（連帯保証人、物上保証人の同意が得られなければ、当該保証や担保は消滅する）。

免責債務引受は、①相続人の1名を債務引受人としてほかの相続人が法定相続により分割承継した債務を引き受けさせる、②ほかの相続人が承継した当該債務を免除するというものであり、相続人全員の同意の外、連帯保証人、物上保証人の同意も必要となる。

a．免責的債務引受における債務承継のイメージ

「図表4－6」「図表4－7」で、免責的債務引受について考える。流れについては、重畳的債務引受と「図表4－3」「図表4－4」まではと同じであり、最後にX金融機関が免責を行う。なお、債務承継者は、Bとする。

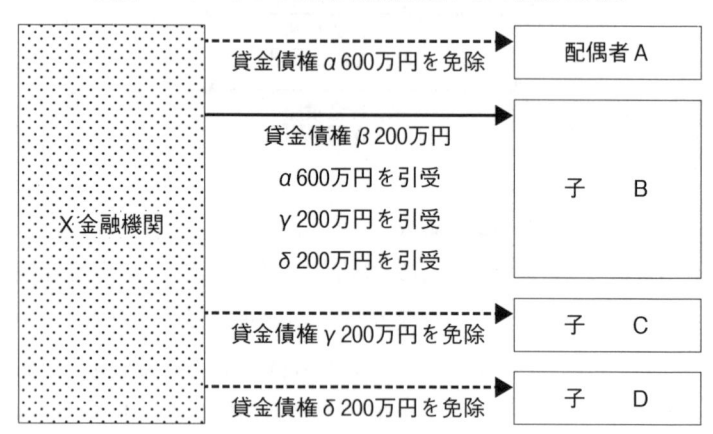

図表4－6　子Bが免責的債務引受により債務を引受

X金融機関	→ 貸金債権 α 600万円を免除	配偶者A
	→ 貸金債権 β 200万円 α 600万円を引受 γ 200万円を引受 δ 200万円を引受	子　B
	→ 貸金債権 γ 200万円を免除	子　C
	→ 貸金債権 δ 200万円を免除	子　D

図表 4 − 7　子Bが法定相続および免責的債務引受により担保債務全額を承継(最終的)

```
┌─────────────┐                              ┌─────────┐
│             │   貸金債権 α 600万円  ──→    │         │
│             │   貸金債権 β 200万円          │         │
│  X金融機関   │                              │  子 B   │
│             │   貸金債権 γ 200万円          │         │
│             │   貸金債権 δ 200万円          │         │
└─────────────┘                              └─────────┘
```

b．免責的債務引受の法的構成

　免責的債務引受は、相続人全員の同意でこれを行う必要があるほか、連帯保証人・物上保証人がいれば、それらの同意を得る必要がある。貸金債権 $α + β + γ + δ$ ＝子B（相続人兼免責的債務引受人）に対する債権であるから、X金融機関としては、Bのみを債務者として管理すればよく、債権管理は簡易である。

　他方で、A、CおよびDからは弁済を受けることができなくなり、この点、債権の効力としては弱いことになる。

2　融資先(個人)の変動(個人事業主の法人成り)

1．法人成りとは

　個人事業主に対して事業性融資を行った後、その個人事業主が法人を設立して、いままで個人で行っていた事業を法人で行うことである。

　「図表4−8」において、株式会社を設立して法人成りした場合を検討する。

　①X金融機関は、Yに事業性の融資（例：運転資金）をしていた

　②Yが、Z株式会社を設立（株主はYのみ）する

　③Yが個人で行っていた事業をZ株式会社で行う

　④Z株式会社が債務承継を行う

図表4－8　法人成り

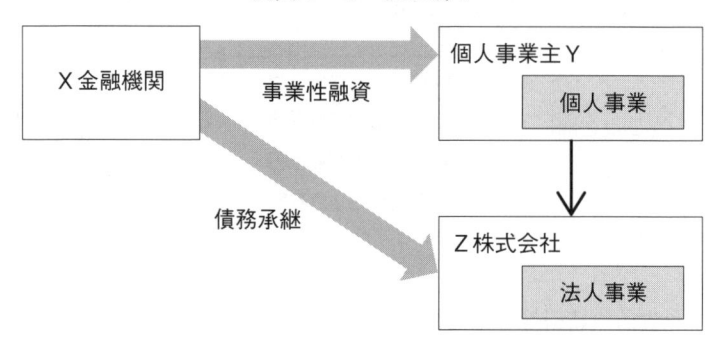

```
┌─────────────┐   事業性融資   ┌─────────────────┐
│             │ ━━━━━━━━━━━▶ │ 個人事業主Y      │
│  X金融機関   │               │  ┌───────────┐ │
│             │               │  │ 個人事業   │ │
└─────────────┘               │  └───────────┘ │
       ┃                      └─────────┬───────┘
       ┃ 債務承継                        │
       ┃                                 ▼
       ┃                      ┌─────────────────┐
       ┗━━━━━━━━━━━━━━━━━━▶ │ Z株式会社        │
                              │  ┌───────────┐ │
                              │  │ 法人事業   │ │
                              │  └───────────┘ │
                              └─────────────────┘
```

2．法人成りがあった場合の手続き

法人成りがあった場合の手続きは、以下のとおりである。

(1) 事業性の融資の抽出

YがZ株式会社に法人成りしたとしても、X金融機関がYに対して有する貸金債権がそのままZ株式会社に承継されるわけではない。そこで、X金融機関としては、Yに対する融資のうち、Z株式会社に承継してもらうべき事業性の融資と非事業性の融資を分ける必要が生じる。

たとえば、運転資金を融資していたり、事業に使う機械設備の設備資金を融資していたりした場合は、これらはZ株式会社に承継してもらう必要がある。

他方で、X金融機関がYに対して、教育ローンを融資していたとしても、これは引き続きYがZ株式会社から受ける役員報酬から弁済してもらうべきであって、Z株式会社が債務承継する性質のものではない。

自動車ローン（オートローン）については、融資対象物件となっている自動車がZ株式会社の事業に使用されるのか、Yの自家用車であって事業に供されるものではないのか等によって異なる。

住宅ローンについても、通常は、Z株式会社が債務承継するようなものではないが、融資対象物件となる住宅に、Z株式会社の事務所や作業場所を併設するような場合は、個別に検討を行わなければならない。

(2) 債務承継手続

以下の3つの手続きのなかから選ぶことになる。

① Z株式会社に対して新規融資を実行し、Yから既存融資の回収を行う。
　その際に、Yに連帯保証をしてもらうことが多い
② Z株式会社に重畳的に債務を引受してもらう方法
③ Z株式会社に免責的に債務を引受してもらう方法

重畳的債務引受と免責的債務引受については、相続の箇所での説明を参照されたい。

①の方法は、既存の保証および担保がすべて無効になるので、再度保証契約の締結および（根）抵当権設定契約が必要になる。担保物件に後順位の（根）抵当権者がいる場合には、保全管理上、困難になることが多い。

②の方法であれば、既存の保証および担保はそのまま有効である。Z株式会社が、その株式すべてをYが保有する一人会社（いちにんかいしゃ）であれば、問題はないが、そうではない場合には、YとZ株式会社の利益相反になるので、Z株式会社において株主総会または取締役会による承認が必要となる。

③の方法は、既存の保証人および物上保証人の同意を得ないと、保証契約および物上保証契約の効力が消滅してしまうので注意が必要である。また、YとZ株式会社の利益相反になる点は、②と同じである。

3　融資先（個人）の変動（個人事業主の意思無能力）

個人事業主（以下、「債務者」という）の意思能力・行為能力についての注意点は、以下のとおりである。

1．取引の継続と取引先の意思能力

債務者、保証人または物上保証人が、取引開始後に意思能力が低下することがあり、ついには、意思能力が確認できない状態に陥ることがある。たとえ、意思能力が低下した場合であっても、「融資契約」「保証契約」「担保設定契約」の時点において、意思能力を有しており、意思確認がきちんとできていれば、

その後に意思能力を喪失したとしても、「融資契約」「保証契約」「担保設定契約」が無効になるものではない。

しかし、その後の変更契約等の締結が困難になるため、問題が生じる。

2．制限行為能力制度の活用

意思能力が低下した取引先が制限行為能力制度を利用してくれた場合は、「成年後見人」「保佐人」「補助人」と民法の定めにしたがって取引をすればよい（第1章第4節「■　1　取引の相手方　■」を参照）。

■　4　融資先(個人)の変動(個人事業主の失踪・行方不明)　■

個人事業主（以下、「債務者」という）が失踪・行方不明となった場合の注意点は、以下のとおりである。

1．債務者が失踪した（行方不明になった）場合

(1) 期限の利益の喪失

債務者が失踪した場合は、債権の管理に支障を来たすことが多い。まずは、最初に期限の利益の喪失を検討する。

債務者の失踪（行方不明）は、期限の利益の喪失事由のなかに含まれていることがほとんどである。基本約定書やローン契約書の条項のなかの当然喪失事由として、「債務者が住所変更の届出を怠るなど債務者の責めに帰すべき事由によって、金融機関に債務者の所在が不明になったとき」といったような文言が入っている。

そうすると問題は、期限の利益の喪失通知をどのような形で債務者に送付するかということになるが、基本約定書やローン契約書の条項のなかのみなし送達条項を使えばよい。みなし送達条項とは、基本約定書12条2項に記載のあるような「前項の届出（住所変更等）を怠ったため、貴行から為された通知または送付された書類等が延着しまたは到達しなかった場合には、通常到達すべき時に到達したものとします」という条項である。

(2) 相殺による回収

　債務者が失踪して預金が残っている場合、相殺を検討する。その際、金融機関の相殺の意思表示が行方不明等により相手方に到達しなかった場合にも、みなし送達条項により金融機関と当該債務者との間では相殺が有効にされたことになるが、第三者に対して相殺の主張をすることはできないと解されている。ゆえに、金融機関と当該債務者との間の相殺であり、当該預金が第三者に差し押さえられるなど、第三者の関与がないのであれば、当該相殺通知書が転居先不明を理由に返送されても、有効に相殺することができる。

　また、後日、相殺通知を受け取るべき人（相続人、相続財産管理人、破産管財人等）が判明・出現したら、当該人物に上記手続を行った旨を通知すればよい。

　なお、民法は、相殺の意思表示は相殺適状になった時にさかのぼってその効力を生ずる（民法506条2項）としており、たとえ貸金債権が時効になったとしても、「時効によって消滅した債権がその消滅以前に相殺に適するようになっていた場合には、その債権者は、相殺をすることができる」（民法508条）となっている。

　この方法で注意しなければならないことは、失踪した債務者の預貯金を差押して転付命令を受けた者が、逆相殺をかけてくることである。このような場合は、金融機関側の相殺の意思表示と逆相殺の意思表示の先後で勝負がつくので

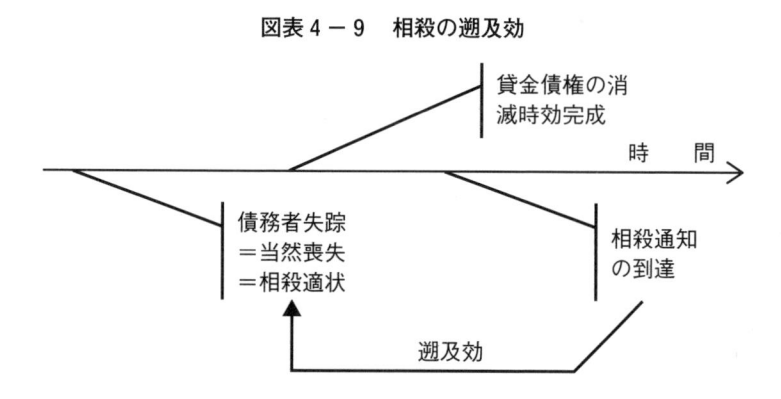

図表4－9　相殺の遡及効

(最三判昭和54年7月10日民集33巻5号533頁)、転付命令を得た者が出た場合には、先に転付命令を得たものに対して、相殺の意思表示をしておかなくてはならない。

(3) 債務者が失踪した場合の実務対応

債務者が失踪した場合の実務対応は、以下のとおりである。

a．現地調査の記録

債務者が失踪した場合、時効の中断方法として、債務承認や支払督促等の手段は使うことができず、貸金返還請求訴訟を提起することになる。

貸金返還請求訴訟では、訴状を特別送達で送付しても、不送達で戻ってくることになるが、いきなり、公示送達が認められるわけではない。

通常、裁判所から、「現地調査の結果を上申書にして提出してください」という形で提示があり、原告が充分な調査を尽くしても、債務者の居所（訴状送達先）が分からないということを疎明しなくてはならない。

したがって、住民票上の住所地の調査を行って、記録を残しておく。

b．回収対応

原則として、債務者に対する意思表示は公示送達によることになるが、民事訴訟、強制執行のいずれも不可能ではない。金融機関として、「債務者失踪」のまま放置するのではなくて、預金の相殺、担保処分等を行ったうえで、サービサー（債権管理・回収会社）へ売却するなどして整斉と処理を行えばよい。

2．保証人が失踪した（行方不明になった）場合

保証人が失踪した（行方不明になった）場合は、期限の利益の請求喪失事由となっている（銀行取引約定書5条2項4号）が、そこまでいかないような場合には、主たる債務者に保証人を追加してもらうことになろう。

なお、保証人が失踪して（行方不明）になった場合で、変更契約書等で貸金の弁済期を延長するような場合、保証人の署名・捺印はもらえない。このような場合であったとしても、弁済期の延長等、保証人に有利な変更は保証人の同

意がなくても、保証債務の附従性により保証債務にも及ぶ。また、時効管理についても、主たる債務について時効中断措置を採れば、保証債務についても時効が中断する。

3．物上保証人が失踪した（行方不明になった）場合

このような場合であっても、競売手続は可能である。物上保証人が意思無能力になった場合には、特別代理人の選任命令を申立てすることになるが、物上保証人が行方不明の場合は、物上保証人への裁判所からの通知はすべて公示送達によって為されるだけである。整斉と競売手続の申立てをすればよい。

◼ 5　条件変更への対応 ◼

「◼ 1 ◼」〜「◼ 4 ◼」の「融資先（個人）の変動」は、債権管理において、債務者自身に変動が生じた場合であるが、次に債務者自身の変動はなく、債務者自身の信用状態が悪化した場合を検討する。

債務者の信用状態が悪化して、約定どおりに弁済が為されない場合、通常は、条件変更手続きをとることが多いので、まずは条件変更について、検討する。

1．金融検査マニュアルにおける金融円滑化へ対応

金融円滑化法の終了（期限到来）にともない、金融検査マニュアルにおいては、「金融円滑化編」が定められており、金融機関の担当者としては、顧客から貸付条件の変更等の相談・申込みがあった場合は、金融円滑化管理方針等に基づき適切に対応しなければならない。

基本的には、債務者に対する経営相談・経営指導および債務者の経営改善計画の策定支援等に対する積極的な取組み等、従前の金融円滑化法時代の対応と同様の対応が求められている。

2．中小企業再生支援協議会

中小企業再生支援協議会（以下、「支援協議会」という）は、「商工会議所」

「商工会連合会」「政府系金融機関」「地域の金融機関」「中小企業支援センターおよび自治体」等から構成される。

具体的な支援協議会の活用方法としては、顧客から貸付条件の変更等の相談・申込みを受けて支援協議会への持込みを検討する場合、まず第1次対応として、支援協議会へ連絡をして日程を決めたうえで、金融機関と顧客が一緒に支援協議会へ赴いて相談を行う。その際には、「決算書」「確定申告書等の財務諸表」「債権者一覧表」「事業の概要を記載したパンフレット」等を顧客が持参することが多い。ここまでの対応は、無料である。

次に、支援協議会が支援の決定を行った場合は、第2次対応として外部専門家（「中小企業診断士」「公認会計士」「税理士」「弁護士」等）が個別支援チームを編成して、再生計画策定の支援を行う。これらは、費用がかかるが、中小企業・小規模事業者が認定支援機関に対し負担する経営改善計画策定支援に要する計画策定費用およびフォローアップ費用の総額について、経営改善支援センターが、3分の2（上限200万円）を負担する。

6　延滞発生時の対応

次に、債権の管理としては、条件変更によっても対応ができずに延滞が発生した場合の対応を検討する。ここまでが債権の「管理」で、期限の利益を喪失させて以降は、「回収」ということになる。

1．融資先の業態悪化

事業性の融資を受けている個人事業主であれ、住宅ローンの借入れをしている個人であれ、いきなり法的整理（破産、民事再生等）をすることは稀である。

たとえば、住宅ローンの借入れをしている個人であれば、住宅ローンを組んだときに勤務していた会社が倒産した、退職を勧奨されて転職したが年収が下がった等の理由により毎月の約定弁済が遅れがちになり、ついには1ヵ月延滞（約定弁済が2回分遅れて、常に延滞状態となる）となって、やがては二進も三進もいかずに、自宅を任意売却等するという流れが典型例である。

2．事業性の融資について

(1) 業態悪化の兆候

　事業を継続的に維持していくために必要なのは、「資金繰りが回る」ことである。資金を調達するためには、①事業で売上げをあげる、②資産を処分する、③外部から資金調達（借入れ、増資）をする3つが主な方法となる。

　事業が好調であれば、①事業で得た利益を、②次の事業のために投資して、③借入金の元本を弁済するというお金の流れが可能になる。しかし、事業が不振にあれば、①事業で生じた赤字を、②資産を処分して穴埋めし、③それでも足りなければ借入れをするというお金の流れになる。それが一時的なものであればよいが、継続的な事業不振であれば処分する資産がなくなり、どの金融機関・貸金業者からも借入れができなくなった時点で、資金繰りが破綻する。

(2) 確定申告書（決算書）のチェックポイント

　資金繰りが悪化した場合に、それをダイレクト（素直）に確定申告書（決算書）に反映させる取引先は少ない。直近3期（場合によっては直近5期）の確定申告書（決算書）を確認してみると、意外なほどに確定申告書（決算書）の内容は傷んでいないことが多い。

　しかし、すべての預貯金通帳の提出を受けて、実際の資金繰り表を作成してみると、確定申告書（決算書）の内容が粉飾されたものであることが明らかになる。金融機関の行職員が個人融資先の確定申告書（決算書）をチェックするときのポイントについて、粉飾という観点から以下に述べる。

a．売上げの水増し

　企業であれば、決算期の異なるグループ会社に対して架空売上げを計上して、決算を行った後に、買い戻すという手法が多い。これに対して、個人事業主で多いのは、翌期の最初の月の売上げを、前期の最後の月の売上げに計上するという売上げの「先喰い」である。

　たとえば、12月が期末の個人事業主がいたとして、確定申告書を作成するのは2月から3月にかけてであるから、1月の売上げはすでに確定している。

この1月分の売上げを12月分の売上として計上すれば、売上げの水増しが可能になる。

この方法の「優れた」ところは、12月は経費が上乗せされずに売上げだけが上乗せされるので、「売上げの水増し≒利益の水増し」になるところである。

　ｂ．架空在庫の計上

すでに売り上げて存在しない在庫をそのまま計上するとか、陳腐化して売却が事実上不可能になった在庫をそのままにするといった単純なものが多い。

　ｃ．買掛金の未計上

仕入先に依頼して買掛金の支払いを待ってもらうのではなくて、今期に計上すべき買掛金を翌期に繰延する方法である。翌期の売上原価が前期に比較して増えるが、月次ベースの残高試算表の提出を受ければ、簡単に見抜くことができる。

　ｄ．減価償却の未実施

償却資産台帳に償却資産があるにもかかわらず、減価償却を行わないということであり、ほかの粉飾決算と異なり損益計算書を見れば簡単に見抜ける。

金融機関向けに「黒字を維持」する場合に最初に行う経理操作であり、減価償却を実施していない場合には、今後の粉飾に注意をすべきである。

　ｅ．貸付金、売掛金の未償却

すでに倒産している先への貸付金、売掛金については、損金処理をしたうえで資産から落とさなくてはならないが、それを行わないことである。

　ｆ．有価証券の未償却

すでに民事再生手続が結了して価値のなくなった「ゴルフ会員権」がそのまま取得原価で資産計上され続けていることが多い。

　ｇ．仮払金・前渡金の架空計上

費用として支払った分を仮払金として資産計上する方法である。事業の着手金として支払った前渡金について、当該事業が失敗に終わって返却が受けられないことがすでに確定していながら、そのまま前渡金で計上し続ける場

合もある。

(3) 粉飾決算のリスクについて

　粉飾決算は、それを金融機関に信じさせて融資を受けるといった問題点もあるが、何より粉飾決算自身が、取引先の資金繰りを急激に悪化させるといった問題点があるので、注意が必要である。

　粉飾決算によって、本来は、「赤字」で納税する義務がない（または、還付を受ける権利がある）にもかかわらず、「黒字」を装って納税する義務を負う（または、還付を受ける権利を放棄する）こととなる。これにより、融資先から納税という形で資金が流出するため、資金繰りの悪化に拍車がかかることになる。

　「資金繰りの悪化→粉飾決算→さらに資金繰りの悪化」という悪循環をたどることになる。

(4) 資金繰りの悪化について

　業態悪化が進むと、資金繰りが悪化（逼迫）してくる。やがては延滞の発生から債務整理へとつながるのであるが、確定申告書（決算書）で業態悪化や粉飾決算を把握した場合には、資金繰りを確認しなければならない。

　今後、新規融資を受けられない（折り返しの運転資金も出ない）と仮定して、手持ちの現預金であとどれくらい事業が継続できるのかを予想するのである。その際に、金融機関の行職員としては、自分が取引先になったと仮定して、「どの順序で支払いを止めるか」と考えてみるとよい。

　たとえば、まずは、①賞与の支給を減らす（または止める）、②金融機関の元本の支払いを止める、③リースの支払いを止める、④過去取引をしていた（現在は取引をしていない）仕入先の支払いを止める、⑤現在取引をしている取引先の取引を止める、⑥給与の支払いを止める、⑦公租公課を滞納する等、どの順序で支払いを止めるのかを考えるのである。

　重要なのは、たとえば、同じ公租公課であったとしても、法人税や固定資産税の滞納を止めるのと、社会保険料や消費税の滞納では、大きく意味が異なる。社会保険料には、従業員から天引きした分が含まれており、これを運転資金に

回して滞納するのであるから、驚くほど滞納処分が速やかに為される。消費税も取引先から「預かった」消費税を運転資金に回すのであるから、これも同様である。

このように、延滞が開始した場合には、それが「解消できるような一時的なものか」、やがては「法的整理に進んでいくのか」「ほかの支払いの状況がどのようなものになっているのか」という観点から把握していくことが重要である。

(5) 延滞の発生について

延滞が発生した場合の初動対応としては、将来的な債権の管理・回収という側面から以下の対応を行う。

　ａ．資金繰り表の作成

確定申告書（決算書）の粉飾を指摘したところで、取引先の実態は変わらないわけであるから、整斉と資金繰り表を作成する。事業の継続で一番大切なのは、「資金繰りが回る」ということに尽きるのであるから、どのようなフォーマットでもよいから資金繰り表を作成する。その際に、「月末の現預金勘定は、かならず、実際の預貯金通帳と整合性をとること」だけは押さえておく必要がある。資金繰り表ができれば、あと何年（または何ヵ月）で資金繰り破綻するかの大体の予想ができるようになる。

　ｂ．約定書等の確認

基本約定書の原本や印鑑登録証明書の原本がなくても、それほど訴訟に影響することはない。金融機関が、顧客に対して、貸金返還請求訴訟を提起して、敗訴の憂き目をみる場合の大半が、「意思確認に問題があった」ケースである。特に、保証債務履行請求訴訟において、保証人の意思確認ができていない場合や保証人の意思能力がなかったような場合に問題となる。

したがって、約定書を確認する際には、「意思確認記録」「取引経緯記録書」を確認することが重要である。万一、保証書の「代筆」「保証意思確認漏れ」等の事案があれば、早急に保証人と面談を行う等の対応をしなければならない。

3．住宅ローン等非事業性のローンについて

(1) 業態悪化の兆候

住宅ローン等、非事業性のローンの多くについては、ローン実行後、日常的に債務者の信用状態をチェックしているわけではない。したがって、業態悪化の兆候は、「約定弁済の遅延」という形で発生する。

(2) 約定弁済が遅延しはじめた場合の対応

金融機関としては、顧客に連絡をとって、家計の収支状況の把握に努める。

「図表4－10」は、東京地方裁判所の個人破産手続において、家計の状況を把握するシートであるが、顧客からこのような家計の状況を記載したシートを最低でも2ヵ月分徴求して、家計の状況を把握する。

その際、延滞発生のその原因が一時的なものか、恒常的に続くものであるのかを見極める必要がある。

たとえば、勤務していた会社が倒産して、一時的に職を失ったが、再就職をすれば住宅ローンの弁済に支障がないという状態であれば、その間のみ元本弁済の猶予または軽減といった条件変更を行えば足りる。

しかし、従前勤務していた会社が相当程度に高給であって、再就職先の給与ではとても住宅ローンを弁済していくことは困難であるということが明らかな場合には、早期に住宅の任意売却を検討してもらわなくてはならない。

なお、住宅ローンの約定弁済の延滞を、カードローンや消費者金融で穴埋めして支払いをしたとしても、多くのケースでは、破産手続開始が2～3年程度伸びるだけであり、多重債務者になって破産ということになる。

したがって、住宅ローンの延滞が解消したからといっても、その分、今まで利用されていなかったカードローンの借入れが増えていたような場合は、顧客の家計の収支状況は、極めて厳しい状況と認識しなければならない。

図表4－10　家計全体の状況

(平成　　年　　月分[1])

収入			支出	
費　目		金額（円）	費　目	金額（円）
給料・賞与	申 立 人		家賃（管理費含む）、地代	
給料・賞与	配 偶 者		食　　費	
給料・賞与			日 用 品	
自営収入	申 立 人		水道光熱費	
自営収入	配 偶 者		電 話 代	
自営収入			新 聞 代	
年　　金	申 立 人		保 険 料[3] (　　　)	
年　　金	配 偶 者		駐車場代[4] (　　　)	
年　　金			ガソリン代[4] (　　　)	
生活保護			医 療 費	
児童手当			教 育 費	
他の援助[2] (　　　)			交 通 費	
そ の 他			被 服 費	
			交 際 費[5]	
			娯 楽 費[5]	
			返済（対業者）	
			返済（対親戚・知人）	
			返済（　　）	
			その他（　　）	
前月繰越金			次月繰越金	
収入合計		¥0	支出合計	¥0

※1　申立直前の2ヵ月分の状況を提出する。
※2　「他の援助」のある人は、（　）に援助者の名前も記入する。
※3　「保険料」のある人は、（　）に保険契約者の名前も記入する。
※4　「駐車場代」「ガソリン代」のある人は、（　）に車両の名義人も記入する。
※5　「交際費」「娯楽費」その他多額の支出は、具体的内容も記入する。

第2節 債権の回収

◧ 1 期限の利益の喪失 ◨

1．期限の利益の喪失について

(1) 期限の利益とは

　期限の利益とは、債務者側から見た場合は、「期限が到来するまでは債務の履行を請求されないというように、期限がまだ到来しないことによって債務者が受ける利益」であり、債権者側から見た場合は、「期限が到来するまでは債務の履行をされず利息を受け取ることができる等、期限がまだ到来しないことによって債権者が受ける利益」ということになる。

　民法上、「期限は、債務者の利益のために定めたものと推定する」とされている（民法136条1項）。

(2) 期限の利益の喪失（民法上の期限の利益の喪失事由）

　民法上は、「債務者が破産手続開始の決定を受けたとき」（137条1号）「債務者が担保を滅失させ、損傷させ、又は減少させたとき」（同条2号）「債務者が担保を供する義務を負う場合において、これを供しないとき」（同条3号）となっている。

(3) 期限の利益の喪失（銀行取引約定書上の期限の利益の喪失事由）

　民法上の期限の利益の喪失事由のみでは、金融機関の債権保全上、あまりに遅い（狭い）ので、銀行取引約定書やローン約定書では、期限の利益の喪失事由を民法上のものを拡大している。

　たとえば、銀行取引約定書の旧ひな形では、5条に期限の利益の喪失事由を記載している。

a．当然喪失事由について

1項は、当然喪失事由である。「私について次の各号の一つでも生じた場合には、貴行から通知催告等がなくても貴行に対する一切の債務について当然期限の利益を失い、直ちに債務を弁済します」として、4つの事由をあげている。

① 支払いの停止または破産、民事再生開始、会社更生手続開始もしくは特別清算開始の申立てがあったとき
② 手形交換所の取引停止処分を受けたとき
③ 私または保証人の預金その他の貴行に対する債権について仮差押、保全差押、または差押の命令、通知が発送されたとき。
④ 住所変更の届出を怠るなど私が責任を負わなければならない事由によって、貴行に私の所在が不明となったとき

上記の①について、支払いの停止とは「支払不能であることを明示的または黙示的に外部に表明する債務者の主観的な態度」をいい、事業の停止、夜逃げ等をいう。弁護士からの債務整理の受任通知があった場合は、通常は、支払いの停止に該当することが多いと思われるが、債務整理の方針にもよるので、受任通知から支払いの停止か否かを判断できないような場合は、弁護士に確認する。

また、②について、旧ひな形では、このようになっているが、現在であれば「手形交換所または電子債権記録機関の取引停止処分をうけたとき」となろう。

b．請求喪失事由について

2項は、当然喪失事由である。「次の各場合には、貴行の請求によって貴行に対する一切の債務は、期限の利益を失い、直ちに債務を弁済します」として、5つの事由をあげている。

① 私が債務の一部でも履行を遅滞したとき
② 担保の目的物について差押、または競売手続の開始があったとき
③ 私が貴行との取引約定に違反したとき

④保証人が前項または本項の各号の1つにでも該当したとき

⑤前各号の外債権保全を必要とする相当の事由が生じたとき

2．期限の利益の喪失の意味について

主たる債務者が「期限の利益を喪失した」とは、どういう意味を持つのか。

図表4－11　融資先と連帯保証人

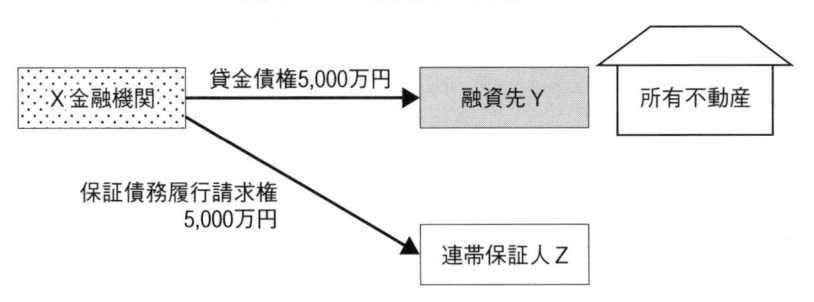

X金融機関　―貸金債権5,000万円→　融資先Y　所有不動産

―保証債務履行請求権 5,000万円→　連帯保証人Z

①貸金返還請求、保証債務履行請求……X金融機関は、Y、Zに対して、元本＋利息＋遅延損害金を「一括で払え」という請求ができる

②約定利息→遅延損害金になる……年14.6％等の遅延損害金が、期限の利益を喪失した日の翌日から付されることになる

③担保不動産を競売することができる……期限の利益を喪失した以上、担保不動産の競売を申立てすることができる

④Y、Zの一般財産に対して強制執行ができる……手順としては、Y、Zに対して、貸金返還請求、保証債務履行請求を提起して、債務名義（確定した判決等、権利の存在および内容を示す文書）をとったうえで、強制執行する。それ以前に隠匿等のおそれがあれば、仮差押え→訴訟提起→差押えという手順をとる

3．期限の利益の喪失と預貯金の相殺

期限の利益を喪失した場合は、預貯金との相殺を行うことになるが、相殺で

きる範囲が問題となる。

　破産手続においてもよく問題となるが、相殺が禁止される場合の1つに、「支払の停止があった後に破産者に対して債務を負担した場合であって、その負担の当時、支払の停止があったことを知っていたとき」(破産法73条1項3号) がある。銀行取引に当てはめてみると「X金融機関が、Yについて支払いの停止があった後にYの預金が成立した場合であって、預金が成立した当時、Yの支払いの停止があったことを知っていたとき」ということになる。

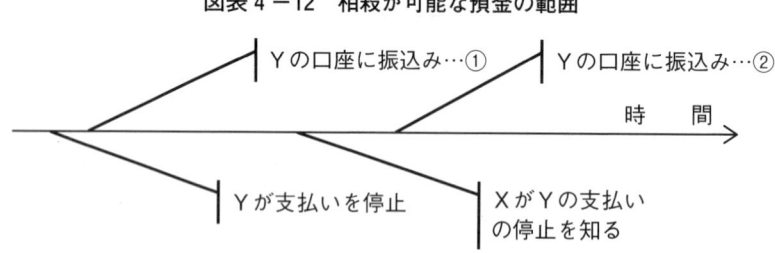

図表4－12　相殺が可能な預金の範囲

```
              Yの口座に振込み…①      Yの口座に振込み…②
                                                          時　間
        Yが支払いを停止         XがYの支払い
                              の停止を知る
```

　「図表4－12」のような時系列の場合、X金融機関は、①の預金は相殺できるが、②の預金は相殺ができない（破産管財人から否認される可能性がある）ことになる。実務上、債務整理の受任通知が届いた後に成立した預貯金であっても、相殺する金融機関もあるが、期限の利益の喪失通知を発送したあとに、成立した預金で相殺することはできない。

　なぜなら、金融機関自らが期限の利益を喪失させたわけだから、それ以降に成立した預金は相殺の期待がないものとされて、総債権者のための回収原資とされるからである。

　したがって、期限の利益の喪失通知を発送する前には、Yの預金口座の取引履歴を確認して、直近に大口の入金（毎月決まった日に入金される売掛金の入金など）がありそうな場合は、慎重に検討を行うべきである。

2 法的整理までの回収方法

1．仮差押

(1) 仮差押とは

　金融機関が債務者である取引先に、貸金債権を有している場合であっても、いきなり、債務者の財産に強制執行（差押等）をすることはできない。強制執行するためには、貸金返還請求訴訟を提起したうえで、債務名義（確定した判決等、権利の存在および内容を示す文書）を取得しなければならない。

　しかし、債務名義の取得→強制執行（差押等）には、時間がかかり（場合によっては２年以上かかることもある）、その間に、債務者が財産を処分・隠匿することがある。

　たとえば、ほかの金融機関の預貯金であれば、これを引き出して、配偶者等に交付してしまえば、事実上、強制執行は困難になる。そこで、債務者の財産の散逸を防ぐための制度として、民事保全法は仮差押えの制度を設けている。

2．強制執行

(1) 強制執行とは

　強制執行とは、民事執行の１つであり、債務者に対する貸金返還請求訴訟等で、勝訴判決を得たり、相手方との間で裁判上の和解が成立したりしたにもかかわらず、債務者が弁済をしない場合に、判決などの債務名義を得た債権者の申立てに基づいて、相手方（債務者）に対する請求権を、裁判所が強制的に実現するものである。

　強制執行の対象が不動産であれば、「差押」→「競売」→「配当」になる。また、強制執行の対象が債権（預貯金）であれば、「差押」→「取立」になる。

(2) 担保権の実行による回収との違い

　民事執行手続は、大きく分けると２つに分かれる。１つは、強制執行手続であり、債務名義（確定した判決等、権利の存在および内容を示す文書）を必要

とする。もう1つは、担保権の実行手続であり、こちらは、債務名義は不要である。

不動産であれば、担保権が登記されている不動産登記簿謄本などが提出されれば、裁判所は手続きを開始することとなる。金融機関の実務上、担保権の実行が多く、強制執行があまり為されないのは、強制執行手続には、仮差押と同じく、①そもそも強制執行すべき財産が見つからない、②抵当権と異なり最初に強制執行（差押）をした債権者が優先的に回収できるわけではない（債権額按分になる）、③債務者が破産した場合は手続きが失効する（破産法42条1項）、等のデメリットがあるからである。

図表4－13　強制執行と担保権実行手続

	強制執行手続	担保権実行手続
債務名義	必　要	不　要
債務者が破産した場合	失効する	有効（別除権）
配　　当	債権額按分	第1順位抵当権者から優先的に配分

(3) 債務名義とは

では、強制執行手続に必要な債務名義とはなんであろうか。債務名義とは、民事執行法22条各号に定められているが、確定した判決等、権利の存在および内容を示す文書であり、「確定した判決」のほか、「仮執行の宣言を付した判決」「仮執行の宣言を付した支払督促」「執行認諾文言付の公正証書」「裁判上の和解調書」等がある。

(4) 強制執行による回収

手順としては、債務名義の取得→強制執行の申立（預金の差押命令、不動産競売の申立て）となる。不動産競売の手続きは、担保不動産競売の手続きとほぼ同じであり、そちらで解説をする。

3．担保不動産の競売

　担保不動産を競売するか任意売却に応じるかの判断については、金融機関における一連の回収的続きのなかで最大のヤマ場というべきものである。かつては、「任意売却による価格＞競売による価格」の図式が一般的であったが、現在は、裁判所が運営する競売システムである「BITシステム」により、全国の地方裁判所で行われている競売情報が一覧できるようになったので、入札する業者が広範囲に及ぶようになった。

　その結果、競売手続において、開札をしてみたら市場価値で入札があったということも多くなっており、一概に、任意売却による価格のほうが高額であるとまではいえない。

　したがって、債務者側から「任意売却を検討するので、もう少し競売は待って欲しい」という要請があったとしても、ある程度の期間を過ぎたら、整斉と競売を申立するのが、債権回収施策としては望ましい（開札までに、任意売却がまとまれば、競売を取り下げすればよい）。

4．担保不動産の競売と任意売却

　従前、「競売価格＜任意売却価格」とされていたが、最近はBITシステムの稼働により、「競売価格≒任意売却価格」となる事例や、駅から徒歩圏内にあるマンション等では、「競売価格＞任意売却価格」となる事例がある。

　そこで、金融機関の担当者としては、競売価格がいくらになるかを正確に予想して、任意売却で担保解除に応じるか、競売により配当を受けるかを検討する必要がある。BITシステムには、過去の競売事例が閲覧できるので、大規模マンションやデベロッパーが宅地開発して多数売り出した一戸建てでは、同様の物件の競落価格が記載されていることがあり、参考になる。

　実務的には、3点セットの評価書のページなか、「評価額の判定」のところを参照する。多くの場合、以下のとおり計算され、「（①±②）×③×④×⑤＝⑥」となり、評価額がそのまま売却基準価格となる。

①基礎となる価格
②土地利用権等の価格の控除および加算
③占有減価修正
④市場性修正
⑤競売市場修正
⑥評価額

　ここで、重要なのは、売却基準価格は、競売市場修正（多くの場合は、0.5～0.8）が入っていることである。したがって、市場価格に「戻す」ためには、競売市場修正で割り戻して考える必要がある。

　また、最近の競売においては、市場性のある物件が売却基準価格近辺で落札されることは少なく、大抵は競売市場修正前の価格が入札の1つの基準となっている。金融機関の担当者としては、そのような事情を充分に考慮する必要がある。

◼ 3　保証人からの回収 ◼

1．保証人からの回収

(1)　求償権について

　金融機関が、主たる債務から債務の弁済を受ければ貸金債権は消滅する。他方で、金融機関が保証人から債務の弁済を受けた場合は、保証人が主たる債務者に「自分が代わりに支払ったのであるから、その分を返せ」という権利があり、これを「求償権」という。

(2)　弁済による代位について

　では、金融機関が、担保物件をもっていた場合はどうなるのか。金融機関が、貸金債権について全額の満足を得た場合、金融機関としてはもうその担保物件は不要であるから、通常は担保解除の措置を採ることなる。

　しかし、求償権を有する保証人がいた場合、保証人としては、その担保権を使って主たる債務者から回収したいということになろう。そこで、民法は、

「弁済をするについて正当な利益を有する者は、弁済によって当然に債権者に代位する」と定めている（法定代位　民法500条）。保証人は、「弁済をするについて正当な利益を有する者」である。代位の効果は、「自己の権利に基づいて求償をすることができる範囲内において、債権の効力及び担保としてその債権者が有していた一切の権利を行使することができる」というものである（民法501条１項）。

図表４－14　求償権と法定代位

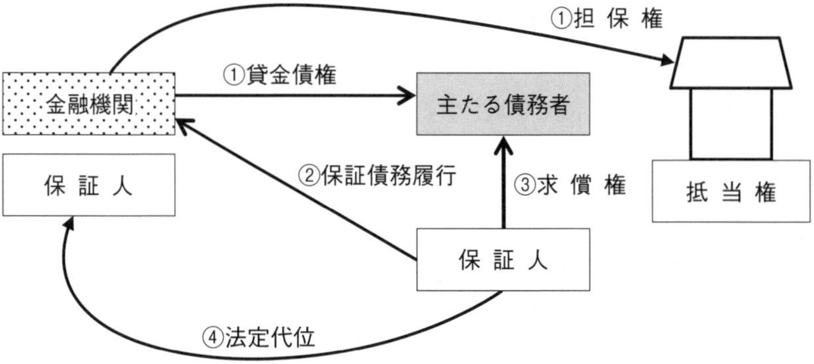

①金融機関が主たる債務者に貸金債権と担保権（図では主たる債務者の自宅に抵当権）を持っている
②保証人が、金融機関に対して、保証債務を履行する
③保証人が、主たる債務者に対して、求償権を取得する
④保証人が、金融機関の地位にとって代わる（代位）
　→これにより、保証人は、担保権を行使することが可能

２．保証人から弁済を受けるときの注意点

(1)　債権証書・抵当権

保証人が全額を弁済した場合は、「代位弁済によって全部の弁済を受けた債権者は、債権に関する証書及び自己の占有する担保物を代位者に交付しなけれ

ばならない」（民法503条1項）。

　保証人は、「あらかじめ、抵当権の登記にその代位を付記しなければ、その抵当権の目的である不動産の第三取得者に対して債権者に代位することができない」（民法501条1号）とされている。この条項の「あらかじめ」の意味するところは、保証人が、弁済した後に不動産が第三者に譲渡された場合には、付記登記が必要ということである（最二判昭和41年11月18日　民集第20巻9号1861頁）。

　したがって、保証人が、弁済した後に、抵当権の目的である不動産が第三者に譲渡されて所有権移転登記がなされてしまうと、保証人は付記登記がない限り、代位することができなくなる。よって、金融機関としては、保証人が弁済したあとは、遅滞なく付記登記をする必要（付記登記に必要な手続きに協力する必要）がある。

(2) 担保保存義務

a．担保保存義務とは

　民法504条は、「第500条の規定により代位をすることができる者がある場合において、債権者が故意又は過失によってその担保を喪失し、又は減少させたときは、その代位をすることができる者は、その喪失又は減少によって償還を受けることができなくなった限度において、その責任を免れる」としている。これを、一般的に、債権者の担保保存義務という。

　たとえば、「図表4－14」で、金融機関の貸金債権が1,500万円あるとする。金融機関は、主たる債務者が所有する自宅に第1順位の抵当権を設定しており、自宅の時価は2,000万円以上あるとする。この場合、保証人が金融機関に対して1,500万円を弁済した場合に金融機関に代位するので、保証人は抵当権を実行することによって、1,500万円分の回収は可能になる。

　しかし、金融機関が抵当権を解除してしまうと、保証人は抵当権の実行ができずに損害を被ってしまう。そのような場合は、保証人はその限度で「責を免れる＝保証債務を履行しない」とするのが、民法504条の趣旨である。ここでの「担保」には、物的担保のみではなく人的担保である保証人を含む。

たとえば、連帯保証人が4人いる場合は、各連帯保証人は、主たる債務者に全額の支払義務を負う（連帯保証人には分別の利益がない）が、連帯保証人間で求償しあうことになる。「図表4－14」でいえば、連帯保証人の4人のうち、そのうち1人の連帯保証人が主たる債務者に2,000万円を弁済したら、その連帯保証人はほかの連帯保証人に500万円ずつ求償できる（＝全員に弁済資力があれば、1人当たりの負担は最終的に500万円）ことになる。

しかし、金融機関が、ほかの連帯保証人全員を保証解除してしまったら、1人で2,000万円を負担しなければならない。民法504条は、そのようなことがないように、債権者に担保保存義務を負わせているのである。

b．担保保存義務免除特約

しかし、上記の「a．担保保存義務」があると金融機関としては機動的な債権回収ができない。

たとえば、ある連帯保証人に「一部弁済してくれれば、保証解除する」という交渉をしようとしても、ほかの連帯保証人、物上保証人の同意を得なければいけないということになり兼ねない。

そこで、金融機関は、保証人との間で「保証人は、貴行がその都合によって担保もしくは他の保証を変更、解除しても免責を主張いたしません」という特約を締結することが多い（保証書の条項にこのような文言が入っている）。これを、「担保保存義務免除特約」と呼んでいる。

c．担保保存義務免除特約の有効性

では、上記の「b．担保保存義務免除特約」があれば、どのような場合でも保証人は免責を主張することができないのであろうか。

この点、判例は、担保保存義務免除特約について、「原則として有効であるが、債権者がこの特約の効力を主張することが信義則に反し、又は権利の濫用に当たるものとして許されない場合もあり得る」（最一判　昭和48年3月1日集民108号275頁）としており、無条件に有効としているわけではない。

担保不動産を時価相当額で任意売却する際に、抵当権の抹消に応じたような場合は、担保保存義務免除特約は有効であろうが、連帯保証人に弁済する

資力があるからといって、極めて低廉な価格で抵当権を抹消してしまったようなの場合は、担保保存義務免除特約が無効とされることもあり得る。
　したがって、金融機関は、保証解除、担保解除をする際、その行為が「金融取引上の通念から見て合理性を有し、保証人等が特約の文言にかかわらず正当に有し、又は有し得べき代位の期待を奪うものとはいえない」（最二判平成7年6月23日　民集第49巻6号1737頁）ようにしなければならない。
　金融機関が、保証解除、担保解除する際、ほかの保証人や物上保証人から同意書を徴求しているのは、担保保存免除特約があることを前提に、上記判例を踏まえてなお念のために徴求しているのである。

第3節 法的整理

◼ 1　破　産 ◻

1．破産とは

　破産とは、破産法の定めるところにより、債務者の財産を清算する手続き（破産法2条1項）である。破産手続が開始すると、破産者がその時において有する一切の財産は破産財団となり（同法34条1項）、あとはこれを、破産財団を管理する破産管財人が換価し、破産債権者に配当をして清算する流れになる。

　破産するためには破産原因が必要であり、個人の場合の破産原因は「支払不能」、すなわち「債務者が、支払能力を欠くために、その債務のうち弁済期にあるものにつき、一般的かつ継続的に弁済することができない状態」であること必要である（法15条1項、2項11号）。

　ここに「一般的」というのは、特定の債務のみ支払いができないという状態ではなく、「継続的」というのは、一時的に債務の支払いができないという状態ではないことをいう。一言でいうなら、「いろいろな債務があって、もうこれ以上支払うことはできない。」という状態である。

2．自己破産とは

　破産手続開始を申立てできるのは、「債権者または債務者」である（同法18条1項）。このうち、債務者自身が、「自分はもう支払うことができません」といって、裁判所に破産手続開始を申し立てするのを自己破産と呼んでいる。

　債権者が、債務者について破産手続開始を申し立てするのを「債権者破産」

と呼んでいるが、この場合には、「その有する債権の存在および破産手続開始の原因となる事実を疎明しなければならない」（破産法18条2項）とされている。

しかしながら、自己破産の場合は債務者自らが破産を申し立てするのであるから、原則として支払不能状態にあるものとして、そのような疎明は不要である。

3．破産手続の流れと金融機関の実務対応

(1) 破産手続開始の申立て

個人が自己破産する場合には、原則として、住所地を管轄する地方裁判所に申立てを行う。

(2) 破産手続開始決定

同時破産の場合は、破産手続開始決定と同時に破産手続が廃止される。同時破産が可能であるのは、資産が20万円未満であり、事業性の債務がない個人である。事業性の債務がある個人には、破産管財人が選任されるのが原則である。

(3) 債権届出

裁判所から、「破産手続開始通知書」と債権届出書と債権者集会場のご案内が入った封筒が送付されてくる。債権届は、記入をしたうえで、債権届出期間までに破産管財人へ返送する。

(4) 破産債権の調査

一般の破産債権者への配当が見込めない場合（個人の自己破産の場合の大半）は債権届は提出したままであり、債権調査・破産債権の確定までいかずに異時廃止となることが多い（異時廃止が見込まれる場合は、そもそも債権届出自体を留保することもある）。

(5) 債権者集会

大抵の場合は、「財産状況報告集会」「計算報告集会」「破産手続廃止に関する意見聴取のための集会」「債権調査期日」「免責審尋期日」を兼ねる。そして、破産管財人が、破産財団の状況や今後の配当見込みについて報告をする。あわせて、債権者として、免責に関する意見があれば、このときに主張（実際には、

(6) 債権確定・破産財団の換金・配当

一般の破産債権者への配当がある場合は、債権確定をして配当する。個人の自己破産の多くのケースでは、公租公課等の財団債権、優先的破産債権の配当のみでおわり、一般の破産債権者への配当が為される場合は少ない。配当もできないようであれば、異時廃止となる。

(7) 破産終結決定

償却のために、配当がなかったことの証明等を破産管財人にもらっておく。

(8) 免責手続

配当によって弁済されなかった債務について、その責任を免除する手続きであるが、保証債務には影響しないので、保証人に保証債務履行請求をする。

■ 2　民事再生 ■

1．個人が利用できる特別な再生手続

(1) 小規模個人再生手続とは

通常の民事再生の手続きは、大規模な法人から個人まで利用が可能であるが、複雑で時間もかかる。そこで、将来にわたって安定的な収入が見込める個人であって、負債額が比較的小さい個人について、通常の民事再生手続よりも、簡易・迅速な手続きが用意されており、これを小規模個人再生手続という。小規模個人再生手続とは、民事再生手続の特則による手続きである。

(2) 給与所得者等再生手続

さらに、将来にわたって安定的な収入が見込める個人のうち、将来の収入が確実に補足できる給与所得者等については、さらに簡易・迅速な手続きが用意されており、これを給与所得者等という。給与所得者等再生手続とは、小規模個人再生手続の特則による手続きである。

(3) 住宅資金貸付債権の特則とは

民事再生手続においては、抵当権は別除権として取り扱われる。したがって、

民事再生手続とは関係なく、競売の申立てが可能である。

しかし、民事再生の目的の1つである再生債務者の経済生活の再建という観点からすると、再生計画は認可が確定して大幅な債権カットが実現したのに、自宅を失ってしまった、ということになり兼ねない。そこで、民事再生法は、住宅ローン等については、延滞分について一定の条件で支払うことにより、抵当権の実行を回避する等の措置を可能とした。これを、住宅資金貸付債権の特則という。

条件さえ満たせば、小規模個人再生手続、給与所得者等再生手続のみならず、通常の再生手続でも特則として利用できる。

2．小規模個人再生手続とは

(1) 要　　件
個人である債務者のうち、以下の条件にある者が利用できる。
①将来において継続的にまたは反復して収入を得る見込みがある
②再生債権の総額が5,000万円を超えないもの

ここでいう再生債権の総額には、住宅資金貸付債権の額、別除権の行使によって弁済を受けることができると見込まれる再生債権の額および再生手続開始前の罰金等の額は含まれない（民事再生方221条1項）。

(2) 再生手続の開始
債権届出期間、一般異議申述期間（届出のあった再生債権に対して異議を述べる期間）を定めて公告される。知れている再生債権者には、裁判所から通知が送付される。

(3) 個人再生委員の選任
通常の民事再生のように監督委員や管財人の選任の制度はなく、裁判所の補助機関として個人再生委員が選任されることが多い。

(4) 届出再生債権に対する異議
小規模個人再生手続においては、再生手続内で確定するのは議決権行使の前提となる評価額のみである。もし、それに納得しないのであれば、再生手続外

で通常の訴訟を行い、そこで別の結果がでれば、それを再生手続の弁済に反映させるようにしている（民事再生法232条3項但書）。

(5) 再生債務者財産の調査

小規模個人再生手続においては、再生債務者は貸借対照表等を作成する必要はなく、資産については、再生債務者が裁判所に提出した財産目録を通じて財産の調査が為される形となる。また、否認権行使の制度はない。

(6) 再生計画案の策定

再生計画案の策定には、以下の点が求められる。

①弁済期が3ヵ月に1回以上到来する分割払いの方法によること

②最終の弁済期を、原則として、再生計画認可画定の日から3年後とすること

最低弁済額については、「図表4-15」のとおりである（民事再生法231条2項3号、4号参照）。

図表4-15　再生債権の総額と最低弁済額・弁済率

再生債権の総額	最低弁済額・弁済率
100万円を下回る場合	全　額
100万円 ～ 500万円	100万円
500万円 ～ 1,500万円	20%
1,500万円 ～ 3,000万円	300万円
3,000万円 ～ 5,000万円	10%

（出典）『民事再生法入門　第2判』　松下淳一著　有斐閣　194頁

(7) 再生計画案の決議方法

通常再生とは異なる方法で決議され、書面等投票のみである。再生計画案の可決については、以下のとおりである。

①頭数要件：不同意を表明した議決権者が半数にみたない

②金額要件：不同意を表明した議決権者の議決権の額が、議決権の総額の2

分の1を超えない

通常の民事再生と異なり、不同意を表明しなければ「賛成」となる。

(8) 再生計画の認可決定、確定、遂行

　再生計画の認可の決定が確定した場合は、再生債権は、再生計画にしたがって変更され、あとは、再生債務者は再生計画のとおりに遂行すればよいことになる。

3．給与所得者等再生手続

　小規模個人再生手続の特則であり、以下は主な相違点を解説する。

(1) 要　　件

　小規模個人再生手続の要件に加えて、「給与又はこれに類する定期的な収入を得る見込みがある者であって、かつ、その額の変動の幅が小さいと見込まれるもの」（民事再生法239条1項）の要件を満たす必要がある。

(2) 手　続　き

　最大の特徴は、再生計画の認可画定のために、再生債権者による再生計画案の決議が不要という点である。裁判所は、再生計画案の提出があった場合は、再生債権者から意見聴取は行うものの、それとは別に再生計画の認可、不認可の決定を行うのである。そして、給与所得者等再生手続においては、「可処分所得要件」がある。これは、再生計画の弁済期間である3年間の間に、再生債務者の可処分所得の2年分以上を弁済するという要件である（民事再生法241条参照）。

4．住宅資金貸付債権の特則

(1) 要　　件

　住宅資金貸付債権の特則の要件は、以下のとおりである。

①住宅資金貸付債権であること（金融機関が個人に融資している住宅ローン（リフォームローン）が対象になる）

②住宅ローンの担保物件にほかの担保権の設定がないこと

(2) 住宅資金特別条項の定め方

住宅資金特別条項を定めるにあたり、以下の取扱いを行う。

①再生計画認可の決定の確定時までに弁済期が到来する住宅資金貸付債権の元本・利息・遅延損害金について、延滞している分は、再生計画中に支払う

②再生計画認可の決定の確定後に弁済期が到来する住宅資金貸付債権の元本・利息について、約定どおり弁済をする

つまりは、再生計画中に既存延滞分をキャッチアップするのが原則である。これで厳しい場合には、弁済期を延長するリスケジュール型（最大10年延長。民事再生法199条2項）、ほかの再生債権の弁済期間中は、住宅ローンの元本の弁済金額を少なくする元本弁済一部猶予型（同条3項）がある。

そのほか住宅ローン債権者の同意があれば、それ以外の変更も可能である。

(3) いわゆる、「巻き戻し」条項について

では、保証会社が住宅ローンを代位弁済していたような場合はどうか。このような場合でも、代位弁済の6ヵ月以内に民事再生手続開始の申立てが為された場合には、再生計画で住宅資金特別条項を定めることを可能としている（民事再生法198条2項）。そして、この再生計画の認可が確定すると、保証会社の代位弁済はなかったものとされて法律関係が元の状態に戻る（＝巻き戻し）のである（民事再生法204条）。

元の住宅ローンの債権者は、代位弁済で保証会社から受領した金員を、保証会社へ返すことになる。

5．民事再生の申立てがあった場合の金融機関の対応のポイント

(1) 相殺の期間に制限

破産手続の場合は、極端な話、破産手続が終了したあとでも、相殺をすることが可能であるが、民事再生の場合は再生計画への影響があるため、相殺できる期間が制限されており、債権届期間満了までに相殺をしなければならない。民事再生手続における金融機関の事故で一番多いのが相殺漏れで、これによっ

て数百万円以上の預金払戻しをせざるを得なかった事例もある。

　また、通常の民事再生案件では管財人が選任されている場合があり、このような場合に再生債務者宛に相殺通知を発送して、相殺が無効になるという事故もある。くれぐれも、相殺漏れのないようにしなければならない。

(2) 再生計画案への同意・不同意

　破産手続と異なり、再生計画案への同意・不同意（給与所得者等再生については、意見の表明）をしなければならない。金融機関の同意・不同意が、民事再生手続の命運を握るので、以下のポイントを基に判断をしていく。

① 社会的許容性(公共性)……詐欺的商法で多数の消費者が被害を蒙ったような事件では、再生を許すべきではなく、破産手続で処理されるべきである、という観点から検討をする

② 配　　当……破産による清算配当よりも有利であるのは当然であるが、どれくらい有利かを判断する。特に清算貸借対照表の資産評価を低く見積もれば、清算配当を低く算出できるので、売掛金、在庫の評価が適正かを見極める

③ 経営者責任……経営者が辞任するのか、一部残るのかという問題である。残る場合は、それをどのような理由で許容するのかを検討する

④ 再生計画の実現可能性……スポンサーはいるのか等を検討する

⑤ 手続き選択の妥当性……本来であれば、給与所得者等再生によるべき個人が、「可処分所得の2年分」のほうが高額であるからといって、小規模個人再生を選択する例が多い（比較的高額の給与を得ているサラリーマンの場合に多い）。そのような場合には、再生計画について、再生債務者に再考を促す

◆ご執筆協力者一覧◆

加藤 充也　　　　株式会社リフレ
（かとう あつや）
（第1章第2節、第3章）

金指 光伸　　　　清水銀行　人材開発部　理事部長
（かなさし みつのぶ）
（第1章第1節・第3節、第2章第5節・第6節）

小林 弘尚　　　　東京都民銀行　営業統括部　部長代理
（こばやし ひろなお）
（第2章第1節・第2節・第3節・第4節）

瀬戸 祐典　　　　弁護士法人千の響　代表社員　弁護士
（せと よしのり）
（第1章第4節・第6節、第4章）

安野 明　　　　　西日本シティ銀行　営業推進部　プライベートバ
（やすの あきら）　ンキング室　調査役
（第1章第5節）

　以上の方々のほかにも、多数の実務家にご協力をいただいております（五十音順、敬称略）。

本書の内容に関する訂正等の情報
　本書は内容につき精査のうえ発行しておりますが、発行後に訂正（誤記の修正）等の必要が生じた場合には、当社ホームページ（http://www.khk.co.jp/）に掲載いたします。

個人融資渉外の実務

2016年3月25日　初版第1刷発行　　編　者　　経済法令研究会
　　　　　　　　　　　　　　　　　発 行 者　　金　子　幸　司
　　　　　　　　　　　　　　　　　発 行 所　　㈱経済法令研究会
〈検印省略〉　　　　　　　　　　　　〒162-8421　東京都新宿区市谷本村町3-21
　　　　　　　　　　　　　　　　　電話 代表03(3267)4811 編集03(3267)4823

営業所／東京03(3267)4812　大阪06(6261)2911　名古屋052(332)3511　福岡092(411)0805

カバーデザイン／清水裕久（Pesco Paint）　制作／笹原伸貴　印刷／日本ハイコム㈱

Ⓒ Keizai-hourei kenkyukai 2016　Printed in Japan　　　　　ISBN978-4-7668-3311-9

"経済法令グループメールマガジン"配信ご登録のお勧め
　当社グループが取り扱う書籍、通信講座、セミナー、検定試験情報等、皆様にお役立ていただける情報をお届け致します。下記ホームページのトップ画面からご登録いただけます。
　　　　☆　経済法令研究会　http://www.khk.co.jp/　☆

定価はカバーに表示してあります。無断複製・転用等を禁じます。落丁・乱丁本はお取替えいたします。